映画監督 ドン・シーゲル

ノワールを遠く離れて

吉田広明 *Yoshida Hiroaki*

作品社

映画監督　ドン・シーゲル

ノワールを遠く離れて

まえがき

誰もがドン・シーゲルを知っている。シーゲルは、一九四〇年代半ばに長編映画の監督となり、八〇年代初頭に至るまでのおよそ四十年間、アクション映画、犯罪映画を撮り続けた商業映画作家である。頭角を現したのは『第十一号監房の暴動』(54)。監獄内で起きた暴動事件を、暴動側、監獄側のどちらにも感情移入せずにその経緯を描く内容面において、また説明らしき説明を一切欠き、今起こっていることだけで語りきるスタイル面において、共に極めてタイトな語り口で自身の世界を確立した。この作品は独立製作者ウォルター・ウェンジャー製作、製作会社はB級専門のアライド・アーティスツであったが、以後のシーゲルの作歴は、B級ないしはメジャーの中でもマイナーなユニヴァーサルを中心に、さまざまな映画会社を渡り歩きながらなされる。どこで仕事をしようが、まったく潤沢とは言えない予算の中で作られる彼の作品は、出世作『第十一号監房の暴動』に見られる内容的スタイル的特徴を有しており、その作歴の一貫性によって映画作家として遇するに値する。

一様な思考の中に群れとして溶解してゆく人々の中で、一人覚醒し続ける男を描く『ボディ・スナッチャー／恐怖の街』(56)、暴力の果てに仲間を裏切り続けてついに死に至る『殺し屋ネルソン』(57)、職業としてのギャングの任務を冷静に遂行しながらも、一つの躓《つまず》きで自己崩壊に至る『殺人捜査線』(58)、フィルム・ノワールの名作のリメイクでありながら、まったく新しいモダンなギャング映画を生み出した『殺人者たち』（64）、そして閉塞状況の中で捕らわれた男が捕らえた側の女たちを操ろうとして失敗する『白い肌の異常な夜』（71）や、連続殺人鬼との戦いの中で刑事が法を踏み外してゆく『ダーティハリー』（71）など俳優としてのイーストウッドの代表作、ギャングの隠し金を奪ってギャングに追われ、丁々発止の追跡劇を繰り広げる『突破口！』（73）。シーゲル作品はほとんどが追跡と戦いの軌跡であり、多くの主人公はその果てに自己崩壊に至る。彼らはあっという間に人生を駆け抜け、その速度に自ら追いつけないかのごとくである。シーゲルの映画自体も彼らの人生同様に速い。余分なものの一切ない極めて効率的な語り、というよりいっそ必要なものすらあえて省略するようなあっけなさで起こってゆく事態は、見る者の意識よりはるかに先を走り、これまたあっけなく訪れる終わりは見る者を深い残響の中に置く。

　こうした効率性は、無論スタジオ・システム期特有の語りであり、その崩壊はシーゲルにも影響を及ぼさずにはいないのだが、しかしシーゲルはスタジオ・システムの崩壊によっても、自身のスタイルを大きく変化させることはなかった。確かにシステムの崩壊以降、彼の作品は長くなり、そのタイトさを薄れさせているとしても、彼の主題、説話のありかたは変わらなかった。その意味でシーゲルはスタジオ・システムに殉じた作家と言えるだろう。シーゲルは映画的時空間のタガが緩んだ映画の現代に即《つ》くことはなかった。しかしそれは彼の作品を現在において見直す意味がないことにはなるまい。確かに彼の作品はスタジオ・システム期のジャンル映画の枠内に収まっており、芸術的野心などほとんど持ち合わせなかったその作品世界は多種多彩というわけではない。しかしだからこそ可能だった境地というものがシーゲルにはある。類型を反復することで達成できた過激さ。それは映画という表現媒体の根幹にまで達している。まず何より本書は、シーゲルが作り続けた活劇の特徴、主題の絡《から》み合いを腑分けして叙述し、彼の作品がその類型性ゆえに達成しえたものを見定め、彼を一人の映画作家として遇することを目的とする。

本書は、シーゲルがスタジオに所属した職業的映画監督であることの意味をまた別の角度からも問い直す。シーゲルは、彼の作歴のピークがその年代であったことから、アメリカの五〇年代作家として遇される。アンソニー・マン、リチャード・フライシャー、ジョゼフ・ロージー、オーソン・ウェルズ、ニコラス・レイ、サミュエル・フラー、ロバート・オルドリッチ。彼らもまた犯罪映画、アクション映画、西部劇と、シーゲルと同様のジャンル、シーゲルと似たような条件で映画を作り続けてきたのではあるが、しかしシーゲルと彼らが決定的に異なる点もある。何よりシーゲルはまぎれもないスタジオ・システムの下部から育ってきた職人映画作家であるのに対し、他の同時代作家は始めから演出の人間として映画界に雇われた。この違いがもたらしたものは何か。また、彼らの多くはフィルム・ノワールを手掛けたが、シーゲルはこれに属する作品を撮らなかった（あるいは撮ったとしても、その演出においてフィルム・ノワール的なものから遠ざかっている）。そのことの意味は何か。本書は、シーゲルと同年代の五〇年代映画作家との比較からも彼の特異性を考えようとする。その意味で本書は、これまでの筆者の五〇年代映画作家論の延長線上にある。

簡単に本書の構成を述べる。第一部というべき第一章から第四章まで、シーゲルのキャリアを順にたどる。シーゲルがスタジオ・システムの中で閲《けみ》した過程（彼が徒弟期を過ごしたのはワーナーにおいてである）、ついた監督たちから学んだもの、監督に昇進して以降、学んだものをいかに応用していったのか、あるいはいかにそれを捨てていったのか（そこにシーゲルの特徴が現れる）、そして彼の演出上の手続きはいかなるものだったのか。五〇年代というキャリアのピークにおいて何を成し遂げたのか、そしてスタジオ・システムの崩壊以後いかにその事態に処していったのか。シーゲルの映画作法、スタジオ・システムに準じたシーゲルの作歴の特性、他の五〇年代作家との違いを描く。第二部というべき第五章から第七章までは、彼の主題を抽出し、それがいかに展開されているのか、いかに絡み合っているのか、その中からシーゲル的映画時空、シーゲル的人物がいかに映画というものの根幹に触れているのかを描くことになる。第五章「敵地」と第七章「追跡」はある意味同じ主題を逆方向から見ているという意味で対称を成している。ともあれ、キャリアと主題の二方向から本書はシーゲルに迫ろうとするものである。

第一章　修業
ワーナーでの短編監督デビューまで

アクション映画作家ドン・シーゲル

シーゲルはアクション映画作家である。誰もその定義に異論は唱えないだろう。シーゲルが最も多く手掛けたジャンルは犯罪ものであり、そこでは犯人の探索や追跡があり、見つけた相手との対決があるという意味でアクションが存在するが、それに限らず、監獄もの『第十一号監房の暴動』でも、ＳＦ『ボディ・スナッチャー／恐怖の街』でも、戦争映画『突撃隊』でも、さらにゴシック・スリラー『白い肌の異常な夜』においても、劇は二者の対立を焦点としており、そこにアクションが生じているという意味では、ジャンルは措《お》いてシーゲルの映画は総じてアクション映画と分類しうる。シーゲルは例えばゴシック・メロドラマ『暗闇の秘密』(49)や、スペインを舞台としたメロドラマ『スパニッシュ・アフェア』(57)、少年の成長譚『疑惑の愛情』(59)など、まったく犯罪の登場しない作品も撮っているとはいえ(それでも『スパニッシュ・アフェア』や『疑惑の愛情』には、嫉妬した男がその対象を襲撃するというアクションがないではない)、そうした少数の例外を除いてその作歴のほとんどがアクション犯罪映画に分類される。しかし実のところ、このように生涯に亘《わた》って得意ジャンルを撮り続けられたのは、同時代作家の中でもまれな事例であることは知っておいてよい。

シーゲルと同世代で、同時代に活躍した作家たちもまた、シーゲル同様犯罪アクション映画に卓越した腕を発揮している。しかし、彼らはシーゲルのようにそのジャンルに特化した形でキャリアを築くことはできていない。彼らが活躍した時代は、長い者では戦後の混乱期（四〇年代後半）、スタジオ・システムの最盛期（五〇年代）、その崩壊期（六〇年代）、ニュー・ウェイブの動きを含む再生期（七〇年代）に亘っているが、彼らのキャリアはアメリカ映画の歴史に大きく規制されて曲折を経ている。マンやフライシャー、ロッセン、ロージーは四〇年代後半にスクリーンを席捲したフィルム・ノワールからそのキャリアを開始し、とりわけマンとフライシャーはフィルム・ノワール作家と言っても過言でないほど多くのフィルム・ノワールを撮ってきているが、しかしその後、マンは西部劇に転じ、どちらかと言えば西部劇作家と遇されることの方が多いだろうし、フライシャーもその後のキャリアの多彩さによって記憶されているだろう。マンやフライシャーですら、犯罪アクション映画作家と呼べるほど、そのキャリアを犯罪映画で貫いたとはいえない。

それでもマンやフライシャーの場合、内的志向に従って、また求められるものを撮りつつその中で自分の得意不得意を見極めていきながら、ジャンルを緩やかに変移させてゆくことができたが、外的事情によってキャリアの断絶を余儀なくされた同時代作家も多い。五〇年代の赤狩りによってロッセンはキャリアの中断を、ロージーはイギリスへの亡命を余儀なくされている。また六〇年代の崩壊期には、ＴＶに対抗し、映画の延命を図るべく考え出された弥縫策《びほうさく》としての歴史大作映画を撮らされ（ほとんどありとあらゆるジャンルを撮ったフライシャーは無論、オルドリッチですら）、マンやレイのようにキャリアを潰されてしまった作家もいる。その鬼才ゆえにスタジオから締め出され、アメリカばかりでなくヨーロッパをも駆け回りながら独立製作を続けねばならなかったオーソン・ウエルズなどは例外としても、スタジオ・システムの中で雇われ監督として仕事をしながら、史劇を撮らずに済んだ五〇年代作家は、シーゲル以外ではサミュエル・フラーくらいのものだろう。フラーも戦争映画か犯罪映画に特化した作家であり、その点ではシーゲルと似ているが、フラーに関してはほとんどの場合、製作主体がB級の独立プロで、だからこそむしろ監督として得意なジャンルに固執することができたのであり、メジャー社（といってもメジャー中のマイナー、ユニヴァーサルがメインだが）や独立プロを渡り歩きながら同じことを行なったシーゲルとは比較にならない。シーゲルは以下に記す通り、スタジオ生え抜きの作家であり、スタジオ・システムの内側にいながら、そして傾いたスタジオ・システムが試行錯誤を続け、作家たちの作歴もそれに振り回される中でもなお、自分の得意ジャンルばかりを撮り続けることができた稀有な存在なのである（その点、これはシステム最盛期の作家ではあるが、ヒッチコックとどこか似ている。実際シーゲルはヒッチコックを意識していた節が見られる）。

また、犯罪映画の内実も問題である。マンやフライシャー、ロージー、オルドリッチらが撮った犯罪映画は、フィルム・ノワールに分類しうる。これについては後に論じることになるので、ここでは結論だけ述べておくが、対してシーゲルはほとんどフィルム・ノワールらしいフィルム・ノワールを撮っていない。フィルム・ノワールは、戦後の混沌を反映した陰惨な内容、スタンダードからほど遠い画面構成、社会への告発の意志などを特性とするが、これに対して、遊戯性に満ち、画面はあくまで乾いて、語りはストレート、社会的メッセージ性も薄い（赤狩りとの関連が指摘される『ボディ・スナッチャー／恐怖の街』や、社会的論争を呼んだ『ダーティハリー』はどうなのかという点に関しては後続の章を参照）シーゲルの映画世界はそれらのいずれからも遠いのである。筆者自身、当初シーゲルをフィルム・ノワール作家に分類することに違和感を持たなかったのだが、子細に検討してみると、シーゲルはフィルム・ノワール作家であるどころか、むしろ反＝ノワール作家と言ってもいいくらいではないかと思うに至った。ノワールを鏡として、シーゲルの作家的特質が浮かび上がらないか、というのが本書の意図の一つである。いずれにせよ、この点でもシーゲルは同時代作家と差異化しうるだろう。それに加え、修業時代の在り方においても、シーゲルは同時代映画作家と一線を画する。これはすぐ後に詳述するが、スタジオに所属し、その中で下働きをしつつ、監督まで上り詰めたスタジオ生え抜きの映画作家は、シーゲルとオルドリッチくらいのものだ。それ以外は脚本家や演出家として映画界に入った者たちである。

　ともあれシーゲルは犯罪アクション映画作家として自身を作り上げ、それを維持したわけだが、そもそも特定のスタジオとの安定した雇用関係を結んでいるならばともかく、スタジオを渡り歩くようなキャリアでは（これは同時代のすべての作家に通じる事情だが）、ジャンルなどに固執していられなかったはずであり、シーゲルのように特定のジャンルを撮り続ける一貫性は必ずしも当たり前のことではなかった。五〇年代から六〇年代というアメリカ映画の転換期において、映画作家たちが変貌を、あるいは撤退を余儀なくされるような諸事情を経過しながらそうであり続けることは、なおさら稀《まれ》なことと言ってよかった。なぜシーゲルにはそれが可能だったのか、その答えを出すことを今はとりあえず保留し、まずはシーゲルが作家として自己形成する過程をたどり、実際に作品を検討することで彼のキャリアの特異性を見出《みいだ》したいと思う。時間軸を順にたどることによって、彼がいかに自身の主題を見出し、発展させていったか見ていくことになる。また同時代作家たちと、いわば横軸で比較検討することによって、シーゲル独自の話法、画面的特徴といったシーゲル的な映画作法、第二章以降の作品論につながってゆくシーゲル特有の主題が析出《せきしゅつ》されてくるはずである。こうした作業の中で、おのずから先の疑問に対する答えは浮き上がってくるだろう。

以下のシーゲルのキャリアについての記述は主としてシーゲルによる自伝*A Siegel Film: an autobiography*, faber and faber, 1993（以下『自伝』とする）と、スチュアート・M・カミンスキーによる*Don Siegel: Director*, Curtis books, 1974（以下『ドン・シーゲル　映画監督』とする）による。『自伝』はシーゲルが映画を撮ることを離れてから書かれたもので、神話的映画スターであるジョン・ウェインとの仕事（と確執）はとりわけ印象深かったのか、『ラスト・シューティスト』（76）から書き出されている。その後年代順に記述されていくが、キャリアの始めの方の記述が多く（密とは言わない）、後になるほど少ない。製作事情というかトラブル（誰と喧嘩《けんか》したなど）の記述が多く、監督としての作品の狙いや、ここの撮影にはこんな工夫を凝《こ》らしたとか、我々が作家からじかに聞きたいことに関する記述が薄く、あまり作品を考える際に参考にならないというのが正直なところだ。本人としては書きやすいのかもしれないが、シナリオ形式で書いてあるのも、勘所に触れえない一因であるかと思われる。それに対してカミンスキーによる『ドン・シーゲル　映画監督』は、シーゲルと親しい作家が、シーゲル自身や、作品に最も寄与したと思われる関係者にインタビューし、作品の成立事情を明らかにすると共に、シーゲル自身の作品評価も垣間見ることができ、非常に有益である。

★

生誕から大学卒業まで

ドナルド・シーゲルは一九一二年十月二十六日シカゴ生まれ。父はサム・シーゲル、母はアン、共にユダヤ人で、共に優れたマンドリン奏者。ヴォードヴィルで演奏した他、ピアノのキーに動物を描いた布をかぶせて音楽を教える通信教育を考え出した。二歳上の姉ドロシーがいたが、十四歳で死去している。ドンは両親の仕事の都合でシカゴとニューヨークを行ったり来たりしながら初等中等教育を終え、父がロンドンのパーカー・ホリデー・カンパニーなる会社（失敗したイギリスの事業に、アメリカ流のダイナミックなテクニックを応用する手助けをするのが事業内容とのこと）のマネージング・ディレクターとして就職したのに伴い、一家もロンドンに移住、ドンはそこでケンブリッジ大に通うことになる。在学中にギターと卓球の腕を磨いた。ちなみに『突破口！』では、カメオ出演で卓球をするシーゲルが見られる。大学では新約聖書を研究したが、英国史を専攻するよりはまし、という消極的な理由からであり、特に宗教に強い関心があったわけではなさそうである。父方、母方共に先祖にはラビがいたということだし、母はユダヤ教の信者ではあったが、オーソドックスな信教ではなかったという。父の転勤に伴い、パリへ。シーゲルはフランス語に堪能になる。事業が傾いて、ドンはアメリカに帰ることになり、オーシャン・ライナーのバンドマンとしてドラムを叩いて旅費を節約した。こうして見ると、イギリスの一流大を出て、フランス語にも堪能なインテリであり、同時に楽器の才能にも、運動能力にも長《た》けた、なかなか多才な人物であることが分かる。シーゲルと同じ五〇年代作家には、一流大学を出たインテリ系と、大学教育を経ず業界を叩きあげてきた徒弟系があるが、シーゲルの場合は前者であるように思える。だが、子細に見ればそうではないというところにシーゲルの特異性がある。

まずインテリ系の筆頭に挙げられるのはジョゼフ・ロージーとニコラス・レイ、そしてリチャード・フライシャーということになるだろう。ロージーは一九〇九年、ウィスコンシン州ラ・クロス生まれで、ダートマス大で始めは医学を学ぶが、のちハーバード大で演劇を専攻している。レイは一九一一年に生まれ、ロージーと同じラ・クロスで育ち、シカゴ大に入学、フランク・ロイド・ライトの下《もと》で建築を学んでいる。フライシャーは一九一六年、ニューヨーク生まれで、ブラウン大で始めは医学を学ぶが、のちに演劇に転じ、イェール大大学院で演劇を学ぶ。ロバート・ロッセンは一九〇八年ニューヨーク生まれ、インテリ系ではあるが、彼も少し毛色が違っている。ロシア系ユダヤ人移民の子として貧困家庭で育ち、賭けビリヤードとプロボクシングで学費を稼いでニューヨーク大を出たという変わり種である（この経験は、その後シナリオを書いた『ボディ・アンド・ソウル』〔47〕、シナリオを書き、監督もした『ハスラー』〔61〕に生かされる）。比較のために、それ以外の五〇年代作家についても生年を記しておく。この世代では最年長のアンソニー・マンは一九〇六年カリフォルニア州サン・ディエゴ生まれ、少年期から演劇界に入る。サミュエル・フラーはシーゲルと同じ一九一二年マサチューセッツ州ウースター生まれ、十二歳から新聞業界で働き、犯罪記者を経て、その後作家となる。オーソン・ウェルズは一九一五年、ロージー、レイと同じウィスコンシン州ケノーシャ生まれ、周知の通り神童として早くから演劇界で名をはせる。この世代で最年少のロバート・オルドリッチは一九一八年ロードアイランド州クランストン生まれ、これも周知の通りロックフェラー家の一員であるが、大学を中退して映画界に入っている。

演劇経験

ロージー、レイ、フライシャー、ロッセンらは、年齢的に三歳から四歳の差、大学出身のインテリであるという点でシーゲルと共通するのだが、彼らとシーゲルを決定的に分ける点がある。演劇である。彼らは全員学生時代に演劇に触れ、卒業後、演劇を職業としている。シーゲルが映画界に入ったのは一九三四年、ロージーのＲＫＯ入社（四七年）、レイのＲＫＯ入社（四七年）、フライシャーのＲＫＯ入社（四二年）より十年（ないしはそれ以上）早く（彼らはみなＲＫＯに入っているが、当時ＲＫＯには製作者として、のちにハリウッド・テンの一人となるエイドリアン・スコットがおり、四七年にはリベラル派のドーリ・シャーリーが製作部部長になっている）、マンのセルズニックプロでの下働きとしての映画界入り（三七年）、ロッセンのワーナーとの脚本家としての契約（三六年）と比べてもさらに数年早い。ちなみにオルドリッチがＲＫＯの製作部に入社したのは一九四一年、年齢的にはシーゲルと同じ二十代前半で映画の世界に入ったことになる（実際スタジオでの徒弟段階を体験しているのは、この世代ではシーゲルとオルドリッチのみである）。

それはともかく、シーゲルと彼らインテリ組がほぼ同じ年齢であるにもかかわらず、映画界入りに数年から十年以上の開きがあるのは、インテリ組が演劇をしていた時期があるからだ。そしてこの時代、つまり三〇年代に演劇をするということは、ほぼ左翼であることと同義である。時代は大不況期であり、資本主義の行き詰まりが生活の中でじかに感じられる中、資本主義に代わる政治体制としての共産主義が、労働者階級、インテリ層問わず、人々を惹《ひ》きつけた。演劇が社会と密接に関わり、社会変革を先導するべきだという意志に始まり、演技の方法論、舞台装置のデザインといった形式面に至るまで、これまでの西欧的演劇とまったく異なる思想に基づくソヴィエトの革新的演劇は、演劇を志す者たちを魅了した。フランクリン・ローズヴェルトを大統領とするアメリカ政府もまた、政府が公共事業の形で仕事を発注し、資本を市場に流して経済を活性化させる左派的なニューディール政策を打ち出したが、芸術家に対してもそれは行なわれた。演劇の分野では、フェ

図1　フェデラル・シアター『リヴィング・ニューズペーパー』第三弾、ロージー演出、レイ舞台監督の「認可された禁止令」

デラル・シアターのプロジェクトが知られており、そこで革新的な演劇が試みられたが、レイ、ウェルズ、ロージー、マンはこのプロジェクトに大きく関与している【図1】。

こうした演劇の世界は同時に共産党の活動範囲でもあり、実際共産党に入党した者もいる。ロージー、ロッセン、レイであり、当時のレイの友人であったエリア・カザンらもそうである。彼らが戦後に赤狩りに遭ったことは周知の通り。ロージーは亡命を余儀なくされ、ロッセン、カザンはネーミング・ネームズで仲間の名前を挙げて赤狩りを免れたが、カザンはそれで一生の汚名を着た。ロッセンはしばらく立ち直ることができず、長い年月を無為に過ごした。レイも実は非公式に証言を行なったと見られ、それによって赤狩りを免れている。その事実は公になることはなかったが、彼が負った傷跡は、例えば『大砂塵』の過去に屈託する主人公（演じたスターリング・ヘイドンもまた友好的証言者であった）の造形に現れている。フライシャーは一切赤狩りに引っかかることはなかったが、これは彼が携わった演劇が左翼的なものではなく、商業演劇だったことによる。

彼ら同世代のインテリ系五〇年代作家と異なり、シーゲルは演劇に携わっていないと述べたが、実はまったくないわけではない。シーゲルはロンドン時代に演劇を学んでいるようである。仏の映画雑誌『ポジティフ』のシーゲルへのインタビュー（六五年、第七十一号）のシーゲル略歴には、彼が王立演劇学校に通い、演劇俳優になった旨《むね》記されている。また『ドン・シーゲル　映画監督』にもケンブリッジで演劇を学んだことがあったとの記述がある。さらに、カミンスキーによれば、ワーナーでの修業時代にコンテンポラリー・シアターなる演劇グループと関わりがあり、彼らの公演でプーシキンを演じたことがあるという。このグループには、ジョン・ガーフィールドやルーサー・アドラーなど著名な演劇人（しかも左翼）も関係していたとのことだが、ガーフィールドの伝記にはその記述はない。カミンスキーは、シーゲルはこの時代演劇よりはガールハントと卓球に夢中であったとし、『自伝』にも演劇関係のことは一切記述がない。あまり触れたくないのか、あるいは演劇活動に言及に値するだけの内実はなかったのか、いずれにせよシーゲルと演劇の関係は薄いと判断するのが正しいように思う。

ともあれ、シーゲルは演劇というキャリアを経ることなく映画界に入っている。この事実はシーゲルの映画に何らかの影響をもたらしているのだろうか。一概には言えないが、シーゲルの映画の設定がおおむねシンプルであるのはそれと関わりがあるのかもしれない。シーゲルの映画においては、状況が登場人物の立場を決定し、その状況の変化に応じて人物が動く。敵がいれば追うか逃げるか戦うか、反応はごくシンプルなものであり、その敵がいかなるものなのか探ったり、どう対応すべきか悩んだりすることはない。心理がないわけではないが、シーゲルの登場人物は複雑で測りがたい内面を欠いて、ただシンプルな行動のみによって自己を規定する。極端なことを言えば、シーゲル的登場人物には外見しかない。これは状況とその変化に対する心理の表出をもっぱらとする演劇とは隔たった作劇である。演劇性の欠如がシーゲル的人物造形に影響を及ぼしていると言えよう。

ワーナーへ

さて、シーゲルは大学卒業後すぐ、三四年に映画界に入った。これは必ずしも彼の希望だったわけではない。不況期であったため、就職口がなく、叔父に就職を頼ったのだが、叔父がたまたまワーナーの編集部局にいたという事情による。映画が嫌いだったわけでもなかろうが、自伝やインタビューを見ても、どんな映画を見たという言及はほとんどない。アクション映画ばかりでなく、コメディや恋愛映画だって撮りたいのだと述べ、デヴィッド・リーン『逢びき』(45)を引き合いに出したインタビューはあるが、次回作のために参考として見た事例を除いては、他の映画に言及している例はほぼ見当たらない。

先に見た通りシーゲルの出自はユダヤ系であり、またブルジョアというわけでもなかった。上記の同時代作家と比較しても、地元の名家の出のロージー、裕福な発明家の息子であったウェルズ、建築家の息子であるレイ、アニメーション・スタジオの社長の息子であるフライシャーら(ほぼ演劇経験者と重なる)と比べて、社会的地位として恵まれていたほうではなかっただろうことは想像がつく。また、インテリではあっても、この不況期にあって職にあぶれていた大学出身者も多かったはずである。シーゲルは、当時のインテリと同じ道をたどったに過ぎない。そう考えれば、伝手《つて》であれ就職できたシーゲルはまだ幸運なほうであったわけである。こうして彼は、スタジオの最底辺から監督に至るまでの十年ほどの徒弟段階を経ることになる。この点、演劇で脚本、演出を経験していたために、即戦力として映画界に入り、すぐさま監督作を持つことができた演劇経験者たちとは大いに異なる。

モンタージュ部門

ともあれ、叔父の伝手でワーナー製作部のハル・B・ウォリスに紹介され、ワーナーに入社することになったシーゲルが最初に配属されたのは、フィルム・ライブラリーの部局であった。これはストック・ショット（劇映画の中にインサートするために取っておかれる記録映像、ニュース映像の一部）を管理する部署である。その後インサート部門の助手頭となり、インサート用に新聞や銃、看板のクロースアップを撮影する仕事によって初めて映画に興味を持つようになった。その後シーゲルはスタジオに訴えてモンタージュ部門を設立、スタジオ5を指揮していたバイロン・ハスキンの下で働くことになる。ハスキンは『宇宙戦争』（53）や『黒い絨毯《じゅうたん》』（54）などの特撮を駆使した五〇年代のSF、パニック映画で有名だが、そもそもはカメラマンとして仕事を始め、その後監督になったものの、いったん第二班監督に戻り、特に特殊撮影に専念、その後特撮映画の監督として監督業に復帰することになるという曲折をたどった映画人だった。シーゲルが知り合った当時は、第二班の撮影を行なうスタジオ5を統括していた。スタジオ5はスタジオ内のスタジオとして、四人の特撮監督、八人の第一カメラマン、十五人の第二カメラマン、サウンドマンにオプティカルルームを備えて、ワーナー映画の半分（本数でなく、一本の映画の半分ということ）を作ったとされる。シーゲルが初めて演出や編集のあり方を学ぶことになるのは、ハスキンの下でである。

ではハスキンの教えはいかなるものだったのか。これはシーゲル修業時代の後期の作品になるが、サム・ウッドの『サラトガ本線』(45)で、百五十人から二百人が格闘する場面を第二班として演出、編集したシーゲルは、編集した素材をハスキンに見せた。しかしハスキンはこれを却下し、自分で編集し直した。シーゲルは、あるアクションを終わらせないままに次につなげ、その間を観客に想像させようとしたのだが、想像が追いつかないうちに次のショットに移ってしまうので、何が起こっているのか観客には伝わらない状態になってしまっていた。ハスキンは、「観客の想像力に何一つまかせてはならない」として、どんなにアクションが停滞するように思えても、ある動作はそれが終わるまでしっかり描き切るよう教えたという。例えば二者の対話の場合、イマジナリー・ラインを想定して切り返すことで混乱を回避するという作法があるが、このような場合であれば、対話しているという状況さえ見る者がしっかり把握できていれば、それが無視されても、多少の違和感を覚えるとはいえ、台詞《せりふ》の持続もあるし、了解は可能である。しかしことアクションとなると、被写体自体が動いている上に、カットの切り替えの際に視点、アングル、サイズが変わると、前のショットとのつながりをいったん頭の中で作り直さねばならず、状況の把握が遅れるのは確かで、この点につき、その後のシーゲルがアクションに特化してゆくにあたって、ハスキンの教えは有効だったはずである(ただし、後続の章で述べるように、シーゲルは観客の納得の速度を超えて画面を先に進め、時にはぶつ切りに映画を終わらせてしまうこともある。そのあっけなさがかえって強烈な印象を残す。この性質はキャリアの最初期から変わっていなかったとも言える)。

モンタージュ＝オーヴァーラップ

シーゲルが携わったモンタージュとは、シーゲルの言及と実際の作品のショットを見る限り、同じショットの上に別のショットを空間的に重ねる二重写し（オーヴァーラップ）のことであり、ショットとショットを時間軸上で前後につなげるもののことではない。複数の映像を重ねることで、その間の関係を暗示したり（登場人物の頭の中を去来する思いを表すなど）、実景を撮影するだけでは表現できないものを表現したり（ものの巨大さ、多さを表現するなど）、あるいは映像の間に流れている時間の経過を表象したりする。スクリーン・プロセスで動く背景に、俳優を重ねて撮るのをモンタージュと称している場合もあるようだ。シーゲルがモンタージュを担当したのは、最も多いのがラオール・ウォルシュの六本、次いでマイケル・カーティスの五本、アーヴィング・ラパーの三本、アナトール・リトヴァクの三本。時間経過、場所移動の表象など、二重写しが使われる典型的な例以外で、その効果の目覚ましい例をいくつか挙げる。ちなみに、シーゲルがモンタージュを担当した中で、自身の記憶に残っているのは『戦慄のスパイ網』(39)、『ヤンキー・ドゥードゥル・ダンディ』(42)、『マーク・トウェインの冒険』*The Adventures of Mark Twain*（44、未）だということだ（ピーター・ボグダノビッチ *Who the devil made it*, Ballantine Books, 1977, P. 726）。

リトヴァクの『戦慄のスパイ網』は、アメリカ国内で行なわれるナチスのプロパガンダ活動と、それを阻止しようとするＦＢＩの活躍を描くもの（ナチスの将校をジョージ・サンダースが、ＦＢＩ捜査官をエドワード・G・ロビンソンが演じる）。ヒトラーの思想がヨーロッパ、そしてアメリカに広がってゆく模様を表現するモンタージュがシーゲルの担当。ヒトラーの『わが闘争』やハーケンクロイツが、ヨーロッパの地図や地球儀に二重写しになる。ナチ党員がアジ演説する顔がクロースアップで中央に、国旗を振りながら行進する軍隊が四隅に二重写しになる【図2】。地球儀の映像に行進する軍隊の足並みが二重写しになる。ハーケンクロイツが大西洋を渡るアニメーションでナチ思想がアメリカに輸出される様が表現され、アメリカに大量に運び込まれたアジビラが、買い物の紙袋、各家庭の郵便受け、劇場の座席、子供のランドセルにまで忍び込まされる。アジビラはさらに、飛

図2　『戦慄のスパイ網』アジ演説するナチ幹部

図3　『戦慄のスパイ網』屋上からまかれるビラ

図4　『彼奴は顔役だ！』巨大化するテレタイプ機、階段に人の群れ

行機やビルの屋上からばらまかれる【図3】。この場面は、ミッチェル・カメラをボルトで固定した板を屋上から突き出して撮ったという（『自伝』、五九頁）。本作はシーゲルが一番初めにモンタージュを担当したものであるが、それもあってか比較的古典的で典型的な二重写しである。

ウォルシュのギャング映画『彼奴《きやつ》は顔役だ！』(39)の、大恐慌勃発の場面がシーゲルの手になるもの。株のバブルがはじける様がモンタージュで表象される。株式市場の市況を伝えるテレタイプ機（モールス信号が打刻された紙テープが流れ出す）が巨大化していき、壮大な階段の上に据えられる【図4】。階段のところどころには人の姿らしきものが見え、蟻のようなその大きさが、階段のスケールを感じさせる。テレタイプ機が紙の山に変わると、それが空中にはじけ飛ぶ。ブラック・チューズデイである。階段はセット、テレタイプ機の映像をマット合成したもの。宙を舞う紙きれの下に、株を買った人々（その中には富裕層ばかりでなく、庶民もいるのだが）の落胆した顔が二重写しになる。ウォール街のビルが溶けたようになるのは特殊撮影だろう。このモンタージュは誰にも作業を見せず、八週から十週かけて仕上げたが、完成した版の試写にやってきた製作部長ハル・B・ウォリスを始めとする重役たちも感心したとされる（『ドン・シーゲル　映画監督』、三一頁）。

リトヴァクの『夜のブルース』*Blues in the night*（41、未、シナリオをロッセンが書いている）は、ブルース・バンドを組むピアニストが主人公だが、ファム・ファタルによって狂気に追いやられるものの、仲間のおかげで立ち直るというフィルム・ノワール的音楽劇（バンド・メンバーとしてエリア・カザンが出演している）。その狂気表現のモンタージュをシーゲルが担当している【図5】。ノイジーな音楽が鳴る中、クロースアップやロング、仰角に俯瞰、サイズやアングルの異なるバンド仲間の顔や楽器がいくつも重ねられ、現れては消え、あるいは右や左に流れていく様は、さながら二〇年代の実験映画である。ピアニストがピアノを弾こうとして弾けない様を、鍵盤が溶ける（マシュマロを使っている）という形で表現している【図6】。

これらは技法的には比較的単純な二重写しによるものだが、カメラの動きを入れてより複雑な動きにしているのがマイケル・カーティスの『ヤンキー・ドゥードゥル・ダンディ』である。第一次大戦に出兵する兵を鼓舞する軍歌「オーヴァー・ゼア」で知られるブロードウェイの大立者、歌手、作曲家、劇作家のジョージ・M・コーハンの伝記ミュージカル（ジェームズ・キャグニーがコーハンを演じる）だが、シーゲルは、巡業の描写を始め、いくつかの場面でモンタージュを担当している。その中でも目覚ましいのが、ブロードウェイの劇場の、どこもかしこもコーハンの作品を上演しているという描写だ。夜の闇の中に輝くネオンサインのすべてにコーハンの名前があるのを、パンやティルトを繰り返しながら、ゆっくり舐めるように映し出してゆく。劇場が途切れると、奥に広がる通りが遠近法で現れ、点滅する灯りでそこにも劇場が並んでいるのが分かる。さらにゆっくりパンしながら上昇するカメラは、屋上の看板（ここにもコーハンの名がある）に達し、今度は前進しながらその足元を通り抜けて、そのさらに奥にある、これもコーハンの作品を上演中の劇場の巨大看

図5　『夜のブルース』狂気表現のモンタージュ

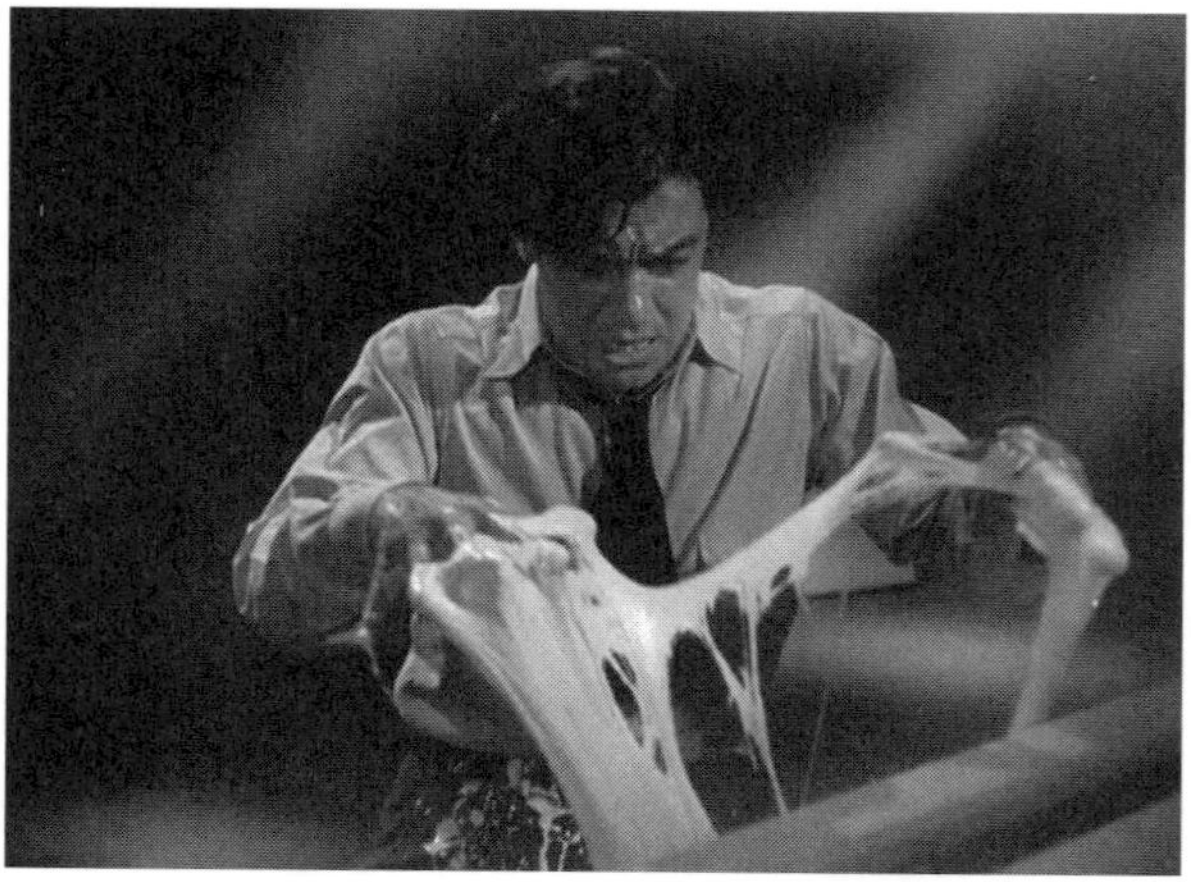

図6　『夜のブルース』溶ける鍵盤

板を大写しにする。ここまでがワンショット。シーゲルはマット合成を使用しているというが、実際の劇場の看板やミニチュアなどの映像を重ねたり、つなぎ合わせていたりするものと思われる。カメラがそこにあるものを一連の動きで捉えたかのように、継ぎ目が一切感じられない見事なもの。

合成といえば、写真や書割と実際の人間を合成することで、風景を巨大に見せるモンタージュが見られるのが、アーヴィング・ラパーの『マーク・トウェインの冒険』で、題名通りマーク・トウェインの伝記と彼の作品世界を組み合わせて描く映画である（フレデリック・マーチがマーク・トウェインを演じる）。トウェインが講演旅行で全世界を旅するというシークエンス。インドの場面で、右から左へとカメラがパンをしてゆくと、写真と思われる群衆、書割の後景、また写真らしき群衆、と画面は移り変わり、最後に櫓《やぐら》の上で講演するトウェインの実際の映像につながってゆく。写真の群衆の中に数人本物の人間が混じって動いているのが効果的。他にも、講演しているトウェインの姿から始まり、カメラが引いていくと、そこは宮殿風の巨大な建物前面の露台であったと判明し【図7】、建物の前に立って講演を聞いている人々の、一万人規模の頭（インドなのでターバン）の群れが映り込んできて【図8】、さらに引いていくと、二人の立っている男の間をカメラが後退してゆくというシーンがある【図9】。群衆は明らかに写真か書割、二人の男は動いているので実際の人間と

図7　『マーク・トウェインの冒険』露台で講演するトウェイン

図8　『マーク・トウェインの冒険』カメラが引くと群衆が映り込む

図9　『マーク・トウェインの冒険』さらにカメラが引くと実物の二人の男が映り込む

図10 『モスクワへの密使』飛行機工場、背景はスクリーン・プロセス

図11 『モスクワへの密使』同じショットで階段を上る二人。二階の事務所が見えてくる

図12 『モスクワへの密使』同じショットで二階奥の窓から一階部分がスクリーン・プロセスで見える

分かる。これらの場面では、写真や書割と現実、質の違う映像が交互に現れる形で合成されている。映画を見慣れた人間のほうがかえって違和感を抱くはずである。

動いている映像どうしをモンタージュする例が、マイケル・カーティスの『モスクワへの密使』に見られる。これは一九四三年に作られ、第二次大戦の同盟国であるソ連が警戒すべき相手ではなく、友好的存在であることを、元ソ連大使の著書に基づく映画の形で主張したプロパガンダ作品である。フランクリン・ローズヴェルト大統領の委嘱で製作されたものだが、脚本を書いたハワード・コッホはのちにブラックリストに載り、イギリスへの亡命を余儀なくされた。大使（ウォルター・ヒューストンが演じる）が戦闘機の製造工場を訪ねる場面、彼は工場長の説明を聞きながら工場内を歩いている。背景はスクリーン・プロセスで、工員たちが働いているのが見える【図10】。二人は階段を上ってゆき、二階の設計事務所らしい場所に出る【図11】。するとその奥の大きな窓の外にも工場内部の飛行機と働く人々が、これもスクリーン・プロセスで映っている【図12】。この一連の動きがワンショットで撮られている。二階の設計事務所のセットがあり、その幅を考えれば、事務所の手前にあると思われる一つめのスクリーン・プロセスと、その奥にあると思われる二つめのスクリーン・プロセスが同じものとは考えにくく、すると二つのスクリーン・プロセスを同時に稼働させているものと思われる。スクリーン・プロセス自体が、すでに撮ってある映像の上で俳優の動きを重ねるという意味でモンタージュであるが、さらに階段から設計事務所への移動という動きを挟む形で、手前と奥二つのスクリーン・プロセスを重ねる＝モンタージュしているわけである。

ホークス、ウォルシュ、カーティス、リトヴァク

シーゲルはモンタージュと並行して第二班監督として演出も担当するようになる。ハワード・ホークスの『ヨーク軍曹』(41)や『脱出』(44)などで第二班を務めるが、このホークスとの仕事はシーゲルに強い印象を与える。ホークスは撮影前に俳優やスタッフを集めてミーティングをし、意見を聞き、いいアイディアがあればそれを採用する。これによって、自分も映画に関わっているという意識が生じ、撮影現場の結束が保たれる。シーゲルはその後監督になった際、主要な俳優と脚本の読み合わせをするようになる(『自伝』、一五四頁)が、これはホークスから学んだことである。

このワーナーでの修業時代についた主な監督から、シーゲルが学んだことを挙げてみる。モンタージュを六本、第二班監督に一本ついた(その『北部への追撃』(43)ではモンタージュも担当している)ウォルシュは、ワーナー時代で最も間近に見た監督ということになるが、シーゲルの評価はあまり高くない。ウォルシュはアクション場面を七つのカメラで撮っていたが、どのカメラの映像も代わ

り映えしないとシーゲルには思えた。ウォルシュは格闘場面に入れ込み、スタントマンにも本気で殴るよう指示した。主人公にも、相手は君に反感を持っているようだなどとして敵意をかき立てた。シーゲルは自身の演出について、そのように場の雰囲気をかき立てる熱狂型演出の「アンチテーゼ」だとすら述べている（『ドン・シーゲル　映画監督』、四〇頁）。スタントマンには入念に指示を出し、絶対にけががをしないよう努める、冷静な演出法。『殺人捜査線』の高速道路の場面での危険極まりないスタントも、スタントマンの技量の高さも当然ながら、そうした入念な準備と現場に緊張を行き渡らせる冷静さがなければできなかったものだろう。

カメラのセッティングに関しては、ウォルシュはカメラを固定して、人物をカメラに近づかせることを好んだとされる。例えばシーゲルがモンタージュを担当した『鉄腕ジム』（42）では、マネージャーがエレベーター・ホールで懐中時計のネジを巻いていると、後ろのエレベーターのドアが開き、女性がこちらに向かってくるという場面がある。懐中時計のネジ（そのクロースアップ）という狭い世界から、カメラのわずかな動きで後ろに空間が開け、さらにエレベーターの開扉で奥行きが生み出される。また、鉄腕ジム（エロール・フリン）が宿敵（ワード・ボンド）と対決し、彼を破ってチャンピオンの座を奪った祝賀会の席に宿敵が挨拶に来る場面でも、ジムが鏡の手前にいると、玄関を入ってきた宿敵が鏡の中をカメラのほうに向かって歩いてくる【図13】。カメラが少しパンすると、左手から宿敵の実像が入り込んでくる【図14】。単に相手がこちらに向かってくるのではなく、鏡の中の映像として示し、さらにその後、実像として別方向からフレーム内に入れるという屈折。主人公を目の敵《かたき》にしていた男が彼のもとに祝賀に訪れるという驚き、さらに彼が主人公にこれまでの態度を謝罪し、これからは君の時代だ、しかしチャンピオンにふさわしい人間であってくれと、人生の先輩として祝福の意を述べるという場面の深みを、この映像的屈折が支えていることは確かである。

カメラを動かさず、人物がカメラに向かってくるようにしたウォルシュに対して、カメラのほうをドリーやパンで人物に寄せていくようにしたのがマイケル・カーティスであり、またアナトール・リトヴァクだという。どちらかというとシーゲル自身はこちらに影響を受けたということだ。

図13 『鉄腕ジム』戦勝会、こちらに向ってくるW・ボンドが鏡に映る

図14 『鉄腕ジム』左にパンすると実像

リトヴァクは、「ドリーであれ、パンであれ、カメラの動きには理由がなければならない」（『自伝』、六五頁）と述べたという。例えばリトヴァクの『凡《すべ》てこの世も天国も』（40）の一場面。これは七月王政期のフランスが舞台となる、不幸な結婚をした貴族とその男の家に家庭教師として入った女の悲恋の物語（ベティ・デイヴィスとシャルル・ボワイエ主演）だ。その場面では、不仲であることを社交界に対して取り繕うために貴族夫婦が開く舞踏会の終幕を、ヒロインが向かいの棟のベランダから遠目に見降ろしている。舞踏会が終わり、ボールルームの灯りが消され、部屋が空《から》になる。カメラがパンすると、妻の自室に夫が妻を送り届け、入ってくるのが見える。妻は夫に何か言いたそうにするが、何も言わず、夫はそのまま奥の扉を開き、渡り廊下のような通路を通って自室に入っていく。その一連の動きがワンショットで捉えられている。夫妻の関係は、こちらの立ち入れる範疇ではないという距離感（階級差）が、決して夫妻の側に切り替わることなく、こちらにとどまり続けるカメラの位置によって暗示される。本当に愛し合っているのは自分と夫なのだが、その二人は決して近づくことができない。また夫妻の、少し近づきながらもやはり縮まることのない関係を痛ましく感じ取っているヒロインの心情が、彼女の視線を追うようにパンするカメラの動きによって伝えられる。カメラの位置やカメラの動き自体が、心情表現となっている。リトヴァクは、事前にカメラの動きをしっかり準備し、俳優を自分の思うように動かした。シーゲルは、モンタージュのための撮影の際は、時間がないこともあり、はじめはリトヴァクのように準備をしてその通りに撮影したが、やがて他の監督とも経験を積んで、周到に準備はするとしてもそれにこだわらず、俳優の自発性を取り入れるようになっていったという（『ドン・シーゲル　映画監督』、四〇頁）。

シーゲル自身の映画で、カメラの動きが印象的な作品といえば、『殺し屋ネルソン』のラストの墓場でのパン、『グランド・キャニオンの対決』の冒頭での、グランド・キャニオンの壮大な風景のパンから、画面に人が小さく映り込み、それが殺人に発展するシークエンス、『突撃隊』のラストでのズームの使用、『白い肌の異常な夜』での、主人公を死に至らしめる食事の席で、テーブルにつく女たちを三百六十度のパンで捉えたショット、『ラフ・カット』で、床に散らばる衣服や下着を追ってゆくと、同じバスタブにいる主人公たちに至る、といったショットが思い浮かぶ。とりわけカメラの動きが出来事の叙述と絡み合って印象的なのは『グランド・キャニオンの対決』の一場面である。ある小屋に入ってきた男が、屋内の荒らされている様に気づく一連の動作を、カメラは小屋の中からのアングルでずっとパンしながら捉え続ける。男は不審げに割れた鏡に手をやって位置を直すと、鏡に何か映ったらしく、ギョッとして振り向き【図15】、手前に向かって走ってくると、驚愕した顔がクロースアップになる【図16】。カットが変わって、切り返しで首を吊っている男が映る。再び切り返し、男が慌てて壁にかかった電話に駆け寄ると、その壁に人影（犯人のもの）が映っているのが分かる【図17】。部屋の内側から男の動きを捉える中で、起きている出来事を徐々に見るものにも感得させるあたりは上記したリトヴァクを連想させるし、また男がこちらに寄ってきて顔がクロースアップになるあたりは、カメラが近寄るのでなく人のほうをカメラ側に近づかせるウォルシュの演出を連想させる。無論、シーゲルのこうしたショットを誰かの影響に端的に帰属させることは不可能だし、上記したシーゲル自身の言葉と実際の作品を照らし合わせて見たときにそうも見えるという程度のものに過ぎない。実際シーゲルにあってこうしたカメラの動きが目立つようなショットは次第に少なくなり（なくなるわけではないが）、もっぱらカットをつなぎ合わせることで説話を進めるのを好むようになってゆくのだが、そのことの意味は後述する。

図15　『グランド・キャニオンの対決』鏡を見て驚く男

図16　『グランド・キャニオンの対決』手前に走り寄った男

図17　『グランド・キャニオンの対決』電話に駆け寄ると壁に人影

『ヒトラーは生きている』でのモンタージュ

こうしたモンタージュ部門での仕事で学んだ編集技術は、その後の自身が監督した作品で生かされることになる。シーゲルには、既存の素材を編集し、撮影した素材と合わせて場面を作り出している作品がいくつかある。中でも短編『ヒトラーは生きている』は、いわばその極北で、既存の映画の再編集による作品だ。基《もと》になった作品は、フランク・キャプラがノン・クレジットで監督し、セオドア・ガイゼルがこれもノン・クレジットで脚本を書いた、ドイツ進駐軍の兵士にドイツがいかなる国なのかを教えるため陸軍が製作した、四五年の映画『ドイツにおけるあなたの仕事』*Your job in Germany*（未）とされる。ジャック・ワーナーがこの映画の権利を入手し、脚本家を立てて、シーゲルに作り直させた。第二次世界大戦が終わった後でも、ドイツにはナチズムが生き残っていると主張するプロパガンダ映画である。自由の鐘がクロースアップされて、「勝利は自由を導く」の文字が映し出され、それが消えて一拍の間の後（「しかし」の意がそこに込められている）、「時にはそうではない」の文字が映し出される。演説するヒトラーの映像からヒトラーが消え、演説するゲッベルスの映像からゲッベルスが消え、強制収容所から人々の姿が消えるという合成画面。確かにヒトラーたちは一掃された。しかし、その後映画はビスマルク時代、カイザー時代、ヒトラー時代とドイツ史を振り返ってナチを生みだしていった軌跡をたどり、この動きは途絶えたのか、継続されているのではないかと問う。人々の中にはまだナチがいて、彼らはいまだにナチの思想を人々に教え続けているということが、群衆の上のハーケンクロイツと蜘蛛の巣で表される。ドイツの人民は赦《ゆる》しを請うているが、しかしその手はかつてハイル・ヒトラーの挙手をした手であり、ユダヤ人を虐殺した手なのだとして、群衆の上に掌《てのひら》が二重写しになり【図18】、その後にハイル・ヒトラーの挙手をする軍隊、強制収容所の死体の映像がモンタージュされる。アメリカにもナチ復興の動きはあるとして、ナチ思想を演説する人の口のアップが、群衆の映像に二重写しされる【図19】。我々はこうした動きから子供たちを守らねばならない、という主張で映画は閉じられる。

マット合成や二重写しといったイメージの重ね合わせに加え、ショットとショットのつながりから意味を生じさせる時間軸上でのモンタージュによってできあがっており、シーゲルがモンタージュ部門時代に身に着けたテクニック総動員の感のある作品である。今から見るとネオナチの出現を

図18　『ヒトラーは生きている』手のモンタージュ

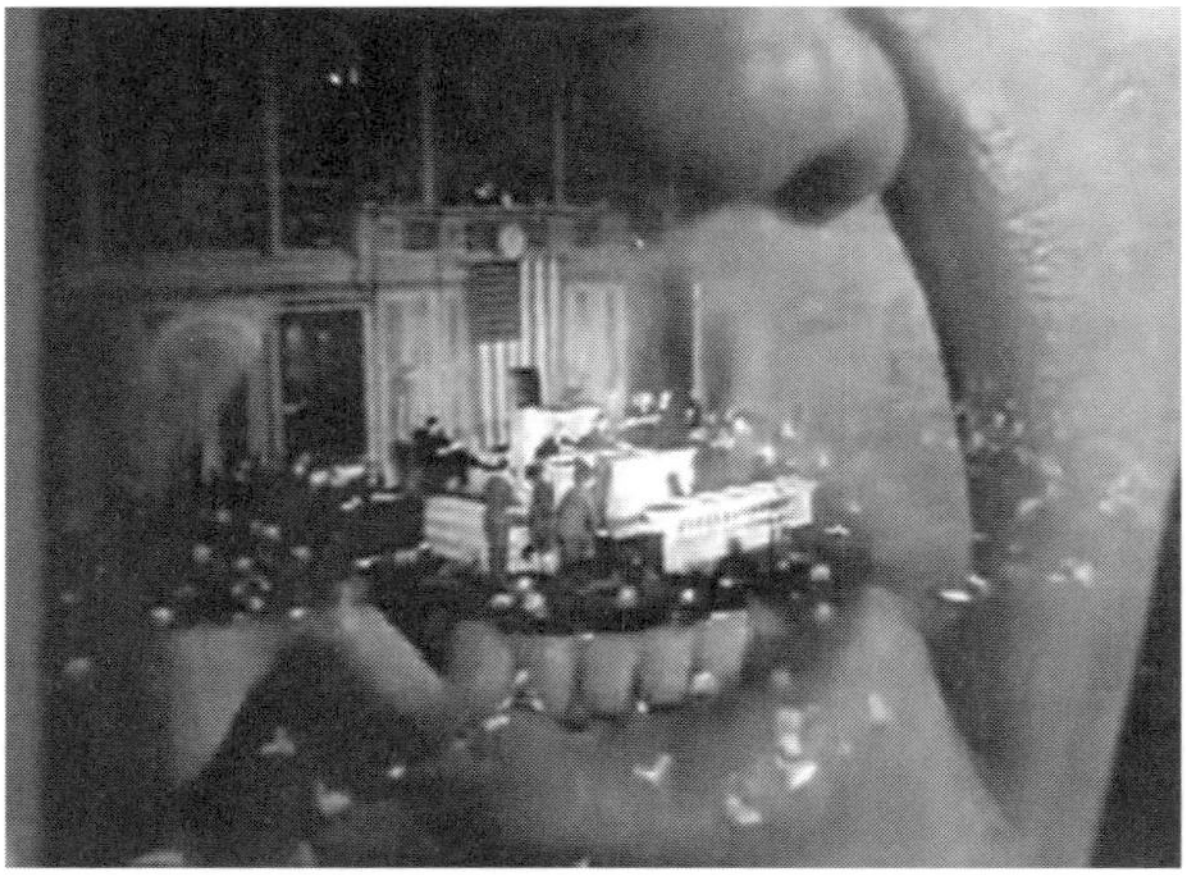

図19　『ヒトラーは生きている』口のモンタージュ

予見したかに見える作品だが、シーゲル自身はこの作品について、大戦終結から日が浅く、パースペクティヴを欠いたまま作られたもので、ドイツをひたすら悪として描いており、自分としては「古臭くて退屈」（『自伝』、九二頁）としている。内容的にはやはりプロパガンダとして単純素朴の感を免れないし、編集技術総動員であるとしても、技術的にそう高度とも思えない。本作は四六年度アカデミー賞の最優秀ドキュメンタリー賞短編部門を獲得しているものの、この授賞が何を評価してのものなのか正直判然としない。ただし、この作品が作られ、評価もされた事実自体に、大戦直後のアメリカ社会の雰囲気は感じられる。たとえ勝利したとしても、強制収容所による一民族の虐殺という前代未聞の凶悪な事態を招いたドイツ民族の心性の不可解さは拭えないまま残った。なぜこんなことが起こってしまうのか、ドイツ史を振り返るという本作の流れは、この不可解さを解消しようという意志の表れと見ることができる（ドイツ近代史の三段階という構成は、基になったキャプラ作品にもあったようだ）。無論そのような大きな問題が、たかが短編一本で理解できるわけもなく、問題は提起されたままで放置されてしまわざるを得ない。しかし、テクノロジーを全面展開した戦争が、人間の知性や理性を超えた事態を生み出してしまうということ、戦勝国であるアメリカですら、この事態を前にして戸惑いを隠しえないことをこの作品は言外に示している。このような戦争の苦い残響と、同盟国であったはずのソ連との覇権争いも相まって、アメリカは暗い時代に入っていく。フィルム・ノワールを生み出していく下地の一つになったのは、こうした戦後のアメリカの不安であった。

自作に生かされた編集技術

シーゲルが自身の監督作で編集技術を駆使した作品として、他に目覚ましいのは『USタイガー攻撃隊』、『犯罪組織』、『ラスト・シューティスト』というところだろうか。『USタイガー攻撃隊』は、アナポリス海軍兵学校に入学した兄弟が兵士として一人前になり、朝鮮戦争に従軍するまでを描くもの。原題を「アン・アナポリス・ストーリー」という通り、兵学校はメイランド州アナポリスにあるが、シーゲルはアナポリスでロケすることなく、アナポリスの場面は製作のアライド・アーティスツのスタジオのバックロットで撮影し、その他はすべてストック・フッテージで処理した。本作はテクニカラーということになっているが、16ミリフィルムであれ、写真用フィルムであれすべてぶち込んだ、「おそらく史上最悪のごちゃまぜカラー映画」（『ドン・シーゲル　映画監督』、九七頁）である。『ラスト・シューティスト』では、ジョン・ウェイン演じる老ガンマンの若い時代を紹介するシークエンスが、『リオ・ブラボー』（59）など、ウェインが出演してきた作品のモンタージュで構成されている。

　これらにおける編集は撮影の簡便化、物語上必要な背景の描写に留まるが、編集が映画の構成にまで絡み、重要な役割を果たしているのが『犯罪組織』である。この作品は、ロバート・モンゴメリー監督によるフィルム・ノワールの名作『桃色の馬に乗れ』*Ride the pink horse*（47、未）のリメイクで、舞台がニューメキシコの田舎町《いなかまち》からニューオーリンズ、しかもマルディ・グラを背景とするよう変更されたため、かえって製作費が膨らんだという。マルディ・グラはロケ撮影もしたが、主として製作したユニヴァーサルのバックロットで撮影し、ストック・ショットを編集で合わせた。このときのダイアローグ・ディレクター（シーゲル班の場合、監督助手のような立場になる）のスコット・ヘイルによれば、シーゲルは編集段階で、台詞の位置を変えることで映画全体を「サプライズ・エンディングのギミック映画」からサスペンス映画に生まれ変わらせたという。物語は、親友の死の真相をニューオーリンズに来た主人公が探るというもの。親友は実は生きており、彼が仕えていた上司の妻と彼が共謀していたことが判明するが、脚本段階においても、編集が始まった時点でも、親友が実は生きていたという真相は最後に明らかにされるはずであったのだが、シーゲルはそれを途中で明かしてしまう。具体的には、上司の妻が電話をかけ、死んでしまっているはずの男がそれを受けるというシークエンスを、映画の初めに近い、主人公が上司とその妻を訪ねてきた場面の直後に挿入したことを指すものと思われる。台詞も切って動かしたとヘイルは述べているので、そのとき女が言う、うまく行きそうだという台詞も、他のショットで発せられた言葉を切り取って貼りつけたのかもしれない。いずれにせよこれによって、死んだはずの男が生きていること、女が彼と共謀していることが分かる。そしてさらに重要なのは、主人公が町に来て捜査すること自体が、犯人たちの計画のうちに含められ、主人公の行動の意味が変わる点だ。このシークエンスがあることで、その後犯人（主人公の親友）がマルディ・グラの仮装で出没することに観客は気づくし（この編集が施される以前の版では、正体不明の仮装の男と思うだけだっただろう）、また主人公が犯人たちによって操られていることが明確になる。偽装、操りという主題はこの後の章で論じる通り、シーゲルにとって主要なものであり、シーゲルはここで、編集によって、自身の主題をくっきり浮き上がらせたことになるわけである。リメイク元のモンゴメリーの作品は、ニヒリズム（主人公を演じている監督モンゴメリーの嘲笑的でいかにも冷血な顔が素晴らしい）、ファム・ファタル的少女のおとぎ話的不気味さ、脱力的で奇妙なユーモアに彩られ、フィルム・ノワールの傑作の一つとされるのも十分納得の質である。シーゲルの作品はやはりリメイク元に遠く及ばないとはいえ、こうした主題群によってシーゲルのフィルモグラフィにとっては重要な意味を持つ一作である。

バロックとビザール

モンタージュ部門の時点に話を戻す。インタビュー（前掲『ポジティフ』誌、一〇頁）の中でシーゲルは、こうしたモンタージュに携わったことが自分にバロックとビザール（英語で言えばストレンジというところか）の資質を与えたとしている。上記したように、『夜のブルース』では多重的なオーヴァーラップで狂気が表象され、『ヤンキー・ドゥードゥル・ダンディ』ではカメラの動きに合

図20 『殺人者たち』スクリーン・プロセスを使わないディキンソン

図21 『殺人者たち』スクリーン・プロセスのカサヴェテス

わせながら、縦横に連なる通りのネオンサインが幾重にも重ねられてコーハンの人気ぶりを表現し、『マーク・トウェインの冒険』では実写と写真、書割が合成されて聴衆の規模の大きさが表され、『モスクワの密使』では、二重のスクリーン・プロセスによって、これも飛行機工場の規模の大きさを感得させる。そこでは確かに、複数の映像を重ね合わせることで狂気を、人気ぶりを、規模を表現するという所期の目的は達成されているが、ただ、その重ね合わせ具合が過剰だったり技巧的だったり、あるいは自然を装いつつどこか不自然だったりして、単なる説話上の役割を超えた違和感を見るものの心に与え、映画の中に微細な陥没点を作り出す。とりわけ『マーク・トウェインの冒険』などをみると、シュールレアリスムのコラージュ、あるいはフォトモンタージュが連想され、無意識をくすぐられるような感じがする。こうした違和感を、シーゲルはバロック、ビザールという言葉で言い表したのであろう。

これは後の作品で言えば、例えば『殺人者たち』での、ジョン・カサヴェテスとアンジー・ディキンソンがゴーカートに乗る場面などに通じるものでもある。二人がゴーカートに乗って遊び、共有する歓喜によって急速に親しみを深めてゆくという場面、そこでディキンソンのほうは彼女が乗っているのを移動で追っている印象なのに対して【図20】、なぜかカサヴェテスのほうは明らかにスクリーン・プロセスで【図21】、背景に時折ディキンソンも映り込んでいる。同じ時空間を共有しているはずが、片方は実写、片方はスクリーン・プロセスと齟齬《そご》があり、それがストレンジな印象を生み出している。当時カサヴェテスは運転ができなかった（ので撮影の際に習った）ということなので、あくまでこれは撮影事情によるものであって、その効果を狙ったわけではないのだろうが、モンタージュがビザールな印象を生み出している一例ではある。

シーゲルは、モンタージュという作業を通して、バロックやビザールへの志向を自分の中に涵養《かんよう》していった。ただし、シーゲル自身は監督になって以降、こうした意味でのモンタージュをほとんど使わなくなっていく。二重写しという映画技法自体が時代遅れになっていたこともあるだろうが、それ以上にシーゲルが自身の映画世界を作り上げる思想として、そうした技法を必要としなくなった、あるいはむしろそうした技法はもはや彼の思想に反するものになっていたということがある。シーゲルの映画、あるいは画面には確かにバロックでビザールなものがある。すぐに思いつく例で言えば、『殺人者たち』のラストでリー・マーヴィンが構えるサイレンサーつきの銃の銃口が遠近法で誇張されて見える画面などを思いだしてもらえばいいのだが【図22】、バロックやビザールは、モンタージュのような手間のかかる手続きを経ずとも、レンズの選択、画角の選択一つで生み出すことができる。バロックやビザールは、作り物と実写など感触の異なるイメージの二重写しやオーヴァ

図22 『殺人者たち』遠近法で強調される銃

ーラップ＝モンタージュのようなあからさまなものではなく、画面構成の中に潜在する形に移行する。さらに言えば、むしろそうした映画的技巧を避けることのなかにこそ、バロックやビザールを見出すまでに至る。世界そのものが、それだけでバロックでビザールである。こうした認識に至ること、それこそがシーゲルという映画「作家」の生成なのだが、それがシーゲルのフィルモグラフィの比較的初期に達成されているという事態は、先にも触れた作歴の一貫性の一因でもあるだろう。ともあれこうした潜在するバロック、ビザールは、シーゲルのいわば世界観の根幹をなしており、その具体的な現れについては後続の章で記述する。今は、シーゲルがそうした技巧を避け、ごく普通の、同じショットを空間的に重ねる、上記したような「モンタージュ」と違い、ショットとショットの時間的接続という意味でのモンタージュに移行していくことを確認しておこう（モンタージュをまったく使わなくなったわけではない。『アルカトラズからの脱出』の脱出のための作業の描写では、時間の経過が二重写しで表現されるが、シーゲルにとってこうしたモンタージュはむしろかなり例外的なものになっていく）。

監督昇進へ

モンタージュ部門では、スタッフ、キャストを使って自由に撮影ができる状況にあり、さらに第二班でもっぱらアクション場面の演出をこなしたシーゲルは、ジャック・ワーナーに監督への昇進を要求するが、なかなか認められなかった。シーゲルは周囲に監督昇進の希望を漏らしていたのだろうか、ジャック・ワーナーに呼び出され、シドニー・グリーンストリートとウォルター・ヒューストンがお前を監督にしてやれと言ってきているが、そう伝えてくれと頼んだのかと聞かれることもあった。グリーンストリートとは、モンタージュをしたマイケル・カーティスの『カサブランカ』(42)や、クレジットはされていないものの特殊効果で参加し反乱場面の演出もしたとされる『渡洋爆撃隊』(44、フランス籍貨物船の中で、フランス降伏の知らせが伝わり、ドイツに下ろうとする一派と自由フランスに就こうとする一派が衝突する)で、ヒューストンとは『モスクワへの密使』(これもシーゲルが第二班として演出した部分があるとされる)で仕事を共にしている。ジャック・ワーナーとは確執があったようで、『自伝』によれば、四四年の時点でハル・B・ウォリスに呼び出され、『復讐!反ナチ地下組織/裏切り者を消せ』(44、最終的にジーン・ネグレスコが監督)の監督を打診され、A級作品でもあり迷ったが、その際新たな七年契約を持ち出されたので断ったところ、ワーナーが激怒した。このエピソードには別ヴァージョンがあって、『ドン・シーゲル　映画監督』によれば、ワーナーに呼び出され、ウォルシュの『決死のビルマ戦線』(45)の第二班を命じられたが拒否してワーナーが激怒したのだという。いずれにせよワーナーを怒らせたシーゲルは停職、一日だけ復帰の後また停職といった嫌がらせを受け、一方それに対してシーゲルは、ワーナーが帰宅しようとオフィスを出るところを待ちぶせ、黙ったまま睨みつけるなどして対抗した。うんざりしたワーナーはシーゲルを助監督に戻すものの、実質的な仕事はさせなかった。カメラマンのタイムカードを管理する仕事を与えられたシーゲルは、過剰な勤務時間をつけてワーナーに損をさせた。やむなくワーナーは彼の監督昇進を承認する。

　こうしたワーナーとの確執の間、ウォルシュと幾多の傑作を生みだしたシナリオライターで独立製作者のマーク・ヘリンジャーがシーゲルに接触する。彼が原案を書いた『彼奴は顔役だ!』でのシーゲルのモンタージュが気にいっていたらしい。シーゲルの態度にも問題があるが、ワーナーのやり方も気に食わないというヘリンジャーは、シーゲルに百ドルの小切手を手渡すが、シーゲルは受け取らなかった。その後、ヘリンジャーはヘミングウェイの『殺人者』の監督をシーゲルに打診するが、ワーナーが認めず、叶わなかった。『殺人者』の監督はロバート・シオドマクになり、フィルム・ノワールの傑作の一つとして認められるが、周知の通りシーゲルはこれをリメイクして（『殺人者たち』）、やはり傑作に仕上げる。ヘリンジャーへの借りを見事に返したということになろうか。

第二章　初期

シーゲルがシーゲルになるまで

この章では、シーゲルが監督になって以降の履歴を追う。シーゲルのキャリアは、アラン・ローヴェルによればおおむね三期に分けられる（『ドン・シーゲル　アメリカン・シネマ』*Don Siegel: American cinema*, BFI, 1975, P. 30-）。「質に差のある雑多な映画を撮った」第一期（一九四六年から五四年）、「より明確で一貫性のあるキャラクターを有し、質が一定している」作品群を有する第二期（五四年から六二年）、「第二期と基本的にキャラクターは同じだが、そのキャラクターに多くの点で重要な変化がもたらされている」第三期（六二年からこの書物の刊行時点で、公開作としては『ドラブル』まで）。『ドラブル』以降の作品も考慮に入れねばならない点、また各期をどの年代で分けるかという点に関して本書は、必ずしも完全にローヴェルと見解が一致するわけではなく、そのあたり詳しくは以下で記述してゆくが、初期、中期、後期に分けられるだろうことはおおむねその通りと考えるので、三期への分類に従っておく。また各期の特徴についてのローヴェルの分析は極めて説得的であり、本書は作品論の次元での発想においても多くをこれに負っているので、その点についてもその都度言及する。先にシーゲルの作歴は同時代作家と比べて驚くほど一貫していると述べたが、その中でも当然紆余曲折はある。本章では、その曲折を今少し子細に見ながら、一方でシーゲルがその中でも一貫性を保ってゆく様を確認し、さらにそれが可能だった原因も探る。

『ベツレヘムの星』

ローヴェルが第一期としたのは四六年から五四年。本書では初期とする。四六年は第一長編『ビッグ・ボウの殺人』が撮られた年であり、五四年は『第十一号監房の暴動』が撮られた年ということになるが、ローヴェルは『第十一号監房の暴動』は最盛期たる第二期の始まりを告げるものと考えているので、その前『中国決死行』(53)までを第一期と想定しているものと思われる。筆者自身は短編『ベツレヘムの星』にもシーゲル的主題がすでに表れていると考えるので、監督昇進の四五年を初期の始まりとし、終わりを同じく『中国決死行』としたい。

さて、ジャック・ワーナーとの確執の末、ようやく監督昇進となったシーゲルだが、いきなり長編を撮ることを認められたわけではなく、短編をとの命であった。シーゲルはこれに対しても、ユダヤ人であるワーナーが嫌いそうな題材を提示するという形でワーナーへの嫌がらせめいた態度をとったが、意外にもOKが出たという(『自伝』、八九頁)。『ベツレヘムの星』は、気のいい妻と不平屋の夫(J・キャロル・ナイシュ)が経営するモーテルが舞台、時はクリスマス・イヴの夜である。夜空に輝くネオンサインの星につられてモーテルにやってきたホーボーを、夫は嫌々ながらストーブに当たらせてやる。人間の善意を語るホーボーと、そんなものを信じない亭主。モーテルは満室なのだが、若い夫婦がやってきて、妻の具合が悪いというのでやむなく馬小屋に泊めることになる。その妻は妊娠中だったが急に産気づき、モーテルの客も総出で出産を手伝う。そこにまたしても、ネオンサインの星を見かけて三人のカウボーイがやってくる。子供は無事生まれる。ホーボーと亭主が窓ガラス越しに見る、馬小屋で赤ん坊を抱いた母親と、二人を取り囲む人々の姿は、モーテルの壁に貼りつけてあったキリスト生誕の絵そっくりであった。

明らかに、田舎のモーテルを舞台に描かれるキリスト生誕の寓話である。ホーボーが預言者ヨハネ、三人のカウボーイが東方の三博士にあたる。ジャック・ワーナーへの嫌がらせはともかく、だからといってなぜキリスト生誕になったのかはよく分からない。先述したように大学時代は新約聖書を研究したということであるから、それと関連があるのかもしれない。重要なのはそれよりも、シーゲルがここでモンタージュを使わないことをあえて選択したという事実だ。「私はわざと映画からモンタージュを外した。というのも私がモンタージュ以外のこともできると示したかったからだ」(『ドン・シーゲル 映画監督』、四六頁)。

図23 『ベツレヘムの星』正面の二人

映画の冒頭は、櫓の上で輝くネオンサインの星、その配線を直している亭主と、櫓の下に来たホーボーを同じ画面に正面から映し込んだ俯瞰ショットで始まり【図23】、その同じ二人を窓ガラスの手前と外、去る者と見送る者として、共に後ろ姿で捉えたショットがラスト近くに配される【図24】(撮影は、第二班の仕事で付き合いのあったロバート・バークス。バークスは後にヒッチコックのカメラマンとして知られることになる)。始まりと終わりが来訪と出立、正面と後ろ姿と対称になっている。亭主はその後、壁のカレンダーのキリスト生誕の絵を見、窓の外の馬屋を見る。馬屋の中では絵と同じ光景が繰り広げられている【図25】。実像が絵と同じ構図を再現しているわけである。この流れは意外というよりむしろ通俗的というべきであり（シーゲル自身も本作を、感情過多であるとして気に入っていない）、本作がアカデミー賞短編賞を受賞し

図24　『ベツレヘムの星』後ろ姿の二人

図25　『ベツレヘムの星』カレンダーのキリスト生誕図

たのもそのためではないかと思われるが、しかし現実が絵を模倣するというこの場面にはいささかシュールな印象もあり、シーゲル的な（バロックとはいえないにしても）ビザール感はあるかもしれない。実際、この二つの対象を重ね合わせる画面もモンタージュと言えなくもない。そう考えれば、シーゲル的モンタージュのビザールはここにも継続されていると見ることができる。とはいえ、確かにオプティカルの合成技術を用いてはいないわけであり、シーゲル自身の意識としては、モンタージュを使わずに物語を語ろうとしたということなのだろう。先述した通り、また以後見ていく通り、シーゲルはモンタージュを排しながらも、その効果（バロックとビザール）を潜在的な形で継続していくことになるが、監督第一作にも萌芽が見られるということだ。

シーゲルの二作目になる短編『ヒトラーは生きている』は先述の通り、既存の短編の焼き直しであるが、シーゲル自身は自分の企画であるかのように語っている。ヒトラーの話はユダヤ人であるジャック・ワーナーが毛嫌いするものであるから、当然却下されるものと思ったが、これも意外にも通ってしまったというのである。実質的には、問題含みであった既存短編の権利を買ったワーナーが、新たに脚本家を立てて（『ベツレヘムの星』と同じソール・エルキンズ）シーゲルに再編集をさせた。前作でモンタージュを排したのに対して、モンタージュだけでできているかのような作品である。

『ビッグ・ボウの殺人』

シーゲルの初長編となったのは『ビッグ・ボウの殺人』、十九世紀のロンドンを舞台に、自分が逮捕し死刑にした男が冤罪と判明して、汚名を着た元警視が意外な形でそれをすすぐ物語。歴史ものという意外な選択であるが、それでも後の作品にも通じるシーゲルの主題が現れている重要作である（それについては後述）。ニューゲイト監獄の俯瞰から始まり、死刑執行を告げる鐘が鳴って、その鐘楼にカメラが寄っていくと、鐘を撞《つ》く男越しの画面奥に監獄入り口が映るという外連味《けれんみ》のある始まり。カット変わって地上、警視が監獄を去ろうとすると、死刑囚が連れられてくるのに出くわす。監獄の檻が遠近法で捉えられ、幽閉の印象を強める【図26】。霧の湿りといい、モノクロの画面で遠近法によって強調される檻の直線といい、いかにもフィルム・ノワール的な画面であり、シーゲルもこういう画面から最初の長編を始めていたのだということに時代を感じる。警視はその後失職し、マスコミによってその罪を書き立てられ、悪夢を見るが、その悪夢の描写にはモンタージュが使用されている【図27】。上記の通り本作はニューゲイトに始まるが、ニューゲイトに終わってもいる（警視がニューゲイトから出ようとする冒頭に対し、ラストでは警視がニューゲイトに行く）。『ベツレヘムの星』でも、同じ二人の人物を捉えたショットで終わっていたわけだが、こうした円環性＝対称性は、直線的な説話を好むシーゲルには比較的稀《まれ》なものであり（中期以降の作品では『白い肌の異常な夜』に見られる程度だ）、この点も、まだシーゲルが自分なりの世界を構築するには至っていないことを明かすものである。

警視を演じるのはシドニー・グリーンストリート、その親友で怪しい動きをするイラストレーターを演じるのが、実際にグリーンストリートの親友であったピーター・ローレである。二人はワーナー映画でコンビとして出演することが多い。マイケル・カーティスの『カサブランカ』が最も有名（シーゲルはモンタージュで参加）だが、同じく二人が出演したカーティスの『渡洋爆撃隊』で、グリーンストリートが船長に対して反乱を仕掛ける場面のアクションをシーゲルがノン・クレジットで演出している。巨体と短軀と対照的な二人だが、仕事に対する態度も対照的で、台詞をすべて覚えて現場に来て、コンマの位置一つ変えても慌《あわ》てるグリーンストリートに対し、ローレは今自分が何の作品に出ているのかも判然としない様子で、台詞はもちろん覚えてこない。しかし、とちりまくるかと思えば急に完璧になるといった具合だったといい、シーゲルは一連のローレの態度は実はポーズだったのではないかとしている。

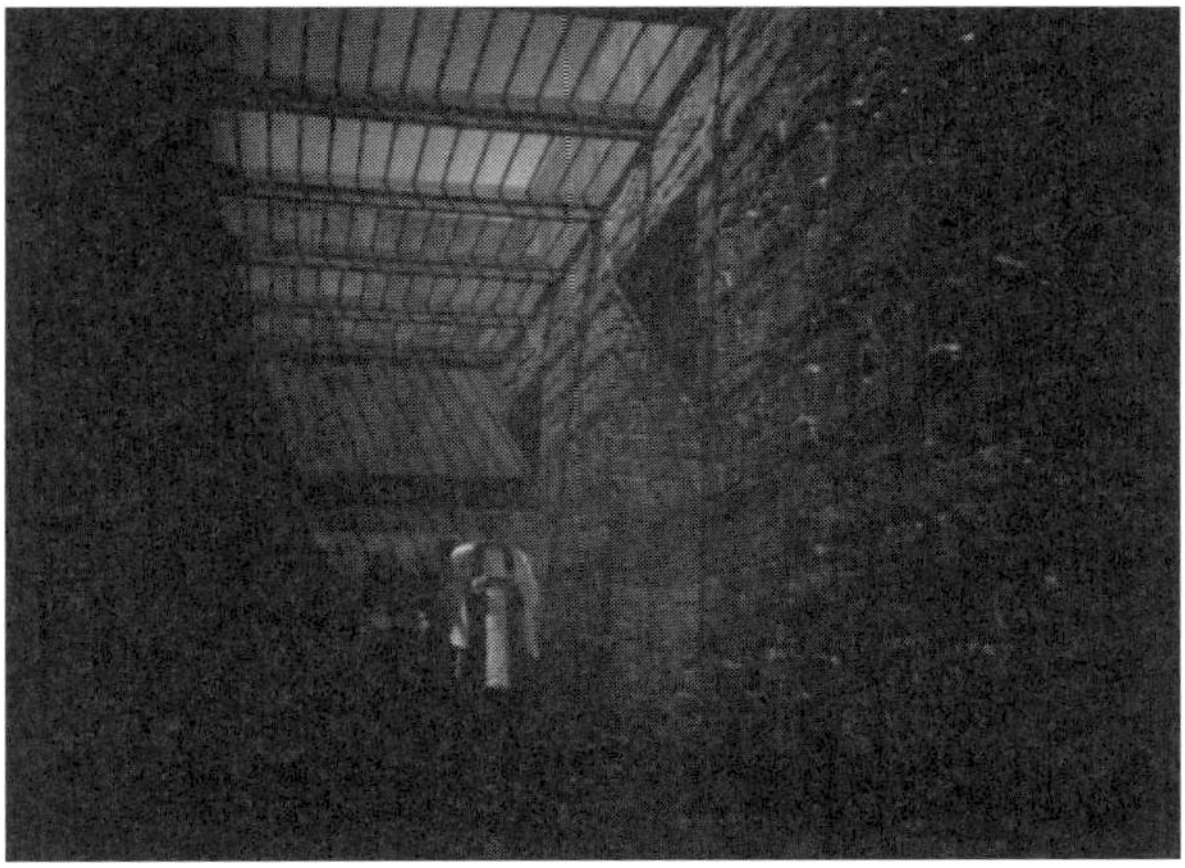

図26 『ビッグ・ボウの殺人』死刑に向かう男

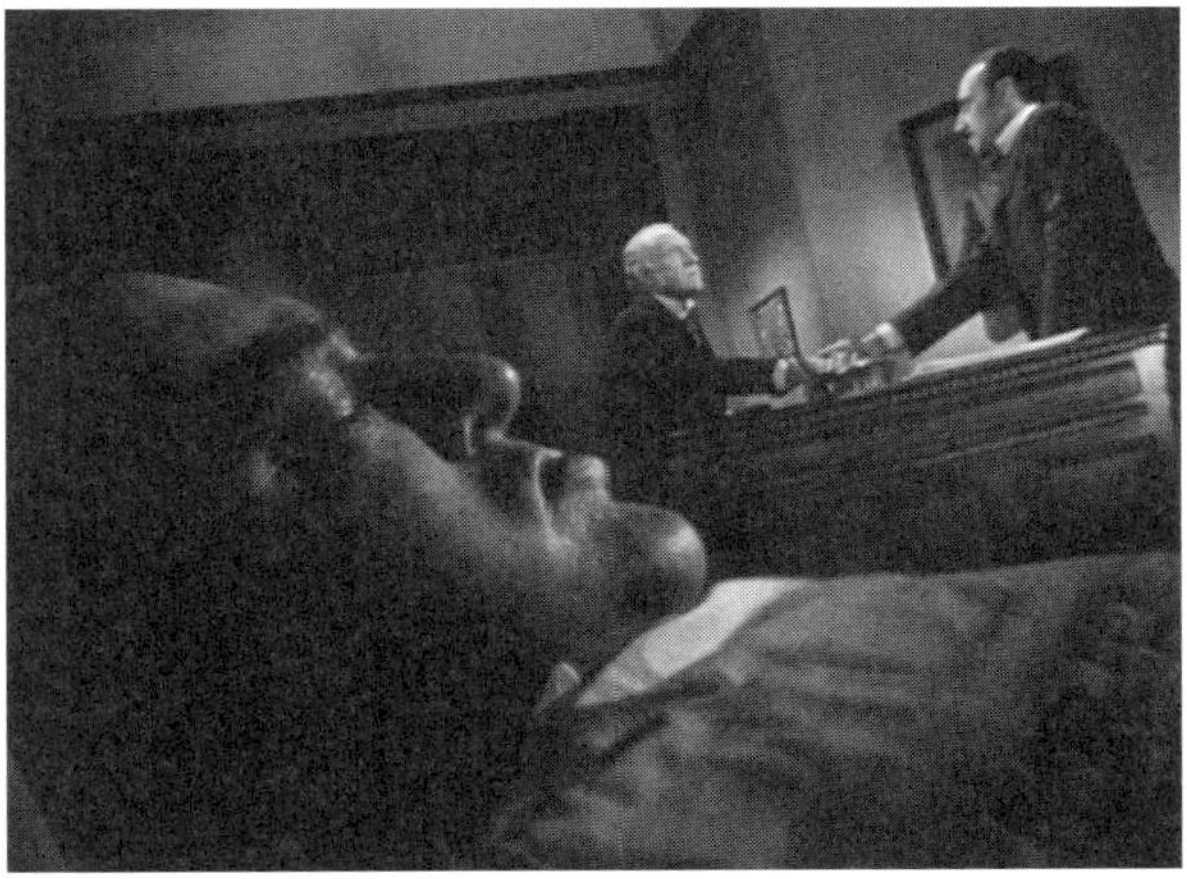

図27 『ビッグ・ボウの殺人』悪夢を見る警視

『暗闇の秘密』

シーゲルの長編第二作は『暗闇の秘密』、癲癇《てんかん》の持病を持つ科学者（ロナルド・レーガン）と、夫を喪《うしな》ったものの、彼と暮らした館の中にまだその存在を感じ取っている女（ヴィヴェカ・リンドフォース）との間の恋愛を描くゴシック・ロマンス。夫の存在は、南部の海辺の屋敷の中に感じられるのだが、周囲から遠く離れたその屋敷に、持病の再発を恐れ、人から離れたい男が越してくることから物語が始まる。不在であるがその存在を感じられる人物や、それが屋敷に宿っているという設定がヒッチコック『レベッカ』をどことなく連想させる。二作とも音楽がフランツ・ワックスマンであるのもその一因だろう。『レベッカ』はヒッチコックのアメリカ移住第一作で、四〇年、セルズニック・プロの製作。『暗闇の秘密』はワーナーで四九年の製作であり、原作も異なるので実際には関係はほぼないのだが。ただ、こうした人里離れた屋敷や、南部を舞台とするゴシック・ロマンスないしゴシック・ホラーはウィリアム・ワイラー『嵐が丘』(39)、アンドレ・ド・トス『黒い河』(44)、ジョゼフ・H・ルイス『私の名前はジュリア・ロス』(45)、ラング『扉の陰の秘密』(48)など、フィルム・ノワールのサブ・ジャンルとして存在し、またホラーまで広げれば数えきれないほどある。シーゲル自身、後に南部ゴシックの傑作の一つ『白い肌の異常な夜』を監督する。

シーゲルは本作について「私の最も嫌いな自作の一つ」（『ドン・シーゲル　映画監督』、五六頁）と述べている。そもそも亡霊や、不可視の存在をシーゲルはほとんど扱わない。登場人物の行動の原因は、狂気であれ、過去の出来事であれ、すべて当の人物自身の中に存在するのであって、何か外的な存在がそこに関与する余地はない。状況が彼を動かす、触発するということはあっても、それはもともと彼の中にあった何かを動かすのであり、行動の根拠は彼にある。要するに、シーゲルには謎がない。『犯罪組織』で、死んだはずの男が生きていたことを早々に明かした例を思いだそう。たとえ刑事が主人公の作品であれ、犯人が誰かといった探求は主題とはなりえず、事態はすべて予《あらかじ》めあからさまに晒《さら》されており、当然来《きた》るべき結末へといかに進行するのか、あるいは遅滞するのかに映画は賭けられている。ともあれ、癲癇という隠された病、死んでいるが存在感を示す亡き夫といった存在が核になっている点、本作はやはりシーゲル的なものから最も遠い作品だと言ってよい。これはシーゲルならざるものを指し示すという点である意味希少である。

シーゲル自身は本作の失敗の原因を、出てくる人物皆がミスキャストであることに帰している。科学者を演じるロナルド・レーガンは元気に満ち溢れていて病気のようには見えず、家主で隣人のブロデリック・クロフォードは繊細で哲学的な絵描きには見えず、ヴィヴェカ・リンドフォースもまたこれほど似つかわしくない女優もいないと。リンドフォースはスウェーデン出身、グレタ・ガルボやイングリッド・バーグマンを継ぐ、神秘的クール・ビューティーとしてワーナーがスカウトしたもの。本作はリンドフォースのアメリカでの最初期の出演作品である（リンドフォースの他の出演作の公開を先にするために二年公開が遅らされたとのことなので、実質本作が彼女のアメリカ映画初出演だった可能性も高い）。北欧の美女をフロリダの亜熱帯に置くという設定にもあまり倒錯性は感じられず（ロッセリーニがバーグマンを火山に配した『ストロンボリ』〔50〕を見よ）、その点からも物足りない作品になっていることは確かだ。周知の通りシーゲルは本作演出中に彼女と恋に落ち、結婚する（五年後に離婚）。ジャック・ワーナーのプライベート・ダイニングルームで、リンドフォースのほうから告白したとのことだ（『自伝』、一一四頁）。恋愛中だったこともあり、あまりシナリオに手を入れる余裕もなかったのも失敗の一因としている。

シーゲルの製作方法

シーゲルがどの時点で自身の方法論を確立したのかといえば、時期的にはもう少し先、中期の話になるのではないかと思われるが、ここでシーゲルの方法論について紹介しておく。

シーゲルにとって最重要の準備過程はスクリプト（撮影台本）作りである。「私が考える最も重要な段階は、最大限効果的に撮影できるよう、スクリプトを作る過程だ。監督と脚本家は幸福な結婚をしていなければならないし、フィルムに撮影されることになるものは、紙の上に書かれている必要があると思っている。私は多くの時間、実際は大半の時間を、スクリプトの作業にかける」（『ドン・シーゲル　アメリカン・シネマ』、四六頁、シーゲルへのインタビューをローヴェルが構成した章による。以下の引用はここから）。シーゲルの『自伝』を読むと、シナリオの第一稿をプロデューサーからもらうと、それを読んだ後、書いた脚本家、あるいは別の脚本家と手直しをしたという記述が多く見られる。実際、彼が自分で傑作とみなしている作品のほとんどは、脚本家と自身がシナリオの手入れをしっかりできたものであり、脚本家の占める位置はシーゲルにとって大きい。特に、シナリオ製作から自由にできた『第十一号監房の暴動』や『グランド・キャニオンの対決』で、映画の方向性を共に定めたリチャード・コリンズ、『仮面の報酬』以来の仲であり、『ボディ・スナッチャー／恐怖の街』や『殺し屋ネルソン』で宿命論的な暗さを作品にもたらしたダニエル・マンワリング、『太陽の流れ者』以降『マンハッタン無宿』、『ダーティハリー』、『突破口！』などで手詰まりになったシナリオ製作を整理して最終稿に導いたディーン・リーズナーらの寄与は映画にとって決定的であり、シーゲルにとって彼らは盟友と言ってよい。逆にシナリオの手入れをする自由が与えられなかった、あるいはスケジュールが差し迫って時間的余裕がなかった作品（『暗闇の秘密』、『抜き射ち二挺拳銃』、『地獄の掟』）に対する自己評価は極めて低い。シナリオの作業において、シーゲル自身の関与がいかなるものなのか、またどの程度のものなのかは作品によって違うだろうし、個々の作品について具体的なことは分からないが、脚本家が書き上げたシナリオを読み、手直しすべき点をメモし、それを基に脚本家に手入れをしてもらう、という過程を何度か繰り返すというのが、実際にシーゲルが行なう作業である。

シナリオができた時点で撮影準備に入るが、撮影場所、セット、ロケーションを頭に入れた上で、レイアウトを考える。「スクリプトを前にしてタイプライターに向かう」という言い方をしているので、絵コンテを描くとかではなく、タイプでメモする程度であろうが、アングル、フレームは考えておくということだろうと思われる（「セット・アップ（カメラの位置設定）はカメラマンに任せない」、と他の場所で述べている）。ただし、これは編集を理解していない監督には無理であるとしている。フィルムを繋いでどう見えるかまで考えた上でコンテを考えておくということだろう。シーゲルは時間と労力の節約のため中抜き撮影（同じアングルのショットを立て続けに撮ってから、カメラ位置を逆転させて別のアングルのショットをまた立て続けに撮り、それを編集で交互に組み合わせて切り返しに見せる）を用いるが、それも絵コンテ的なものができているからこそである。雇われ監督であったシーゲルが常にこうした準備期間を十分に持てたわけではなく、『殺し屋ネルソン』のラストを一日で撮らざるを得なくなったように、現場での急な変更は多々あったろうが、それに対応できたのはこうした入念な下準備があったからである。スラム街のセット一つですべてを撮り上げた『暴力の季節』について、十分な準備期間が持ててありがたかった旨の記述が『自伝』にあるのは、逆に通常はそれだけ時間が少ないことの証左である。

周到な準備をしたうえで実際の撮影にかかるが、『自伝』などを読んでいると不思議に思われるのは、カメラマンや美術監督などに関する記述がほとんどないことである。アンソニー・マンとジョン・オルトン、ジョゼフ・ロージーとリチャード・マクドナルド、ロバート・オルドリッチとジョゼフ・バイロックなど、世界観が明確な監督の場合、視覚面を担う存在との盟友的なつながりがあるものだが、シーゲルの場合それがあまり感じられない。『白い肌の異常な夜』や『マンハッタン無宿』、『ダーティハリー』、『アルカトラズからの脱出』のブルース・サーティースはどうなのかという反論もありうると思うが、「闇の貴公子」という通り名があるくらい、翳《かげ》りのある画面を得意とする撮影監督であるサーティースは、フィルム・ノワールと遠いシーゲルよりは、フィルム・ノワール的世界観を基調とするイーストウッドとの相性がいいカメラマンだという気がする。シーゲルが視覚面に留意していないということではないが、あまり視覚的スタイルにこだわらない、特に好む映像技法があったわけではないということはいえるだろう。これは、シーゲル的主題にも関わってくることなので、後述する。上記の通りセット・アップにはカメラマンを関わらせないが、照明は彼らの領分としてまかせた。

先述したように、シーゲルは俳優たちとシナリオの読み合わせをする。「こうすることでお互い知り合えるし、スクリプトの中の分からない、あるいは気に入らないところをなんであれ洗い出すことができる。変更のアイディアは大歓迎だ。それで場面がよくなると私が思わない限り、変更を約束するとは限らない。新しい思考回路を思いつくかもしれない」(『自伝』、一五四頁)。あまり演技について細かく指導したようではない。シーゲルにおいてあまり内面の表現は重視されず、状況とそれに対するリアクションこそが重要であったから、演技の比重はそもそも大きくない。俳優に関して肯定的な言及があるのは、リー・マーヴィン、ヘンリー・フォンダ、そしてクリント・イーストウッドである。リー・マーヴィンに関しては、『殺人者たち』のラストで、玄関口を出てきたマーヴィンが前のめりに倒れ込み、立ち上がって今度は仰向けにひっくり返るというシークエンスを称賛している。カメラの動き、レンズの交代など複雑なショットの連続で、何度もテストを繰り返す必要があったが、マーヴィンは一言も文句を言わず倒れ込み続けた。ヘンリー・フォンダは実は馬が不得意で、撮影時以外は決して乗らなかったが、『太陽の流れ者』で乗ったときには完璧に乗りこなした。初コンビ作となった『マンハッタン無宿』でイーストウッドは、シナリオの確定作業にシーゲルと共に関わり、また、カメラのセット・アップについてもアイディアを出した（クリンタス・ショットとシーゲルは呼んだ。それに対して自分のセット・アップをシーゲリーニ・ショットと呼ぶ）。三人ともにそのプロフェッショナリズムを称えられているが、前二者とイーストウッドには微妙な差がある。前二者の場合、いかに自分の思う通りに動いてくれたかという点に比重が置かれている。シーゲルは撮るべきショットを予め視覚的に思い浮かべており、プロフェッショナルな役者とすべてのスタッフは、それを実現するべく最大限奉仕するべき存在と捉えられている。読み合わせをして、俳優からのフィードバックを期待するとは言っても、採用するかどうかは自分次第とあるように、シーゲル自身のイメージ以上のものを俳優に期待しているようには思えない。これに対してイーストウッドは、シナリオ作りやカメラのセット・アップなど、シーゲルが監督の領分と考える作業にまで密接に関わっており、『マンハッタン無宿』がイーストウッド主演という前提での企画だったこともあるだろうが、その寄与の仕方はリー・マーヴィンやヘンリー・フォンダの比ではない。周知の通り、イーストウッドは俳優としてブレークしたTV西部劇『ローハイド』（59〜65）の時点から演出を志していたわけだが、シーゲルとの作業で監督の仕事の実質、少なくともその一端を知った彼は、その後まもなく、映画監督としての一歩を踏み出す（『恐怖のメロディ』（71））。

シーゲルにとって重要なのは、シナリオからスクリプトを作る段階、つまり映画を視覚的にいかに実現するかという青写真を組み立てる段階と、実際に撮った素材をいかに組み合わせるかという編集の段階である。撮影自体は彼の頭の中にあるヴィジョンを実現するだけであり、そこに偶然性や自発性はあまり必要とされない。この点シーゲルは、あくまでもハリウッド古典期の方法論に忠実な作家である。撮影時点で生じる偶発的な何かが画面を浸食して物語世界に内部崩壊を引き起こすことはない。また、切り返しやイマジナリー・ラインの順守など、時間や空間把握が限りなくスムーズにいくよう配慮する古典期的編集をあえて取らず、むしろ混乱させることによってまったく新しいリアリティを生み出す、ということもない。イメージが現実の表象から独立したような現代映画のありようは、シーゲルの範疇ではない。さて、シーゲルは必ず編集を自身の手で行ない、人にまかせることはない。編集で自身のヴィジョンを変えられることを嫌い、余分なショットは撮らないし、抑えのショットも撮らない。撮ったものを粗《あら》編集すればそれなりに映画になるのである。この点でもヒッチコックに（ジョン・フォードとも）極めてよく似ている。実際、シーゲルの映画の印象は編集によって決定されている。彼の作品は非常に暴力的な感じを見るものに与えるが、実際に暴力的な行為が描かれている場面は実は少ない。その印象はもっぱら唐突でぶっきらぼうな編集によって与えられているのであり、それは単に観客にショックを与えるというだけでなく、シーゲル的な世界観の構築にも大きく寄与している。

シーゲルの方法論を見る限り、彼はあくまで自身の視覚的ヴィジョンをフィルム上に実現させる、という形で作業をしている。そのためにシナリオ作りにも参加し、スクリプトは予め周到に準備し、撮影では不測の事態を最大限避けて効率的にこなし、編集に時間をかけて丁寧に仕上げる。要するに自分の関わる範囲を可能な限り拡大し、それを必ず自分の手で処理する。これは育ったスタジオであるワーナーを出て以降、雇われ監督としてさまざまな現場を渡り歩かねばならなかったシーゲルが、自分の世界を一貫して継続するために選んだ処世術でもあったが、一方それは結果的に彼の作品世界の特徴を規定するものともなった。『刑事マディガン』と『ガンファイターの最後』で主役を務めたリチャード・ウィドマークはシーゲルを「効率的で、きちょうめんで、物静かで、すべてを自分の意のままにしている（in total command）」監督と評している（『ドン・シーゲル　映画監督』、二一三頁）が、シーゲルの本質を的確に捉えた評である（ちなみにウィドマークによれば、俳優の演出家としてベストの監督はエリア・カザン、ジョン・フォードは「カメラを使った詩人」である）。シーゲルは、（可能であれば）シナリオ段階から関わり、撮影台本によって各ショットのアングル、フレームをイメージするだけでなく、編集した後のできあがりのイメージまで作り上げ、自らのリズムを構築すべく編集する。撮影や演技という領域でカメラマン、俳優が強く主張することを好まない。確かにシーゲルは雇われ監督で自分の主題を自分で選ぶ自由を許された存在ではないのだが、その監督作法としては、ジョン・フォードやアルフレッド・ヒッチコックなどに実は近い、自己のスタイルに忠実な映画作家である。

ワーナー退社

一九四八年、次回作として『暴力行為』を準備中にシーゲルはワーナーから契約切れを告げられ（『暴力行為』はその年、フレッド・ジンネマン監督で実現）、延長を申し出られることなく、実質的に解雇される。シーゲルはワーナーによって映画作りを学び、監督として一本立ちし、長編二作を作ったものの、その作品自体あてがわれたものであり、満足のいく内容ではなかった。さらに先述の通り製作のトップ、ジャック・ワーナーとは確執があって扱いが不当であると感じており、ワーナーへの印象はいいものではない。シーゲルが再びワーナーで仕事をするのは七一年の『ダーティハリー』であり、二十数年を待たねばならない。『ダーティハリー』にしても、シーゲルは当時ユニヴァーサルとの契約下にあったため、この一作のための貸し出しによる演出である。これ以後シーゲルがワーナーと仕事をすることはなく、従ってシーゲルとワーナーの関係は、ほとんど監督としてのキャリアの初期に限られている。

無職になったシーゲルは、アメリカで最初の保護観察官ジョン・オーガスタスについてのシナリオを書き（その後TVドラマシリーズ、『ザ・クリストファーズ』の一エピソードとして放送される。フィルモグラフィ参照）、ワーナーのスタジオ5で一緒だった特撮係に声を掛けられて、彼がコロンビアで関わっていたロバート・ロッセン監督作品、大衆の声を代弁して人気を得た地方政治家が腐敗する様を描く『オール・ザ・キングスメン』(49)の第二班を務める。すでに長編映画を演出しているシーゲルは、演出家としてはロッセンよりキャリアが上だと考えており（とはいえロッセンは二作目としてすでに傑作『ボディ・アンド・ソウル』を撮り上げているのだが）、今さら第二班を務めることに忸《じく》怩《じ》たる思いがあったようだが、クレジットなしという条件で引き受けた。シーゲルが演出したのは、食料品店で主人公のブロデリック・クロフォードが腰かけて誰かと話している場面、農場で農民に演説している場面（ここではオーヴァーラップが使用されている）、アメフトの試合場面で、観客を客席上方から俯瞰で捉えたリアルなショットのいくつか、ハーフタイムにクロフォードの代役がフィールドに出て歓声を浴びる場面（とシーゲル自身は述べているが、クロフォード演じる政治家の息子役のジョン・デレクがようやく出場して歓声を浴びる場面の勘違いかと思われる）などで、自分の撮った中で最良のショットのいくつかがあるので、クレジットをしないでくれと頼んだのは間違っていたとまで述べているが、そこまでのものかどうかは疑問がある。

『仮面の報酬』

シーゲルに再び監督の機会を与えたのはハワード・ヒューズだった。実はそれ以前にもシーゲルにはヒューズとの関わりがあった。『ビッグ・ボウの殺人』を撮り終えたのち、ヒューズからシーゲルに*Vendetta*なる映画の直しの依頼があり、断ったものの、ジャック・ワーナーに改善点を指摘するくらいのことはしてくれないかと言われてやむなく引き受けた。メリメの短編「タマンゴ」を原作としたシチリアの情熱的な女性の復讐譚だが、さまざまな監督が関わり（その中にはプレストン・スタージェスやマックス・オフュルス、スチュアート・ヘイスラーも含まれる）、そのことで統制が取れなくなってしまっていた。シーゲルには救いようのない映画に見えたが、数点の改善点をメモして送ってやった。ヒューズは、自身が監督した作品の場合は無論、若手監督をピックアップしてまかせた作品に関しても、頻繁に直しを繰り返し、玩弄《がんろう》の末に作品自体を駄目にする製作者であったが（その最大の被害者が『替え玉殺人計画』〔51〕のリチャード・フライシャー。詳しくは拙著『B級ノワール論』参照）、シーゲルも彼の魔の手にかかった一人であるわけだ。

そのヒューズが再びシーゲルに、今度は監督作を依頼してくる。四八年にヒューズはRKOを買収して社長となっており、ヒューズ傘下のRKOが初めて雇った監督がシーゲルであったと言われる。RKO下での監督作『仮面の報酬』は、四八年にマリファナ所持で逮捕され、四十三日間の農場刑務所入りの後、保護観察官の監視の下という条件で仕事再開を認められたロバート・ミッチャムの復帰作として企画されたものである。ミッチャムは当時RKO所属で、子供の頃の記憶がトラウマとして主人公を苛《さいな》むラオール・ウォルシュ監督のノワール西部劇『追跡』〔47〕や、軍隊内の人種差別に原因をもつ殺人事件を扱うエドワード・ドミトリク監督『十字砲火』〔47〕、そしてスモール・タウンに隠れ住む男のもとに過去の女が現れることで破滅に追いやられるファム・ファタルものフィルム・ノワールの傑作、ジャック・ターナー監督『過去を逃れて』（47）でスターダムにのし上がったばかりであった。そのため社としては一刻も早く汚名を返上し、ミッチャムのキャリアを再び軌道に戻したい意向を持っていた。逮捕直前の作品は上に見られる通りすべてフィルム・ノワールであり、陰鬱な世界観の作品であったが、それに対して本作は、たくまざる形でコンビを組むことになった男女のドタバタ追跡劇で、打って変わって明朗な世界が繰り広げられ、ミッチャムのイメージ回復を狙ったものであることは明白である（役柄自体も、横領を疑われ、その無実を証明しようとする軍人）。本作が寄与したのか、ともあれミッチャムのキャリアは再び軌道に乗る。

しかしシーゲルにとって本作の持つ意義は、脚本家ダニエル・マンワリングとの出会いにある【図28】。マンワリングは犯罪記者、犯罪小説作家（ジェフリー・ホームズ名義）を経て、脚本家となっている（サミュエル・フラーと同じ経路である。ただしマンワリングは監督にはならなかった）。それまで書いていたフーダニットものの正統的な探偵小説に倦《う》み、過去を持つ犯罪者の視点で描いた*Build my gallows high*がRKOの製作者ウォーレン・ダフによって映画化権を買われて、彼自身が脚本を書くことになり、本格的に映画界に入った。これがフィルム・ノワール史上に残る傑作『過去を逃れて』である。『仮面の報酬』にマンワリングが関わることになるのも、ミッチャム主演の『過去を逃れて』を彼が書いていたからである。実のところシーゲルとマンワリングが知り合ったのはもっと前の話で、マンワリングは三〇年代にワーナーの宣伝部にいたことがあって、同時に新聞に記事も書いており、シーゲルとバイロン・ハスキンがいかにミニチュア・セットを作るかを記事にしたことがあった（『ドン・シーゲル　映画監督』、一〇七頁）。ともあれ本作を皮切りに、シーゲルの監督作では『USタイガー攻撃隊』、『ボディ・スナッチャー／恐怖の街』、『殺し屋ネルソン』、『裏切りの密輸船』に関わる。とりわけ『ボディ・スナッチャー／恐怖の街』と『殺し屋ネルソン』では、世界観の構築から細部の描写の調整に至るまで、シーゲルとの緊密な連携のもとにシナリオ作りに取り組んだ。それがこの二作を、シーゲル中期の傑作にしていることは間違いない。

シーゲル以外のマンワリングの主な仕事に言及しておけば、彼自身の原作とシナリオによる、スモール・タウンで起こったメキシコ人と白人の人種対立を描くジョゼフ・ロージー監督『暴力の街』（50）、クレジットされていないが、ふと拾ったヒッチハイカーが狂気の殺人者というアイダ・ルピノ監督の傑作ノワール『ヒッチハイカー』（53）、ギャングに支配される南部の小さな町を浄化しようとする人々が次々殺されていくフィル・カールソン監督の陰惨なノワール『無警察地帯』（55）などがある。これら諸作は、スモール・タウンを舞台とし、そこに潜在する恐怖を描く点で共通する。アメリカのどこでもない町（スモール・タウン）、その昼の公園では

図28 『過去を逃れて』の主役として最初に考えられていたH・ボガートとD・マンワリング

老人たちが取りとめのない会話を交わし、夕べには遊ぶ子供たちの声が遠くから響き、暮れ方には落ち葉を焼く匂いがどこからか漂ってきて、家の灯りが温かく窓を漏れ出している。しかしこうした古きよき時代は次第に失われつつあり、自身の与《あずか》り知らぬ趨勢によって変化してゆく社会に対して、町の主要な構成員たる中産階級の感じる不安が、匿名の悪意となって蓄積され、ふとしたきっかけで暴力として溢れ出す。マンワリングは、「萌《きざ》しつつあった五〇年代の中産階級のパラノイア、その完璧な映画的実現」（トム・フリンによるマンワリングのインタビュー、*Daniel Mainwaring: Americana, Backstory 2 Interviews with screenwriters of the 1940s and 1950s*, University of California press, 1991所収、マンワリング紹介文中の評言）たりえている諸作品によって、アメリカの五〇年代を代表するシナリオライターとなった。ちなみにマンワリングは政治的には明らかに左派ではあったが、共産党に入党したことはなく、赤狩りは免れている。ジョゼフ・ロージーは彼が多くのブラックリスト脚本家のフロントとして職を供給したと述べているが、彼がフロントを務めたのはポール・ジャリコに対して一度のみ、しかもそれは製作されないままに終わった（*Doug Dibbern, The violent poetry of the times, "Un-American" Hollywood: Politics and film in the blacklist era*, Rutgers University press, 2007, 所収P. 103）。

かくして、ＲＫＯノワールの代表的俳優ロバート・ミッチャムと、五〇年代を代表するフィルム・ノワール脚本家ダニエル・マンワリングを起用した作品ではあるが、『仮面の報酬』は上記の通りフィルム・ノワール的な暗さからはほど遠い作品になっている。犯罪にまつわるイメージを払拭すること自体が製作の狙いであったから、それは異とするに足りないが、しかし、こうした典型的ノワール俳優と脚本家を用いながらもノワールにならないという点は、ことシーゲル作品として見るとやはり意義深いものがあるように思われる。ノワールからの距離、また追跡というシーゲルが以後頻用する枠組みが全編を構成し、偽装の主題も現れ始めているという点で、本作がシーゲルのフィルモグラフィのなかで占める位置は小さくない。

『贅沢は素敵だ』

シーゲルはRKOとの契約下にあったが、その後RKOからは一年間何の音沙汰もなく、気は進まなかったものの、『贅沢は素敵だ』の撮影を引き受ける。共産主義国チェコスロバキアの首都プラハが舞台で、アメリカ帰りの役人の秘書になった女性がヒロイン（ヴィヴェカ・リンドフォース）。彼女は彼が資本主義にかぶれていないかを探るスパイとなるが、実はその役人自身が、彼女の忠誠心を試す秘密警察のスパイだった。ナイロンのストッキングやシルクのドレス、泡立つバスソープといった資本主義の贅沢品に次第に魅了されていくヒロイン。二人は憎からず思い合うようになっていくが、秘密警察は最後のテストに乗り出す。反政府組織と接触するところを見せ、一緒に亡命しようと誘い、それを通報するかどうか確かめようというのだ。彼女は秘密警察に通報するのか否か。

原題は*No time for flowers*で、ヒロインの一家の友人であり、いずれはヒロインと結婚することになると思われている近所の男が、ヒロインに食料品を贈り物に持ってきて言う「花というご時世でもない」という台詞から来ている。これに対し、アメリカ帰りのいささか軽薄に見える男と彼がくれる「花」に、反発を覚えながらも惹かれていくヒロインを微笑《ほほえ》ましく見守るべき映画である。確かに秘密警察や経済警察がどこにでもいて、密告によって隣人がいつの間にか姿を消すような世界であるとはいえ、陰鬱なわけでもない。ヒロインの父が酔っぱらって騒いで監獄に入れられると、「思った通り、立派な人はみんな牢屋にいるじゃないか」という。共産主義国家では、まともな人はすべて投獄されるというジョークである。そもそも冒頭は、国家元首の肖像画の前を役人、軍人が敬礼しながら通り過ぎていき、肖像画を掃除している老人が慌てて返礼するというショットが何度か積み重ねられる。国家元首の像は、ベネシュからヒトラー、スターリンへと政権が移り変わるにつれ入れ替わるが、掃除人だけはずっと変わらない。政治体制が猫の目のように変わろうとも、庶民の生活は大地に根差して一向に変わらない、とでも言っているかのようなシークエンス。共産主義を揶揄《やゆ》する作品ではあるものの、この冒頭から分かるように、政治性は薄い。

本作はオーストリアの会社が製作に当たっており、撮影もウィーンでなされた。歴史的建物が多いウィーンは、どこで撮影してもウィーンと分かってしまうので、ロケには苦労したとされる。また、西側から送られてくる小包の中身（毛皮やカメラなどの贅沢品）を見せるべきなのに、製作が経費をケチってそれができないなどの苦労もあり、シーゲルは、監督がルビッチではなく、出演者もグレタ・ガルボやメルヴィン・ダグラスといったスターではない本作を、自虐的に「貧乏人の『ニノチカ』」と評している。本作は結局ＲＫＯが買い取り、配給した。

五十四分の映画

ハワード・ヒューズから昇給とより長い期間の契約を提示されるが、この調子では飼い殺されると感じたシーゲルは、ＲＫＯとの契約が切れたのち、更新を拒否してフリーに戻る。仕事が制限されていた渇を癒すかのように立て続けに三本の映画を撮るが、それぞれまったく違ったジャンルである。ユニヴァーサル製作の『抜き射ち二挺拳銃』はシーゲルとしては初になる西部劇、かつ、これもシーゲルとしては初になるカラー。冒頭、悪党どもが金鉱の鉱夫に権利移譲の署名をさせてすぐ撃ち殺すあたりの唐突さがシーゲル的だが、この冒頭は後からつけ足されたもの。シーゲルにはこのように後からプロローグとエピローグをつけ足して枠構造にする事例がその後何度か見られるが、これもその一例である。こうした枠構造は基本的にシーゲルの好むところではなく、スタジオから強いられたものである。さて、冒頭で殺された金鉱主の息子（オーディ・マーフィー）が、仇《かたき》を探してシルバー・シティに来る。その町の保安官ライトニング（スティーヴン・マクナリー）も強盗の一味を追っていたが、正体がつかめずにいた。保安官といい仲になる町の有力者の妹と、保安官に密かに好意を持つ女子が恋のさや当てをする中、マーフィーがシルバー・キッドと名乗って現れ、ガンマンとして保安官の助手となり、一味の正体に近づいていく。

マクナリーは過去の負傷で銃の引き金が引けないというハンディを抱えており、それが暴かれるのか否か、その腕でいかに相手に対峙していくのかが物語の焦点となる。実は一味の首領は町の実力者であり、妹もまたその一味である。女は被害者の一人が生き延びた際、自分が看病すると称して二人きりになり、自ら首を絞めて口封じする悪女であるが、マクナリーはうかつにもそれに気づかない。女はマクナリーの腕のハンディに気づき、それを確かめるために、自分のネックレスを故意に落として拾わせる。彼の弱点を知った一味にマクナリーは勝負を挑まれ、危うい立場に立たされるが、愚鈍なマクナリーに変わって事態を見抜き、首領との対峙も彼に代わって引き受けるのがシルバー・キッドということになる。

先述のように本作ではシナリオに関わる余裕がなく、シーゲル自身でリライトを始めるが、撮影まで時間がなかった。シナリオ自体短いもので、シーゲルは最後の対決場面を引き延ばしたが、編集してみると五十四分しかなかった。やむなくプロローグとエピローグを撮り足して七十七分に仕上げた。評価はよく、ヒットもしたが、シーゲル自身は本作に納得がいっておらず、またユニヴァーサルにいい扱いを受けたとは思えなかった。後に会ったユニヴァーサルの製作部長は、彼を「五十四分の映画を撮った男」として記憶していたという。

『暗黒の鉄格子』

シーゲルが次に引き受けた作品は、B級映画製作者、ベネディクト・ボジャース製作による、RKOラジオ配給の犯罪映画『暗黒の鉄格子』である。ボジャースは五〇年代、サイレント期からのベテラン監督アラン・ドワンと組んで『逮捕命令』（54）や『対決の一瞬』（55）、『断崖の河』（57）など、ジョン・ペイン主演の西部劇、犯罪ものの秀作をコンスタントに生み出していた。その多くでフィルム・ノワールの名カメラマン、ジョン・オルトンと組んだが、シーゲルによる本作でもオルトンがカメラを務めている。その故《ゆえ》でもあるだろうか、本作はシーゲル作品の中でもフィルム・ノワールに近づいた作品になっている。

深夜に起きた農場主夫妻殺害事件の犯人として使用人の男が疑われ、彼の妻（テレサ・ライト）と弁護士（マクドナルド・ケリー）がその無実の証明に奔走する物語。冒頭、夜闇の中、歩く男の影が地面に映る【図29】。男の姿は映らず、正体は不明である。男の手が隠し場所から鍵を取り出して玄関の扉を開け、家の中に入ると、事務机の扉をこじ開ける。そこに家の主人が起き出してきて、男は彼を射殺、逃げ出した主人の妻までも背後から撃つ。夜の闇、影、全身の映らない男。いかにもフィルム・ノワール的な幕開けであり、ジョン・オルトンらしい画面である。その翌日、農場主を訪ねてきた男が死体を発見する場面もオルトンならではの画面になっている。開いたままの扉が映し出されるが、家の中から外を見ているので、外は露出過多で白く飛んでいる。そこに逆光になった人影が入ってきて、こちらに近づいてくる【図30】。陰になって真っ暗だった人影だが、カメラ直前に至ってようやく顔が見えるようになると、そこには驚愕の表情が浮かんでいる。シーゲルはオルトンを、時代を遥かに先駆ける実験精神に満ちたカメラマンで、彼の常識はずれな提案（スポットライトをカメラに向けるとか、直射日光の差す窓を写し込むとか）に平然と応じたとしている（『ドン・シーゲル　映画監督』、七五頁）が、『自伝』のほうでは、オルトンがそれを言い出し、そんなことができるはずがないというシーゲルが、やれるものならやってみろとオルトンにまかせたということ

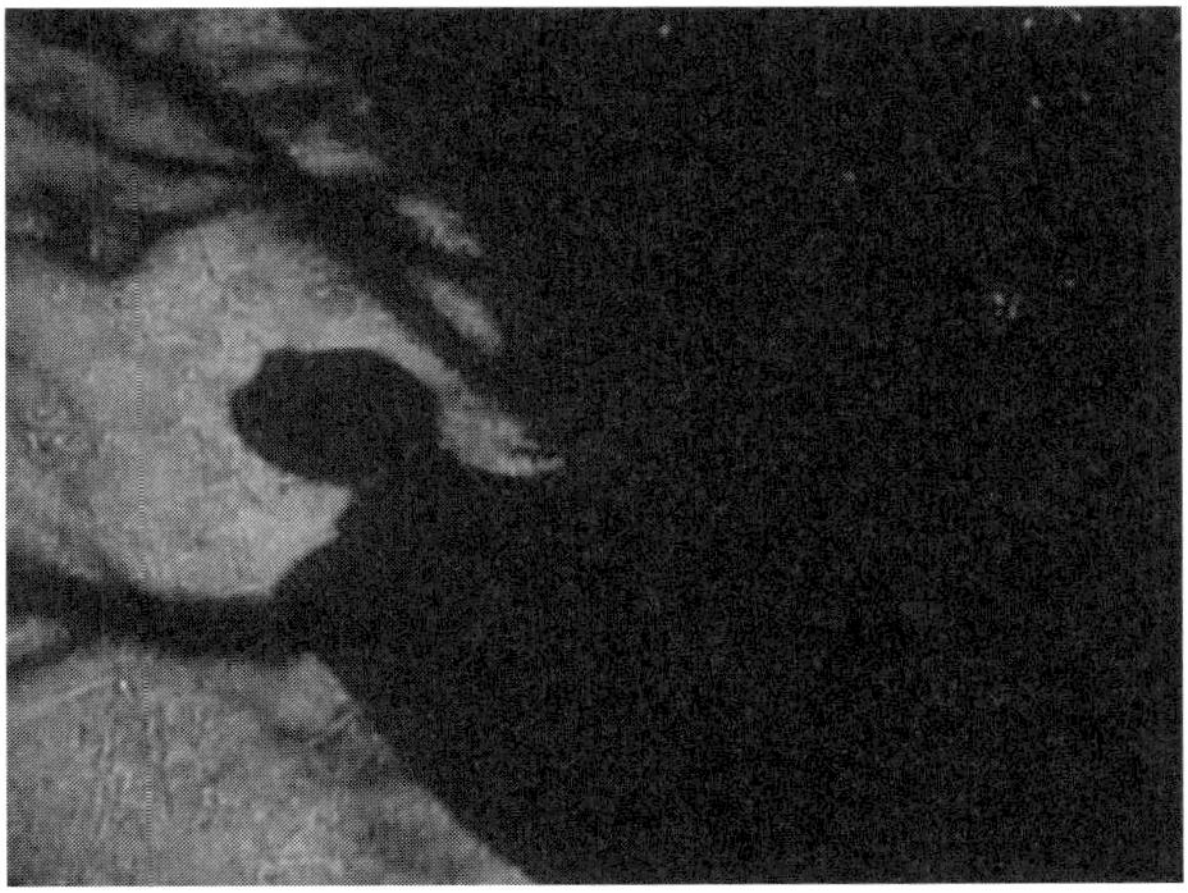
図29　『暗黒の鉄格子』男の影

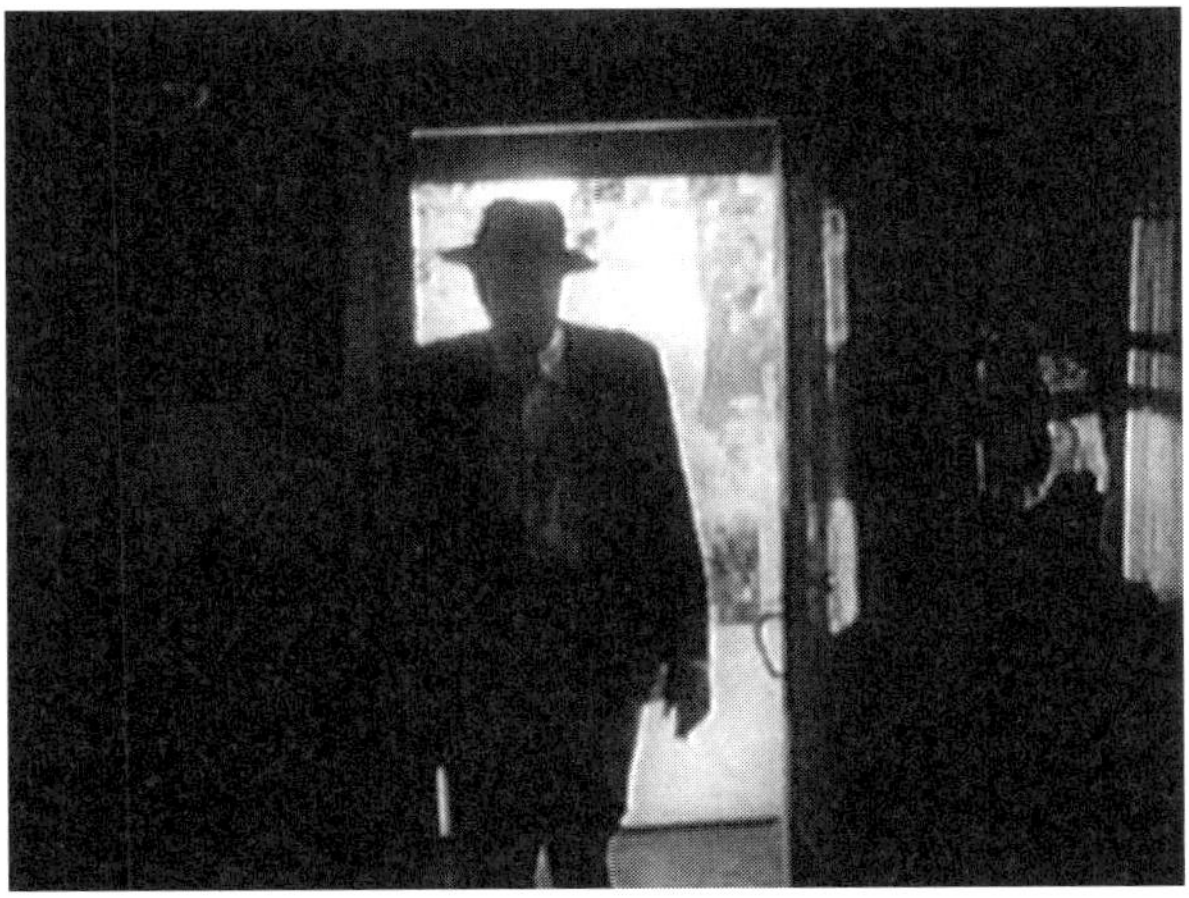
図30　『暗黒の鉄格子』逆光になった人影

になっている（一四八頁）。既述の通り、予め撮影プランを念入りに練るシーゲルが、やれるかどうか分からない撮影実験的なショットを命じたとも考えにくいので、やはりこうした撮影はオルトン主導で行なわれたものと思われる。そのできあがりに満足はしたかもしれないが（だから後の『ドン・シーゲル　映画監督』での証言のように、自分が命じたかのような言い方になっているのだろうが）、『自伝』にはどこかオルトンに反発心を感じているようなところがあり、うまく気心が合わなかったということだろう（実際オルトンと組んだのはこれ一本）。これは、やはりすべて自分のコントロール下に置きたいシーゲルの気質の表れでもあるだろうし、またノワール的で実験的な画面がシーゲルの領分ではないことの証左でもあろう。

隣りの小屋に住む使用人が疑われ、逮捕され、厳しい取り締まりにやってもいない犯罪を自白してしまう。処刑までのタイムリミット（原題は*Count the hours!*「時を数える」であり、これは処刑までの時間的制約を示す）が示されることで、妻と弁護士が期限までに無実を証明せねばならないという直線的な枠組みとなる。そこで奇妙な役割を果たすのが拳銃である。テレサ・ライトは証拠になるかもしれないと不安に駆られ、拳銃を沼に捨てる。しかしケリーが、それは逆に無実の証拠になるというので、ライトは自分で、また潜水夫を雇ってまで探すが見つからない。裁判が不利に進む中、突然拳銃が見つかる。しかし残念なことに、長らく水の中にあったためか鑑定にかけても線条痕がはっきりせず、決定的な証拠にはならないのである。始めは有罪の証拠に見えていたものが、その後は無実の証拠とみなされる。探しても出てこなかったのがようやく見つかったかと思えば、結局何の役にも立たない。一体この拳銃は何のためにあるのかと言いたくなるが、それは端的に無駄なわけではなく、一応一つの機能がある。物語＝時間を引き延ばすためである。拳銃は有罪の証拠なのか無罪の証拠なのか、見つかるのか見つからないのか、見つかったそれは劇的展開をもたらすのか。拳銃を巡って状況が転々とすることで事態は遅滞し、物語＝時間は引き延ばされる。ただ、結局それが実は何の役にも立たないと判明することから、鍵は拳銃から真犯人の捜索に移行する。追跡の対象が変わるのだ。そしてここでもまた、物語＝時間は遅延させられる。真犯人ジャック・イーラムが捕まりはするのだが、彼は精神異常者であり、自白も虚言癖ゆえであるとして証拠不十分で釈放されてしまうのだ。拳銃が証拠として機能しなかったのと同じ事態が生じている。拳銃にしても真犯人にしても、それを見つけることで事態が展開するはずの追跡の対象であり、従ってこれはシーゲル的な説話形式としての追跡の物語の一ヴァージョンであることは明確なのだが、しかしここには、シーゲル的追跡劇の直線性、速度感が感じられない。そもそも追跡の対象は真犯人だったはずが、拳銃の捜索に方向がずれてしまっている。また拳銃の発見も、さらに真犯人の逮捕までも、事件解決を引き延ばすだけになっている。あっけない終わりどころか、来るはずの終わりがなかなか来なくてまどろっこしくすら感じられるのだ。

拳銃の曖昧さは、また別の意味でもシーゲル的世界から遠い。拳銃はヒロインにとって肯定的に機能するのか否定的に機能するのか（よりシーゲルの主題に添った形で言えば、敵なのか味方なのか）分からない存在である。こうした曖昧な存在は、フィルム・ノワールにこそふさわしいものであるが、人物が敵か味方かにほぼ二分され、その対決、その交代で作り上げられていくシーゲル世界にはむしろ珍しいものである。曖昧なままに終始するこの拳銃は、シーゲルがやはりフィルム・ノワールからは遠いことを明かしてくれる細部に見える。

さて、真犯人は釈放されてしまい、ついに処刑は免れないものとなり、失意の弁護士が町を去ろうとして入ったバーで、彼はバーテンから、イーラムが夜のうちに事件のことを話していた（事件が発覚するのは翌朝なのに）と知り、それが決定的な証拠となって、イーラムが真犯人と確定されて物語は終わる。典型的なデウス・エクス・マキナであり、いかにもB級というあっけなさ。上記のように拳銃や真犯人の自白の証拠不十分での釈放など、引き延ばしの末のこの結末なので、唐突さが余計に感じられるということもある。水に拳銃を落とすことで始まった紆余曲折が、水（アルコール）を供する者によって終わりを迎えるという形で平仄《ひょうそく》を合わせたとも言えるが、深読みし過ぎかもしれない。

　本作のフィルム・ノワール性についてもう少しだけ述べる。潜水夫を雇ってまで拳銃を探すライトにケリーは肩入れして、自らその資金を供給しさえするのだが、そのことは町の住民に知られている。ケリー自身も次第に資金が尽き始め、ケリーを快く思わないガソリンスタンドの男がそのことを電話でこっそり誰かに告げるという場面があり、男のクロースアップが住民の悪意を際立たせる。あるいは、潜水夫に何とか仕事を続けてくれと懇願するライトを、弱みにつけ込んでレイプしかかるという陰鬱な場面もある。しかしこうした描写はそれ以上深められることはない。本作をマンワリングが書いていたら、スモール・タウンの悪意をより拡大してさらなる陰惨な展開に繋げていたのではないかという気がする。また、ワンピースをだらしなく着るイーラムの妻のどこかネジの外れたような危うさは、すべて計算ずくで動くシーゲル的登場人物（例えば『殺人者たち』の悪女アンジー・ディキンソン）には珍しいタイプである。ともにフィルム・ノワールであればこのあたりをより掘り下げていたのではないかという細部であり、シーゲルが最もフィルム・ノワールに接近した作品だけに、ここでもシーゲルがノワール的なものに対して冷淡な印象を受ける。

　ちなみに本作で真犯人の狂人を演じているジャック・イーラムは、もともと会計士で、製作者ボジャースの会計士をしていたこともあった。俳優としてオフィスにやってきたイーラムを見てボジャースは、お前は俳優じゃない、会計士じゃないかとイーラムの起用に反対したが、シーゲルが押し切った。イーラムとシーゲルはカード仲間として長いつき合いを持つことになる。シーゲル作品には本作を皮切りに、『殺し屋ネルソン』、もともとは彼が主演で構想されていた『グランド・キャニオンの対決』、シーゲルが製作したTV作品『ジェシー・ジェームズの伝説』*The Legend of Jesse James* の一エピソード、遺作『ジンクス！あいつのツキをぶっとばせ！』に出演した。シーゲルは気に入った俳優は決まって二度使う監督であったが、四作の映画に出演したイーラムは例外で、シーゲル作最多出演俳優である。

『中国決死行』

シーゲルの次の作品はコロンビアによる『中国決死行』。日本の降伏条件についての情報を持っている日本人将校の乗っていた飛行機が中国の山中に墜落、ゲリラが捕らえた彼を交渉して確保しようと向かうアメリカ海兵隊を描く。すでにシナリオはできあがっていたが、直しに当たったのがリチャード・コリンズである。コリンズはシーゲルの次の作品『第十一号監房の暴動』の脚本家であり、『ボディ・スナッチャー／恐怖の街』の初期段階にも関わり、また『スパニッシュ・アフェア』では彼が監督にシーゲルを推薦、『グランド・キャニオンの対決』でも脚本を担当するなど、五〇年代にシーゲルと密接な関係を保つ。実のところ、コリンズにとって本作はブラックリストから解除されて初の仕事となる。コリンズは三〇年代に共産党に所属しており、ナチと戦うロシアを称えたMGMのロバート・テイラー主演のプロパガンダ映画『ロシアの歌』*Song of Russia*（44、未）の脚本を、後にブラックリストに載る脚本家ポール・ジャリコらと共同で書き、これによって四七年、非米活動委員会に召喚された映画関係者の一人となる。政治信条を述べることを強要されて拒否した十九人のうちの一人（そのうち十人が議会侮辱罪で告発され、ハリウッド・テンと呼ばれる）

である。五一年までにコリンズは変心し、非米活動委員会の公聴会で友好的証人としてネーミング・ネームズを行なった。挙げたのは遥か昔に共産党を離れた者たちばかりで、害はないと思ってのことであったが、その後彼はこの行為を後悔している。しかしこれによってもブラックリストは解除されず、偽名でシナリオを書くことを余儀なくされていたが、ようやく解除されて本名で仕事をした最初が『中国決死行』ということになる（Mathew Bernstein, *Walter Wanger, Hollywood independent*, University of Minnesota Press, 2000, P. 289、以下『ウォルター・ウェンジャー』とする）。コリンズは六〇年代にはＴＶドラマの製作者に転身し、ＴＶ西部劇『ボナンザ』（59〜73）などを手掛けている。

中国ゲリラに捕らえられた日本人将校の引き取り交渉に向かう将校バリー・サリヴァンと、それを護衛する陸軍のエドモンド・オブライエン。これも直線的な物語である。日本軍も将校を探しているという設定で、そちらが先行しているらしいのだが、その日本軍はほぼ姿を見せない。ようやく追いつくと、林間の空き地で焚火をしている（素人目《しろうとめ》にも、米軍が追っていると知っていて焚火をするのはかなり無謀な気がするのだが）。しかも我々日本人が見ると明らかに日本人ではないエキストラが、覚えさせられた単純な台詞を、間を持たせるために何度も繰り返しているのが間抜けなことこの上ない。米軍は彼らを総攻撃するが、その模様もスペクタクルとはほど遠い。ともあれ、中国ゲリラのもとにたどり着いたサリヴァンたちは、人質を引き取るための値段交渉をするのだが、慇懃無礼に一行を迎え入れ、歓待と称して酒の飲み比べを強要するゲリラの首領は値を吊り上げる。持ってきた金額では足りず、沿岸に停泊して待っている潜水艦に打電して金を用意させる。その間人質として残ったサリヴァンは、ゲリラの首領と酒の飲み比べを継続し、酔わない薬を飲んでゲリラを打ち負かす。

このゲリラの首領は、最初に彼らと接触して安い身代金を提示した手下の首を叩き切って主人公らの度肝を抜き、また酒の飲み比べを強要する。その後シーゲル作品に登場する狂人たちの先駆けである。彼に関してシーゲルは、確かに狂人かもしれないが、それでも日常的な欲望を持つ普通の人間だとしている（『ドン・シーゲル　映画監督』、七九頁）。殺人者もギャングも普通の人間であり、逆に普通に見える人間も、実は犯罪者だったり狂人だったりするかもしれない。だから自分は殺人者を滑稽に、あるいは紳士的に描く。殺人者を人間扱いするので観客は驚くが、それがリアルなのだと（例えば『殺人者たち』のリー・マーヴィンの紳士ぶり）。同様にヒーローもまた全面的にいいやつというわけではないし（例えば『突撃隊』のスティーヴ・マックイーンのいけ好かなさ）、普通の酒場の親爺《おやじ》が犯罪の黒幕だったりする（『グランド・キャニオンの対決』）。

シナリオの読み合わせをすでにこの時点ではしていたようで、それに本作の主人公エドモンド・オブライエンは決して出席しなかった。そのことをいささか不快に思ったシーゲルは、彼が現場で台詞変更のメモを渡すと混乱するのを見て不審に思う。実はオブライエンは白内障で、ほとんど文字が見えなかった。そのことをスタジオに知られると仕事が減らされるのではと案じて、読み合わせに来なかったのだとシーゲルは知る。

ＴＶの仕事

五四年、シーゲルは『第十一号監房の暴動』に監督として招聘され、Ｂ級映画会社アライド・アーティスツと契約することになるが、その契約の発効前に、ＴＶドラマのパイロット版を演出する。『ザ・ラインナップ』*The Lineup*である。もともとはラジオ・シリーズであったが、一度ＴＶシリーズ化されたもののあまりうまくいかなかった。同じような刑事もののシリーズ『ドラグネット』

（51〜59）の成功で再び企画が持ち上がり、パイロット版を依頼されたもの。このパイロット版のおかげで『ザ・ラインナップ』はシリーズ化され（54〜60）、成功を収める。さらにその映画版として作られたのが、シーゲルとしても傑作となる『殺人捜査線』（原題 *The Lineup*）である。

シーゲルはTVドラマの演出も多くしてはいるが、TVドラマにおいて監督の役割はごく小さなものだと述べている（『ドン・シーゲル　映画監督』、一五五〜一五六頁）。監督は準備時間、作業時間、ポストプロダクションの時間がごく少ないため、シナリオ通りの絵を作る以上のことはできない。撮ったものを見る余裕すらないこともある。編集も当然のことながらまかされることはない。シーゲルは自分が監督したものについては、ファーストカット（粗編集）はまかせてもらっていたというが、これもかなり例外的なことであった。TVの監督をする理由はただ一つ、金である。ただし、パイロット版についてはこの限りではなく、時間も金も潤沢に与えられる。シリーズとして売れるかどうかがこれにかかっているからである。シーゲルも数作パイロット版を手掛けており、それなりの質を確保しているはずだが、ドラマがDVD化されたとしても、本編ではないパイロット版を見ることは残念ながら難しい。

第三章　中期

シーゲル世界の完成と展開

スタジオ・システム崩壊期の同時代作家たち

本章ではシーゲルが最も創意を発揮した中期を扱う。具体的には、一九五四年の『第十一号監房の暴動』から、六七年の『太陽の流れ者』に至る十数年ということになる。この中期以降の、特に主要作品については後半の主題を論じる章で多く触れることになるため、ここでは製作事情などの、そこでは触れえない記述に留める。中期においてシーゲルは、前章に記述したような製作方法（脚本段階からコミットして作品の狙いを明確にし、撮影そのもの以上に準備と編集により多くの時間をかけて、自分のイメージ通りの絵と流れを作り上げる）を確立し、それを維持することができた。この間に撮った作品はジャンルこそ多岐にわたっているものの、何らかの葛藤を巡るアクションを中心とした緊密な説話構成、すべて九十分程度に収まる形式的統一性において共通しており、均一な印象を与える。

この時期は先にも述べた通りハリウッドの変革期であった。四八年にパラマウント社に対して最高裁が、同社をはじめとするハリウッド・メジャーの垂直統合（製作、興行、配給を一社が担い、映画館に自社の製作した作品を独占的に配給させる体制）について、独占禁止法違反で有罪とした。この体制が二本立ての週替わり興行という大量生産を可能にして、実験的なＢ級映画を含む多様な作品を生み出せることになり、アメリカ映画古典期の繁栄を築き上げる基礎となっていたのだが、それが違法とされた。各社は製作、興行、配給を分断せざるを得なくなり、スタジオがそれぞれの独自色を持った作品を量産する時代は終わりを迎え、一本一本の作品が興行的冒険となる時代が始まる。またＴＶ放映が始まって映画に準ずるドラマが見られるようになったため、映画の観客人口も減少の一途をたどった。映画はこの動きに対抗すべく、画面の大型化や、スペクタクル大作でＴＶとの差別化を図る。監督側から見れば、一社に所属して安定的に作品を作り続ける環境は失われ、一本ごとにスタッフ、キャストを集める製作体制で、その出来によって次回作への道が確保されるか否かの綱渡り状態となる。かくして五〇年代を通じてハリウッドのスタジオ・システムは崩壊していく。また、この時代は米ソ冷戦期とそっくり重なり、ソ連の共産主義への恐怖が映画界にも影響を及ぼした。四七年に非米活動委員会が下院で公聴会を開き、多くの証人が召喚される。そこで証言を拒否した者のうち十人が議会侮辱罪で告発され、五〇年に有罪判決が確定する（いわゆるハリウッド・テン）。また同じ四七年には、アメリカ映画協会が共産主義者に仕事をさせないことを業界内の申し合わせとし、そのリストを作って彼らを排除した。いわゆるブラックリストで、六〇年に実質的に無効化されるまで効力を発揮した。ネームヴァリューによって仕事が左右される俳優、監督は、沈黙するなり、亡命するなりを強いられ、脚本家たちは偽名で、あるいは他の脚本家たちの名前を借りて仕事をした。赤狩りは多数の有能な映画人を排除し、映画そのものにまで暗い影を投げかけた。

こうした映画界の変化によって、多くの同時代作家は変質を強いられた。アンソニー・マンは五二年に『怒りの河』で西部劇に転向し、また五四年の『グレン・ミラー物語』からはメジャー大作をまかされるようになっている。さらに『シマロン』(60)、『エル・シド』(61)、『ローマ帝国の滅亡』(64)などで歴史大作に駆り出され、どちらかというとミニマルな設定で人物の葛藤を描くことに長けたマンは、疲弊して六七年には死去してしまう。リチャード・フライシャーは五四年にディズニー製作の『海底二万哩《マイル》』でA級に浮上するも、それまでのタイトな犯罪映画、フィルム・ノワールからは離反する。『海底二万哩』はシネマスコープを有効に活用した最初期の例として知られており、また『絞殺魔』(68)もスプリット・スクリーン使用の印象的な作品で、フライシャーは画面の多様化にも積極的に対応した作家である。いずれにせよマンもフライシャーも、シーゲルとほぼ同じ時期(五〇年代初頭)に作歴上の変化を迎えてはいるものの、彼らは以後ずっとA級監督であり、それだけに映画界の急激な変化をまともに受け、それをフィルモグラフィに反映させざるを得なかった。赤狩りも同時代作家に影響を及ぼした。ロバート・ロッセンは四九年の『オール・ザ・キングスメン』以後、監督としては六一年の『ハスラー』まで沈黙を強いられ、若干の脚本作を除いて表舞台から姿を消した。ジョゼフ・ロージーもまた五二年の『拳銃を売る男』をイタリアで撮り、そのままイギリスに亡命して、アメリカにはもはやいない。

こうした時期にあってシーゲルのみは、ほとんどその作風に変化をみなかった。同時代の社会動向の影響をまったく受けなかったはずはないが、しかし赤狩りは無論、スタジオ・システムの崩壊の影響もほぼ受けているようには見えない。彼はこの間独立プロとメジャーを渡り歩くことになるが、メジャーといってもその中では小規模の会社であったユニヴァーサルとの関係が強かった分、あまり急激な変化には晒されずに済んだのかもしれない。とはいえ、同世代の作家がアメリカ映画界の変化の波にのまれている中で、彼ばかりはひとり自身の方法論を磨き上げ、キャリアのピークを迎えていったのである。シーゲルはいわば反時代的な映画作家なのだが、結果としてそうであったというよりは、自身の方法論を貫くべく、それが可能な環境を探して渡り歩くことによって時代的拘束を免れていったのである。彼自身の内的な姿勢そのものが反時代的だったのだ。そしてその反時代性はシーゲル的な運動の結果であり、実のところ「反」社会的というよりも「脱」社会的なものであるところにシーゲルの特異性が現れているのだが、それについてはまた後に述べる。

ウォルター・ウェンジャー

さて、五四年の『第十一号監房の暴動』によって、シーゲルのキャリアは新たな段階を迎える。本作にはシナリオができた時点での監督招聘で、企画段階からの参加ではなかったが、シーゲルはリチャード・コリンズによる脚本の直しの段階から関わり、自分の思う通りに準備、撮影、編集ができた。映画は、何らの前提なく暴動が勃発するところから始まる。看守たちを人質に取っての所長たちとの交渉、暴動者内部での主戦派と慎重派のせめぎあいを描く中で、首謀者であるネヴィル・ブランドの人物像が見えてくる。そもそも監獄での受刑者待遇改善を訴えていた所長エミール・メイヤーと、力での鎮圧を主張する州議会議員との間にあった確執も明らかにされる。最終的に知事が待遇改善を約束して受刑者たちが投降するも、州議会が知事の約束を反故《ほご》にし、暴動は結局失敗に終わる。この経緯を八〇分というタイトな尺で描き切るのである。シーゲルのフィルモグラフィ全体の中で見ても、主題、スタイル、人物造形などの点において彼の特徴が存分に発揮されており、その世界が初めて全面展開された作品とみなしうる。

本作を企画したのは製作者ウォルター・ウェンジャーである。ウェンジャーは、大学卒業後にニューヨークで舞台演出をしていたが、第一次大戦が勃発し、従軍してプロパガンダ活動に従事した。それもあってか、パリ講和会議の際には、ウッドロー・ウィルソン大統領の随行として会議に参加している。戦後再び演劇界に戻るが、パラマウントのジェシー・ラスキーに見出されて映画界に入る。当時の映画界の製作者としては珍しいインテリでリベラル（「ウェンジャーのように知的な」という形容詞があったという。その対義語が「ゴールドウィンのように無知な」。蓮實重彥、山田宏一『傷だらけの映画史』、中公文庫、一八頁）。ジョン・フォードに『駅馬車』（39）を撮らせて西部劇に回帰させ、当時古臭いものとして忌避されていた西部劇を、深みのある人間ドラマを描くことのできるジャンルとして復興させるきっかけを作った。またフリッツ・ラングに『暗黒街の弾痕』（37）、『スカーレット・ストリート』（45）、『扉の陰の秘密』（47、ウェンジャーはクレジットなし）を撮らせて（後二者はウェンジャーの妻のジョーン・ベネットが主演している）ラングをフィルム・ノワールの始祖とし、またその流行に棹差すなど、ジャンル映画の動向に強い影響力を発揮した。一方で、社会的なメッセージ性の強い作品も多々生み出した。スペイン内戦を舞台としたウィリアム・ディターレ監督『封鎖線』（38）では共和派支持の立場を明確に打ち出し、またヒッチコックの『海外特派員』（40）ではアメリカに第二次世界大戦への参戦を促すメッセージを放った（両作とも、映画の最後で主人公がアメリカ国民にカメラ目線で事態の急を訴えかける。ちなみに『ボディ・スナッチャー／恐怖の街』の、主人公が高速道路で「次はあなただ」とカメラに向かって呼びかける場面も、撮影終了後にウェンジャーが追加撮影させたものである）。

また戦後は、非米活動委員会の第一回聴聞会（四八年十月）に対し抗議の意思を示すために結成された憲法第一条修正条項委員会（修正条項は個人的信条への国家介入を否定するもの）のメンバーとして声を上げるとともに、フランス革命後の恐怖時代を描いたアンソニー・マン監督『秘密指令

（恐怖時代）』（49）を製作して（ウェンジャーはクレジットなし）思想統制の動きへの警戒を訴え、また共産主義者をブラックリストで締めだそうとする動向に反対を表明する（拙著『B級ノワール論』参照）など、重要な歴史の転換点で、世界の動向に敏感に反応し、また大胆に行動した映画人である。彼がこのような大胆さを発揮できたのは、一社に継続的に所属することで有形無形の拘束を余儀なくされる社内製作者でなく、自身の意志を実現するべくさまざまな会社を渡り歩いた独立製作者だったからということもある。しかし彼のような自由人を受け入れるだけの懐の広さをアメリカは失ってゆき、戦後はもっぱらB級映画製作会社に拠っていた彼は（『第十一号監房の暴動』もB級映画。ただし、B級映画を専門に製作するモノグラム社が、高めの予算で高品質の作品製作を狙って創設したブランド、アライド・アーティスツの製作）、ジョゼフ・L・マンキーウィッツ監督『クレオパトラ』（63）の映画史に残る興行的失敗で、映画生命を絶たれることになる。

いずれにせよウェンジャーは、優れた娯楽作品の中に社会派のメッセージを強く打ち出した作品を製作することに長けていたが、刑務所の待遇改善を訴えた『第十一号監房の暴動』もまた、アクション映画にして娯楽作というウェンジャーらしい作品である。そしてこの場合、映画を生み出すきっかけになったのが、ウェンジャー自身の体験であったという点が、一口に社会派とはいっても、少し毛色が違っている。ウェンジャーは、五一年、女優の妻ジョーン・ベネットと彼女のマネージャー、ジェニングス・ラングの関係を疑い（ラングが逢引きの際、部下のアパートメントを借りていたというゴシップが、後にビリー・ワイルダー『アパートの鍵貸します』（60）の設定に使われる）、股間を銃撃したために、殺人未遂の有罪判決を受けて、四か月の監獄生活を過ごした。その監獄生活の中で、受刑者が置かれた環境の劣悪さに憤《いきどお》りを覚え、出獄後、受刑者の待遇改善を訴えるべく作られたのが本作ということになる。ちなみにその際の被害者ラングはその後、ユニヴァーサルの製作主任としてクリント・イーストウッド作品の製作を担当し、彼をシーゲルと出会わせることになる。最初の代表作となった本作の遠因となったのもラングであることを鑑《かんが》みれば、ラングはシーゲルのフィルモグラフィを左右した重要人物である。

ウェンジャーとクレイン・ウィルバー

『第十一号監房の暴動』はウェンジャーの経験が着想の源ではあるが、物語の枠組みとしては、映画の冒頭でニュース映像として流されている、五二年四月に発生したミシガン州のジャクソン州立刑務所での暴動事件に材を得ている。二百人の受刑者が、看守の虐待に抗議し、九人の看守を人質に取って五日間にわたって暴動を繰り広げた。刑務所を舞台とした犯罪映画、フィルム・ノワールは、ジュールス・ダッシン『真昼の暴動』(47)やジョン・クロムウェル『女囚の掟』(50)など多々あるが、実際の事件を題材とした作品を多く生み出した監督にクレイン・ウィルバーがいる。ウィルバーに関しては拙著『B級ノワール論』に一項を設けて記述しているのでそちらを参照してもらいたいが、ここではウィルバーが実際の脱獄事件を発生後半年も経ずに映画化した『キャノン・シティ』(48)、新任刑務官の刑務所改善計画が挫折し、権力を取り戻した所長によるいっそう過酷さを増した待遇に受刑者が暴動を起こす『フォルサム刑務所の壁の内側』*Inside the Walls of Folsom Prison* (51、未)に改めて言及しておく。『キャノン・シティ』はB級会社イーグル゠ライオンの製作になるが、四九年にはウェンジャーはそこで『タルサ』と『秘密指令(恐怖時代)』を製作しており、『キャノン・シティ』の存在を知っていたか、見ていた可能性がある。また、『フォルサム刑務所の壁の内側』はフォルサム刑務所で撮影されている(何と冒頭と末尾のナレーションは、私゠フォルサム刑務所が行う)のだが、フォルサムは『第十一号監房の暴動』の撮影場所である。ほんの少し前に起き、まだ耳目に新しい事件の映画化、実際の刑務所での撮影と、観客の好奇心、怖いもの見たさの心情を満たすことを第一義としたいかにもＢ級的な映画であり、リアリズムよりは物語性のほうが勝って必ずしもメッセージ性が強いとはいえないが、しかし現実への即座の応答としてウェンジャーに通じるところがある。ウィルバーは前章で言及したスモール・タウンに潜在する暴力を描いたノワール『無警察地帯』の原作者で共同脚本家（もう一人はダニエル・マンワリング）でもあり、社会派的な視点も持ち合わせている。無論アメリカ映画史の表舞台にあって、それを大きく動かしたウェンジャーと、生涯をＢ級で過ごしたウィルバーを同列に置くことはできないが、二人がイーグル＝ライオンというＢ級映画製作会社ですれ違っていたこと、共に現実に根差した監獄映画を作っていたことは心に留めておきたい。映画史は表舞台の人々によってのみ成り立っているわけではない。上澄みのようにして現在に残る優れた作品は、今や埋もれてしまった作品との同時代的共振の中にある。ちなみにウィルバーに関して、『自伝』、『ドン・シーゲル　映画監督』、『ウォルター・ウェンジャー』のいずれにも言及はない。

社会批判的な視点とリアリズム

さて、ウェンジャーは四か月服役して出所したわけだが、彼は自身の犯罪を、フランスでなら情熱犯罪として裁判にすらならないと思っていたようである。ウェンジャーをハリウッドでも稀有な製作者にした独立自尊のプライドが裁判では裏目に出て、実刑判決を受けて服役する羽目にまでなった。ウェンジャーは自身をハリウッド内での一匹狼とみなし、無能で経済ばかりを優先する製作会社の重役たちから白眼視されることにむしろ誇りを抱いてきたが、こうしてスキャンダルによって白眼視に侮蔑が加わり、名声が一気に地に落ちると、「彼の孤独はネガティヴで破壊的な結果を生む」(『ウォルター・ウェンジャー』、二八二頁)。アメリカ的理想への熱狂が反転し、上に立つものの愚鈍や多数派に無見識に従う大衆の盲目性への憎悪となる。アメリカ社会は腐敗している。そうした認識に拍車をかけたのが入獄体験である。受刑者は確かに罪を犯しているとはいえ普通の人間である。しかし過剰な人数が詰め込まれ、予算は少なく、まともな仕事も娯楽も与えられず、次第に人間性を失っていく。監獄は矯正施設であるどころか、むしろ本物の犯罪者を作り出す装置である。しかも大衆はその存在を無視し、見て見ぬふりをして、悲惨な現状を維持するのに一役買っている、というわけである。

かくして出所後の彼の企画は、アメリカ社会の告発に向けられる。シーゲルによる『第十一号監房の暴動』と『ボディ・スナッチャー／恐怖の街』、そしてロバート・ワイズによる『私は死にたくない』(58)。『クレオパトラ』によってキャリアを終わらせるウェンジャーの、最後の傑作群であり、それらの主題は一貫している。「パラノイア感覚、アメリカ的な理想を実現しようとする最大限の努力を怠《おこた》るアメリカ社会への幻滅、一方的に社会から追放される者たちへの共感」(『ウォルター・ウェンジャー』、二八三頁)。誰もが自由に、自分の幸福を追求できるというアメリカ的理想への裏切りとしての監獄を描く『第十一号監房の暴動』。自分の意志を持たず、多数派に順応して事なかれで生きる人々の、少数派への嫌悪と不信を背景に持つ『ボディ・スナッチャー／恐怖の街』。前科ゆえの偏見で冤罪を受け、死刑の恐怖に晒される女性を描く『私は死にたくない』。これらの諸作は、ウェンジャーの強い批判意識によって実現したものである。しかし例えば『第十一号監房の暴動』を見ても、監獄を悪辣な組織として描き、観る者の反感をことさらに高めるような演出を避けていること、監獄側の人間にも現状に批判的な者を、逆に暴動を起こした側にも冷静に事態を見る者を据えて、二項対立的な人物造形をしないことなど、主義主張ゆえに物語構造を単純化したりはせず、バランスを保ち、事態の複雑な動きを丹念に追うような作りにしてある。

その方針はシーゲルも共有している。彼は、すでにリチャード・コリンズによってシナリオが書き上げられた時点で監督を依頼された。ウェンジャーにアライドの事務所に呼び出されたシーゲルは、このシナリオは本来昨日撮影開始のはずだった作品のものだ、隣室で読んですぐに引き受けるかどうか返事をくれ、と言われる（『自伝』、一五七頁）。シーゲルは引き受け、翌日にコリンズに会うと、暴動の首謀者の中でも最も狂暴な男カーニーの造形について、一方では彼もまた普通の人間だという視点での書き直しを提案している。受刑者も普通の人間だというウェンジャーの認識に、シーゲルもすでに立っていることが分かる。シーゲルはウェンジャーに刑務所についての本を大量に読まされ、またロケ地を探すため、サン・クェンティン、アルカトラズ、フォルサムに連れていかれるが、最終的にフォルサムの使われていない棟を使用することにする。リアリズム基調で行くことは、実際の事件を下敷きにするという選択から決定済みの方針であり、撮影には実際の刑務所を使い、エキストラにも受刑者をキャスティングする。主演俳優の選択においても、リアルの追求は貫かれている。主演のネヴィル・ブランドは、第二次大戦でアメリカ史上四番目に受勲の多い兵士（とされてきたが、これは誇張。ただし敵との交戦において勇敢さを示したことを証すシルバースター受勲者なのは間違いない）でありながら、戦争時のトラウマからアルコール中毒になった時期もあるという個人史が生む複雑な陰影が、凶暴さと冷静さを兼ね備えた主人公の造形に現実味を与えているし、また凶暴なカーニーに扮するレオ・ゴードンは、実際に強盗で六年サン・クェンティンに服役していた過去がある。

弟子　ペキンパーとイーストウッド

本作において注目すべきスタッフが一人いる。サム・ペキンパーである。大学で演劇を学び、TV局で演出をしていたが、ある事情でクビになって、伝手を頼ってウェンジャーに会いに行き、本作でシーゲルのアシスタントにつけられた（製作アシスタントという肩書、ただしクレジットなし）。これがペキンパーの映画界入りとなる。フォルサム刑務所の所長は、シーゲルが挨拶に行ってもまともに顔も見ようとしない、けんもほろろの応対ぶりだった。これは、その直前にワーナーがやはりフォルサムで撮影しており（作品名不詳）、予定を十一日もオーバーしたため、映画の連中は約束を守らない奴らだという印象が、所長に刻み込まれてしまったせいでもある。しかしその所長が、ペキンパーの名にたちまち反応する。ペキンパーはフォルサムのあるカリフォルニアでは地名に残る名家であり、サムの父は人道的な弁護士としてフォルサム刑務所ともつながりが深かった。フォルサムでの撮影がスムーズに進んだのはペキンパーの名と、サムの父のおかげである。ペキンパーは以後も、『地獄の掟』、『USタイガー攻撃隊』、『ボディ・スナッチャー／恐怖の街』（端役で出演もしている）、『暴力の季節』でダイアローグ・ディレクター（といっても、監督助手的な役割）を務め、またシーゲルの最終作となった『ジンクス！あいつのツキをぶっとばせ！』でも第二班として、車が谷底に落下する場面を演出している（クレジットなし）。

ペキンパーはシーゲルの、実際の受刑者をエキストラとして使う手法に強い印象を受けたという。風雨に晒された顔、暗い目つき、一本調子な声は、スタジオの俳優にはないリアルな感触を与える。ペキンパーは自身の映画においてもこの手法を援用するようになる。シーゲルはペキンパーを非常に聡明で洞察力に満ちた人材と見て、難題を与え、それを自分で解決するよう促した。また、自分だったらどう演出するか考えながら現場に臨むよう助言した。「スクリプトを読み、自分だったらどうするか考えろ、それから俺のやり方を見ろと言った。最初は俺のやり方のほうがいいと思うだろうが、そのうち自分のやり方のほうがうまいと思えるようになるだろう」(David Weddle, *If They Move...Kill'Em!: The Life and Times of Sam Peckinpah*, Grove Press, 1994, P. 119) とシーゲルはペキンパーに助言した。

ペキンパーは、演劇やＴＶの演出はしたことがあったものの、映画の現場に関わったのはこれが初めてである。長尺の映画の中の一部分、一つ一つのショットを、流れやつながりを意識しながら撮っていくこと自体大変だが、この場合、リアルな刑務所の中で、かつ素人も多い現場であり、その混沌をどうまとめていくのかまで問われる。しかもこの混沌を、ドキュメンタリー的なリアリズムとして映画内に取り込もうというわけであるから、これはスタジオでの映画の撮影に比べればもはや冒険といっていい事態である。シーゲルはこの難事を（たやすくではなかろうが）こなし、しかも約束通りきっちり十六日で撮影を終了している。ペキンパーがついたシーゲルの現場が、すべて『第十一号監房の暴動』のようなものではなかっただろうが、シーゲルの記憶として言及されているのはやはりこの現場である。ペキンパーが、自身の映画作法をシーゲルのこの現場から学んだのだとして、直接的な影響を指摘することはやはり難しいにしても、自らあえて現場を混沌に陥《おとしい》れることで緊張感を高め、画面の熱を上げているように見えるペキンパーの手法に、本作の現場での経験の反響を見ることはできるように思う（ただしペキンパーの場合、効率は度外視、撮影の期日超過も日常茶飯事である点、シーゲルの教えはまったく生きていない）。

ペキンパーにとってシーゲルは師匠と言える存在であるということは、こうした経緯からも十分納得がいく。シーゲルは他にも弟子と言える存在を持っている。クリント・イーストウッドである。

周知の通り、イーストウッドは『許されざる者』(92)をシーゲルとセルジオ・レオーネに捧げている。前章で記した通り、イーストウッドはシーゲルと初めて組んだ『マンハッタン無宿』(68)において、複数のライターを経て錯綜していたシナリオをまとめる作業をシーゲルと共に行なったほか、シーゲルに対してカメラ・アングルの提案をし、そのアイディアを取り入れたショットをシーゲルは「クリンタス・ショット」と愛称で呼んでいた。シナリオ作りにもなるべく関わり、カメラ・アングルやフレーミングを予め考えておくスクリプト作りの段階は、シーゲルの映画作法にとって根幹と言えるものであるが、イーストウッドはその根幹の部分にまで関わっていたわけである。監督となって以降のイーストウッドは製作者も兼ねていることから、素材の選択、シナリオ作りと、企画の初期段階から作品に大きく関与している。また撮影や演技に関しては撮影監督や俳優自身にまかせる部分も多い。この二点でシーゲルとの違いは見られるが、予め視覚的ヴィジョンを練っておき、極力ワンテイクで撮影を収めることで、時間と労力、費用を節約するという効率性においてシーゲルと共通しており、これらはシーゲルから学んだことである。この二人の他にも、シーゲルは自身が製作するTV西部劇『ジェシー・ジニームズの伝説』の演出家ロバート・トッテンを、スケジュールの都合で自分ではできなかった映画の監督として推薦している。だが、結局トッテンでは力不足でシーゲルが演出せざるを得なかった(『ガンファイターの最後』)。これを師弟関係ということはできないが、TVでそれなりの力量を見せた演出家を、映画の場に引き出そうとしていたわけではあり、そこに教育的な姿勢を見ることは可能だろう。

ともあれシーゲルは、二人の才能ある弟子を世に出した師匠ということになる。しかしこれもまた同時代作家の中では珍しい、というより、絶無と言うべき事態である。なぜシーゲルのみが弟子を持てたのかと言えば、やはり彼自身がスタジオ・システムによって育ってきたということが挙げられるだろう。前述した通り、スタジオ・システムの下層部から監督にまで昇進していくという過程を踏んできたのは、この世代ではシーゲルとオルドリッチくらいしか見当たらない。シーゲルが撮影所に入ったのは三四年、スタジオ・システムの最盛期であり、徒弟的な制度が十分に機能していた。具体的に彼が誰から何を学んで、そこから自身の独自性をいかに生みだしていったかは先の章で示した通りであるが、それ以前に演劇などの形で表現活動に従事して、予め表現に関する何らかの姿勢を持つという前段階を踏むことなく映画界に入ったシーゲルは、撮影所で、具体的な仕事をする中で映画作りを学び、また自身の独自の表現を生みだしていった。スタジオ・システムの中で学ぶことで監督に昇進したシーゲルが、自分の下で働く者に自分と同様の教育と表現の機会を与えようとするのは自然である。

しかも、シーゲルは物理的フィルムの保存管理から始まり、インサートの撮影、モンタージュによる編集作業、第二班でのアクション演出と、映画作りのさまざまな分野を経験している。多くの同時代作家は演劇の演出や脚本家出身であり、作品の方向性の定位や俳優の演出といった創造面に長けてはいても、映画の技術自体に関しては撮影監督、美術監督、編集者などの助けを得ることになった。同時代作家とはいえないが、『暴力の季節』の主演俳優で、その後インディペンデント映画の雄となるジョン・カサヴェテスは、自分は俳優としての訓練を受けているために、映画の見方が俳優の視点であり、演技やテーマに執着しがちであるのに対し、シーゲルを映画とその技術に関するトータルな知識を持つ監督であると評価している（『ドン・シーゲル　映画監督』、一一二頁）。シーゲルは、俳優の演技に関しての知識、演出力は彼らに一歩劣るとしても、映画作りの実地の技術についてはほぼ全分野に習熟していた。映画の技術に関する具体的な知識と経験を持っていること、これこそシーゲルが教育的に振る舞えた主因である。ペキンパーにしても、イーストウッドにしても、シーゲルから学んだのは映画の理念や思想ではなく、実際の映画作りの現場でどう問題を解決するかという技術、具体的な行動そのものだった。無論、先輩のすることを見て、真似て、盗んで学んでいくというのはいつの時代にもあることで、シーゲルに限らず、他の同時代作家でもあっただろう。しかしスタジオ・システム自体が崩壊する中、継続的に同じ現場を共有できる環境は徐々に失われつつあり、こうした弟子的な存在（しかも優れた）を持つことができたのはシーゲルの世代がぎりぎり最後で、この世代ですらシーゲルを措いて他にはいなかった。

『地獄の掟』

スタジオ・システムの崩壊と共に、俳優たちは数年にわたる固定的な契約によってスタジオに雇用される形態から、マネージメント会社に所属して、各映画製作会社に提案される企画に一本一本参加する形に移行する。有力な俳優は自ら製作プロダクションを作り、自身の芸術的意欲を満たす作品の製作に乗り出す。ノワールの名作『成功の甘き香り』（57）を製作したバート・ランカスターのヘクト゠ランカスター・プロ、『スパルタカス』（60）でハリウッド・テンのドルトン・トランボを実名でクレジットし、ブラックリストの終焉を高らかに告げたカーク・ダグラスのブライナ・カンパニーなどが有名だが、女優アイダ・ルピノもまた二度目の夫コリアー・ヤングとともに映画製作会社フィルメイカーズを拠点に映画製作に乗り出した一人であり、しかも彼女自身監督もこなした。彼女の監督作は、女性を主人公に、未婚の母、レイプ、重婚、母親の重圧など、タブー視されていた題材を果敢に扱い、演出家としての腕の確かさも相まって、現在ますます評価が高まっている。また、たまたま拾ったヒッチハイカーが精神異常の連続殺人鬼という物語の『ヒッチ・ハイカー』（53、ダニエル・マンワリングが原作）はフィルム・ノワールの名作として名高い。

シーゲルの次回作は、このアイダ・ルピノのフィルメイカーズから監督依頼を受けた作品である。『地獄の掟』。シーゲルはルピノからの依頼に自尊心をくすぐられ、当時アライドと契約関係にあったが、調整してこの依頼を受けた。その後フィルメイカーズからシナリオが送られてきて、シーゲルは手入れを望むが、ルピノはそれを許さないばかりか、リハーサルもなしでの撮影開始を要望した。製作がコリアー・ヤング、主演はルピノ自身と三番目で現在の夫のハワード・ダフと最初に聞いた時点でシーゲルは、これは「家族映画」だと笑ったが、ルピノとその配偶者たちが要所を押さえる本作は、まさに「家族」の主導で進められ、シーゲルには不満の多い現場となった。とりわけシーゲルを苛立《いらだ》たせたのが、製作のヤングがウォッカ片手に現場に現れ、つられてなのかそれが彼らの現場の常態なのか、主演のルピノ、ダフ夫婦、さらにもう一人の主演、スティーヴ・コクランまで、撮影中に飲酒するようになっていったことだった。コクランは酔っていない状態のほうが珍しいほどだった。飲んでいないのは助演のディーン・ジャガーばかりだったという。さらにルピノとシーゲルは、撮影方法を巡っても意見を対立させる（カットを割ってルピノとコクランのクロースアップを撮るか撮らないかなど）。ルピノは監督でもあるから、演出に一家言あったのだろうが、自分の演出に口を出されるのはシーゲルにとって許しがたいことであったし、上記のようなルピノたちの姿勢に腹を立てていたシーゲルはにべもなく拒絶した。死んで地面に横たわるコクランを捉えた後、クレーンで上昇して終わるというラスト・ショットでもルピノとシーゲルは揉める。これも結局シーゲルのやり方で撮ることになるが、撮影のバーネット・ガフィまで、どうせ大した映画ではないのだから、彼らの言う通りにしておけばいいという態度で、それもシーゲルには癪《しやく》に障《さわ》った。『第十一号監房の暴動』で初めて終始自分の思うように映画作りができたあとで、しかもそれを見ての依頼なのだから、当然同様の環境が与えられるものと思っていただけに、本作の製作環境はシーゲルにとって失望を禁じ得ないものであった。

製作事情もさることながら、本作の内容そのものも、シーゲルのフィルモグラフィ全体を考えると彼には似つかわしくない題材だったのではないかと思えてくる。映画の主人公はロサンゼルス市警の二人の刑事である。東部での強盗事件で盗まれた札が西海岸で、バーの歌手へのチップとして使われる。顔を知っている歌手を盛り場に連れ出し、犯人を探す過程で、刑事の一人は彼女と恋仲になる。ついに犯人が見つかり、カーチェイスの末、崖から落ちた犯人は死亡、刑事の一人は、車から投げ出された金庫の金の一部を出来心から着服してしまう。同僚の刑事は、金を受け取らなかったものの彼の犯罪を見て見ぬふりをし、しかし次第に内心の呵責《かしゃく》に耐えられなくなってゆく。それに気づいた彼は……という内容。犯人を追う刑事の捜査を扱う前半と、金を持ち逃げしたのちの二人の刑事の動向を扱う後半とに物語が分裂しており、シーゲルが好む直線的な物語構造から逸脱していることがまず挙げられる。もしシーゲルにシナリオの直しができていたら、前半の捜査場面を早めに終わらせ、刑事が破滅に向かっていく後半の部分を物語の中心としていたのではないか。

また、刑事の態度が受動的であることもシーゲルには似つかわしくない事態である。刑事はルピノ演じる歌手と出会い、彼女に惹かれていくことで人生を狂わせる。加えて彼に金を盗む機会が訪れるのも、刑事たちが犯人を追跡し、たまたま人気《ひとけ》のない場所で車がクラッシュしたためである。主人公の転機を促す機会はすべて偶発的、受動的に与えられている。シーゲルにおいても偶発的な事態が映画に転換をもたらすことは多々あるのだが、その際でもシーゲル的人物は事態に対して能動的に行動してゆく（例えば後期の代表作『突破口！』、第四章で後述）。『殺人捜査線』のように、突発した事態によって窮地に陥った主人公が、最終的に破滅することもあるのだが、それでも彼は逆境を覆《くつがえ》すべくボスに直接説明しようと行動する。その足掻《あが》きこそが、この非人間的な男をいささかでも同情に値する存在にしているのだ。シーゲル的人物に、受動性は似合わないのである。しかし逆に言えば、この受動性が本作の魅力だと見ることは可能である。刑事は女に出会ってしまったことで、目の前に置かれた金の魅力に屈してしまったことで、人生を狂わせる。そもそも人間は弱いものであり、偶発的な事態に対して意志的に抵抗するよりは、それに流されてしまう存在である。しかもその偶発事が、自分の欲望に適《かな》うものであればなおさらだ。むしろ、自分を破滅させるものにこそ惹かれていく破滅願望のようなものすら人間には潜在している。このような人間観、宿命論的な暗さに基づく、もっぱら犯罪を主題とする映画群をフィルム・ノワールと称するわけだが、要するにこの映画はフィルム・ノワールなのであり、その点こそ、本作がシーゲルから遠い真の原因だろう。シーゲルが反ノワール的な作家であることの、いわば証明として本作は見えてくるのである。

シーゲルの反＝ノワール性については第七章で詳述するが、この頃に他にも次のような出来事もあった。当時シーゲルは、アライドの中で有力監督と認められ、社長の信頼も厚く、シナリオについて意見を求められるようになっていた。何かやりたい企画があれば提案するようにと言われたシーゲルは、友人の、元俳優でシナリオ作家のドン・マグワイアーが関与したシナリオを持ち出す。当時アライドにいたジョエル・マクリーに主演の依頼をし、承諾を得た上でそれを社長に読ませるが、社長はゴーサインを出さず、結局マグワイアーはそれをMGMに売ってしまう。ジョン・スタージェス監督、スペンサー・トレイシー主演のMGM作品としてその企画は実現する。『日本人の勲章』(55)である。ある男を探して町にやって来た男が、その男が差別ゆえにリンチに遭い、死亡したことを突き止める。西部劇の倫理性に、フィルム・ノワールが影響を与えた優れた一例である（拙著『西部劇論』参照）。シーゲルが好む追跡の物語であり、シーゲルが撮っていたならば、差別という主題はより後退し、彼を阻止しようとする周囲との対決のアクションが際立って、フィルム・ノワールというよりアクション西部劇としての側面が際立っていたかもしれない。ともあれシーゲルは、『地獄の掟』ではノワールを撮ろうとしてもうまく仕上げることができず（彼がシナリオの手入れに関われなかったからでもあるが）、『日本人の勲章』ではノワールのほうが彼から逃れていくといった具合で、シーゲルとノワールとの関係は齟齬をきたしたままである。ここまでくると、シーゲルとノワールの関係はもはや、偶発的な事態というよりは必然と思えないだろうか。

『ＵＳタイガー攻撃隊』

ルピノのフィルメイカーズからアライドに戻っての次回作は『ＵＳタイガー攻撃隊』、アナポリス海軍兵学校に入学した兄弟の成長譚である。先述したように、本作はアライドのバックロットでの撮影とストック・フッテージを編集で組み合わせて、いわばでっち上げた作品で、シーゲルによれば、いい作品ではないがやっていて楽しかったという。編集作業によって無から有が作り出される過程が面白かったものと思われる。元々はジョン・デレクが兄、ケヴィン・マッカーシーが弟を演じるはずであったが、デレクが弟のほうを希望し、シーゲルは兄のほうがいい役だと説得したが聞かず、デレクの希望が通った。兄は真面目な優等生で、幼なじみの恋人がおり、弟は劣等生で、兄を始め同級生たちが彼を助けて試験も合格させる。空母からの戦闘機の離陸訓練で弟は失敗、飛行機が沈みかけ、救助用のヘリに乗っていた兄が救う。病院に入院した弟を、兄の恋人が見舞い、その過程で彼女の心は弟に傾く。兄弟の仲はぎくしゃくしたものになるが、折から朝鮮戦争が勃発、二人は出征する。戦闘機に乗っていて攻撃を受けた兄が、意識を失いかけ、墜落の危機に瀕する。

弟が無線で必死に呼びかけ、意識を取り戻した兄はかろうじて脱出ボタンを押す。今度は、パラシュートで海に落下した兄がヘリで引き上げられる。病院へ兄を見舞いに来た弟は、彼女が兄とよりを戻している様子を見てひそかに立ち去る。

二人の兄弟の成長譚と述べたが、実のところさまざまな経験を経て二人が人間的に成長しているという印象は受けない。そもそも映画は、彼らに起こる出来事と、それに対する葛藤を描いていくことをしない。苦難にいかに対処するか、そこで生じた感情をいかに成長に繋げていくか。成長譚に必須のそうした過程はここでは一切描かれない。その代わりに映画の軸を形作るのは、弟と兄がそれぞれ海に落ち、ヘリで救助されるという対称性、また彼らが水に落下することをきっかけに女性の相手が移動するという図式性である。とりわけ後者の女性の移動は、むしろ感情によるものであるとしたら（怪我《けが》をして可哀そうだからという理由だとしたら）女性の心理をあまりにも単純化しすぎているとして批判されかねない体《てい》のものである（シーゲルにミソジニーがないとはいえないのだが）。この映画を人間的感情の推移を描くものとして見ることはほぼ無理筋であり、むしろ映画の製作過程を楽屋落ち的に楽しむのが正しい見方である。即ち、対称性、図式性を軸にして、ストック・フッテージなどの雑多な素材を組み上げた、その手並みを見るべきということだ。とりわけ編集に拠《よ》るところの大きい戦闘場面などでは、俳優を使って撮影された素材とストック・フッテージが、明らかに質が違っているのに接合されている奇妙さ、また前者がコックピットを一定の距離から捉えた固定ショットであるのに対し、飛行中の戦闘機を捉えた後者は（当然ながら）ロングで、その二つの律儀な交代のリズムの生真面目さなどに対称性、図式性は現れている。さすがにそれなりに見られるものに仕上がっているとは言いながら、やはりこれはやむを得ない仕儀だったのであろうと想像される。それを斟酌《しんしゃく》した上でも、これをシーゲルの編集による匠《たくみ》の技として評価することは難しいだろう。ただ、こうしたストック・フッテージによる奇妙さ、シュールレアリティは、改めてシーゲルが修業時代に担当した諸作でのモンタージュが醸《かも》し出すシュールレアリティを思い起こさせる。さらに言えばワーナー時代の方が、本作での（言ってみれば普通に見える）モンタージュよりもはるかに過激に見えさえする。というのも、B級映画であれば全体がチープなので、こうしたストック・フッテージによるモンタージュもその中に馴染《なじ》んでしまうのに対し、ワーナー時代の作品はワーナーの著名監督によるA級映画であったため、モンタージュ部分が全体から浮き上がって見える（いわば悪目立ちする）からだ。素材自体もストック・フッテージではなく、シーゲル自身によって新たに撮られたものであって、安っぽさが感じられないのもかえってモンタージュの人工性の印象を強める。本物のB級映画である本作以上に、ワーナー時代のモンタージュのほうがはるかにエドガー・G・ウルマーに近い。

『ボディ・スナッチャー／恐怖の街』

アライドでの次作は『ボディ・スナッチャー／恐怖の街』、地球外生物による地球乗っ取りを描くSF映画でもあり、登場人物のアイデンティティが揺らぐ不安の色濃いフィルム・ノワールでもあり（本作は、シーゲルが反ノワール作家ではないかという主張の強力な反例となるが、この点に関しては後述）、また冷戦下のアメリカ社会の世相を反映した時事的映画でもある。シーゲル作品の中でも最も評価の高いものの一つであり、また問題含みの作品である。原作はSF／ファンタジー小説作家のジャック・フィニー、彼が雑誌に掲載した小説をウェンジャーが見つけ、シーゲルに映画化を提案した。シーゲルはダニエル・マンワリングとともに脚色作業に入る。ウェンジャーにしてもシーゲルにしても、またマンワリングにしても、本作を共産主義の脅威のアレゴリーではなく、「一般的心理状態」を描いたものだとしている。最後の直し段階で関わったリチャード・コリンズもまた、本作を反共でも、反共批判でもないとしている（『ウォルター・ウェンジャー』、三〇三頁）。実際、シーゲル自身はこれ以後、本作に登場する「ポッド（繭）」という名称を、映画会社の重役連中を指すために常用するようになっていくのであり、同時代の政治状況の隠喩という以上に、人間の持つある種の傾向（官僚制、事大主義）を表象したものと見なしている。自分の意志を持たず、流れに逆らわず、何ごとも自分で成し遂げようとしない人々。シーゲルは自身の敵をそのようなものとして見定めていく。

　宇宙から来た生物に地球が脅かされるという枠組みの物語は、H・G・ウェルズの『宇宙戦争』（1898）に始まるが、それが新たな隆盛を見るのは一九五〇年代である。同じ五一年に発表されたイギリスのジョン・ウィンダム『トリフィド時代』、アメリカのロバート・A・ハインライン『人形つかい』は侵略もののSFの古典として知られる（ウィンダムは五七年『呪われた村』でも宇宙人の侵略というテーマを取り上げる。六〇年に『未知空間の恐怖／光る眼』として映画化）。映画においても、ハワード・ホークスが製作したことで知られるクリスチャン・ネイビー『遊星よりの物体X』、ロバート・ワイズの『地球の静止する日』（これは、宇宙人は平和主義者なのだが、地球人側が疑心暗鬼に陥る）が五一年に公開されている。同じ年にこれらが一気に出現したのには、やはり冷戦の影響を見ないわけにはいかないだろう。『人形つかい』はこの中でも反共的性格が色濃く、異星から来た存在が地球人と異なる外貌を持つ他の諸作と異なり、宇宙人が人間の体を乗っ取るので、宇宙人と人間の区別がつかないことになっている。見た目で判別できない敵というフォーマットはこれが起源なのかどうか詳《つまび》らかにはしないが、いずれにせよ共産主義の脅威と結びつけられたのはこのあたりなのではないか。またこのころにSF小説を書き始めたフィリップ・K・ディック（五二年に最初の短編が雑誌に掲載されて作家デビュー）は、必ずしも侵略テーマに特化したわけではないにしても、その多くの作品は、現実世界が誰かによって構築された偽ものではないかというパラノイアにより、アイデンティティが崩壊していくというタイプのプロットを持っている。これが直接的に宇宙人侵略もののフォーマットの借用とまでは言えないだろうが、それを生んだ五〇年代という時代の環境を共有していたことは確かであろう。彼の作品は、侵略を主題とするSFの、リアリティへの疑いをより普遍化することで、SFの枠を超えて多くの読者に届くことになる（その作品の多くは映画化され、質の高さもあいまって、ディック的な認識をより広範に流通させる一助となった）。自身が拠って立つ現実が揺らぐという感覚は、すでに四〇年代半ばのフィルム・ノワールにも存在したが、こうした侵略ものに継続され、さらにディックの作品に流れ込む。これらは第二次世界大戦の後遺症、その後の冷戦という政治状況の生んだ心性と言えるだろう。戦争の後には決まってそうした心性が生まれるとも考えられ、実際、朝鮮戦争ののちには、ジョン・フランケンハイマー『影なき狙撃者』（62）、『セコンド／アーサー・ハミルトンからトニー・ウィルソンへの転身』（66）など、ベトナム戦争の際はマーティン・スコセッシ『タクシードライバー』（76）、フランシス・フォード・コッポラ『地獄の黙示録』（79）など、現実と心内世界の境界が揺らぎ、現実の境位を問い直す（ことで現実を批判する）ような作品が生まれている。実はシーゲルの作品にしても、『ボディ・スナッチャー／恐怖の街』に限らず、こうした世界観から遠いわけではない。『テレフォン』（77）は『影なき狙撃者』と同じ洗脳による工作員の物語であるし、そもそも現実を偽る「偽装」という主題がシーゲルにはある。その場合でもあくまで「能動的」に偽装するのがシーゲル的人物であるわけだが、そのことについては後に論じる。

侵略というテーマに戻るが、『ボディ・スナッチャー／恐怖の街』が、他のマイナーな作品との共振関係にあることをここでも示しておこう。ただしこの場合、反共というような政治性は払拭されている。ウィリアム・キャメロン・メンジース監督『惑星アドベンチャー　スペース・モンスター襲来！』（53）である。深夜、家の近くの丘の向こうに空飛ぶ円盤が下りていくのを目撃した少年。翌朝父親がそれを確認しにいくが、帰ってきた父親は妙に暴力的になっている。母親も、近所の女の子の様子も変になり、警察に行くが、警察署の署長もすでに乗っ取られていた。『ボディ・スナッチャー／恐怖の街』の冒頭にも、母親が母親ではないと訴える少年が現れていたが、あの少年を思わせる設定である。少年が真実を訴えても信じてもらえないというパターンは、コーネル・ウールリッチ原作によるテッド・テズラフのフィルム・ノワール『窓』（49）にも通じるが、ここでは少年の訴えの真実性は早々に確認され、軍隊が登場して、後半は軍隊と宇宙人の戦いになる。宇宙人と乗っ取られた人間の見た目が同じとはいえ、ここでは首の後ろにマークが存在し（針を刺された跡）見分けがつくし、宇宙人がどこから来たかは明らかな点（原題は*Invaders from Mars*）で、宇宙人の出自が分からず、見た目も完全に人間である『ボディ・スナッチャー／恐怖の街』のほうが怖い。『惑星アドベンチャー』の本領は、妙に天井が高く、パースが狂っているかに見える警察署のデザインが少年の違和感を表現していたり、あるいは宇宙人のいる地下の壁に卵状の粒がみっしり生えて不気味だったりという空間設計にある。監督のメンジースについては拙著『B級ノワール論』を参照してもらいたいが、プロダクション・デザイナーである彼の本領発揮というところだ（ただし火星人の造形は、現在では見ていてかなり辛い）。ちなみに『惑星アドベンチャー』は夢落ちになるが、ああ夢でよかった、と思ったらそこに空飛ぶ円盤が現れて、夢は予知夢だった、というブラックな終わり方である（ただしこれはアメリカ版での話、イギリス版は夢落ちもなく、火星人が滅ぼされて無事に終幕する)。このように、冷戦を受けて再び宇宙人による侵略ものが流行し始めており、その流れの中にフィニーの原作も、またシーゲルの本作もあることを確認しておこう。

反共、反＝反共

さて、マンワリングは一シークエンスを書き終えるごとにシーゲルに見せ、その意見を踏まえて書き直すという手順でシナリオ執筆をしていった。フィニーの原作にあった、第二次大戦前のアメリカ社会へのノスタルジーを削除して、さらにハッピーエンドの結末を覆し、主人公とともにポッドと戦ってきた者たちがすべてポッドに成り代わってしまうというバッドエンドに書き換えた。主人公が恋人に言う、多くの人が人間性を失っていくのをこれまでも見てきた、少しずつ心を硬くし、無感覚になっていく、人間でいつづけるために戦わねばならなくなったときに初めて、それがどんなに貴重なものだったか気づく、という趣旨の発言は、原作にはなく、シナリオ段階でマンワリングが書いたものとされる。「ここでマンワリングは、私たちこそ悪者なのだと述べているのである」(編者アル・ラヴァリーによるイントロダクション、*Invasion of body snatchers*, Rutgers film in print, 1989, P. 8)。人間から人間性を奪っていく現代社会において、抵抗しつづけなければ人は人であることを失っていく。ことによると我々は、逆らわずにいることの気楽さに、自ら望んで人間であることをやめようとすらしているのかもしれない。罪は我々に(も)ある、というのである。ここからも、本作は当事者の意図としては社会における個人のあり方を問題にしており、その意味ではアメリカ社会もソヴィエト社会も同じく批判の対象であることが分かる。しかし一方で、共産主義における個人の自由の抑圧も確かに本作の批判の対象であり、従って反共映画と見ることも可能である。冷戦下という状況、反共を煽《あお》った共和党下院議員ジョゼフ・マッカーシーが五四年に失脚したとはいえ、赤狩りがまだ進行中であった時代に本作が反共映画と解釈されることも自然と言えば自然、むしろそう見えるからこそ本作が反響を呼んだということも考えられる。いずれにせよ本作は、当事者の意識としては反共でも反＝反共でもなく、社会における人間の普遍的なあり方を描いたものである。だが当時の状況から反共とも、また反＝反共とも取れる余地を残した作品で、その曖昧さによってこそ幅広い解釈が可能で、現在に至るまで議論を呼ぶ作品となっている。

マンワリングのシナリオによってシーゲルは撮影を進め、いったん完成させる。しかしそのフィルムを見たアライド側は、映画のところどころにユーモアが混じっていて緊張感を削《そ》ぐこと、差し迫った印象で映画が終わるために観客に動揺を与えることを嫌い、衝撃を和《やわ》らげるためのプロローグとエピローグをつけることをウェンジャーに命じる。シーゲルとマンワリングはこれに異を唱えるが、ウェンジャーは彼らを説得してそれを撮らせる。またウェンジャーはその際、観客に現状の危機を訴えかけるために、ごく最近のチャーチルの演説の引用と、著名人のナレーションをつけ加えることを画策する。ナレーションの候補として具体的にはオーソン・ウェルズとエドワード・R・マローの名が挙がった。ウェルズを出演させるにあたっては、レポーターとして事件のあった街を訪れて現場から報告する形が考えられ、その原稿もウェンジャーは書いており、出演交渉まで行なった。ウェルズの起用は、ラジオ『宇宙戦争』の効果を期待してのもの、つまり本編で起こることが現実の話であると思わせようとしたものである。またエド・マローはTVの報道ショー、『シー・イット・ナウ』*See it now* のキャスターで、番組内でマッカーシーを批判したことで知られていた。これもまた現実と虚構の境界線を揺るがし、本編を今現に起こりつつある事態として、観客に危機感を持たせようとする意図であった。先述した通り、主人公の「次はあなただ」という台詞もウェンジャーが加えさせたものであったが、映画を通じて人に訴えかけ、行動を促すプロパガンディストとしてのウェンジャーの姿をここでも見ることができる。シーゲルはプロローグとエピローグは撮ったが、ウェルズの出演には反対してウェンジャーの意向を阻止した。一方最後までユーモアの削除には抵抗したものの、叶わなかった。かくして、ウェンジャー、シーゲルそれぞれに不満の残る出来ではあったが映画は完成する。

『暴力の季節』

『ボディ・スナッチャー／恐怖の街』に続いてアライドで撮った作品は『暴力の季節』である。これはTVドラマシリーズ『エルジン・アワー』の一篇で、レジナルド・ローズがシナリオを書き、シドニー・ルメットが演出した、五五年三月八日放映の「街中での犯罪」*Crime in the streets* の映画化である。ローズはシドニー・ルメット監督の映画『十二人の怒れる男』（57）で有名な脚本家だが、これも五四年にフランクリン・J・シャフナー演出でTV放映され、その後舞台化されていた作品である。政治的／社会的問題を扱うことが多く、『暴力の季節』も非行少年が主人公である。母子家庭の不良少年が、叱りつけられたことを根に持って、同じアパートの男性を不良仲間とともに殺そうとする。ソーシャル・ワーカーの男性と弟が彼を案じている。決行の深夜、少年の幼い弟が現れて殺害計画は失敗し、兄を殺人犯にしたくない一心の弟の姿に、少年はソーシャル・ワーカーにつき添われて自首する。

常にいらいらして自分の周囲の者をすべて傷つけるしかない不良少年の主人公を、TVと同じジョン・カサヴェテスが、どこか嗜虐的で狂気じみたニヤつき笑いが印象的なその仲間をこれもTVと同じマーク・ライデル（ちなみに二人ともその後監督になる）、ソーシャル・ワーカーを映画ではジェームズ・ホイットモア（TVではロバート・プレストン）が演じ、三人それぞれに説得的な演技を見せている。少年の非行は本作のTV版と同じ五五年のニコラス・レイ『理由なき反抗』や、リチャード・ブルックス『暴力教室』でも描かれており、ある種ブームになっていた。非行ものが流行になったのは社会情勢などの原因があるだろうが、ここでは立ち入らない。『理由なき反抗』では例えばグリフィス天文台という印象的なロケーション、補導された主人公を父が引き取りに来た警察署の階段での上下差による親子の断絶の表象など、空間演出が際立っていたが、本作も空間設計が卓抜である。商店やアパートの立ち並ぶスラムの通り一本のセットのみで全編が展開される【図31】。ソーダファウンテンのあるドラッグストア前には不良少年たちがたむろし、悪巧みの打ち合わせは暗い路地でする。主人公が殺そうとする男を引き込むのもこの路地である。アパートは貧困層向けのもので、窓の外には非常時の避難用の踊り場があり、そこには非常階段も設置されている。古くて狭いアパートは主人公にとって、自分たちの現状をあからさまに映し出す鏡のような場所であり、それ自体が不快だ。彼は家にいる場合、多くの時間を窓の外の踊り場で過ごす。そこで非常階段を使って上がってきた仲間と会い、路上の恋人と話をする。母親にひどい態度を取ったことを気に病んでいる彼を見て話しかけたソーシャル・ワーカーとしみじみ話をするのも、この踊り場である【図32】。踊り場はいわば彼にとっての心のよりどころのような場所になっている。悪所としての路地と安心できる場所としての踊り場は対照的な場として設定されており、主人公（の心理）がその二つの場所を揺れ動くことで映画はできあがっている。セット一つで行こうと提案したのは製作者ヴィンセント・フェネリーだったというが、この場合、製作者のアイディアが決定的に重要な役割を果たしている。

これは空間設計というわけではないが、カメラと俳優の位置取りが効果的な場面がある。主人公の仲間で、背が小さく、度胸もないのでベイビーと呼ばれている、ドラッグストアの店主の息子がいるのだが、特に主人公には可愛がられており、殺人計画にも参加している。息子が何か重大な計画に加担しているらしいことを察した店主が彼を諌《いさ》める場面で、カメラはベイビーを前、店主をうしろに配置し、ベイビーは正面を向いたまま、店主にフォーカスを合わせ、ベイビーは若干甘いフォーカスで捉える【図33】。お前が生まれたときどんなに嬉しかったか、しかし今は気持ちがすれ違ってしまって、お前のことが分からない。どうしようにも、お前は私のいうことなど聞こうとしない。その話を聞いているうちベイビーの顔は次第に歪《ゆが》み、彼が心を動かされていることは、観客には如実に見えるのだが、しかしそれは父親には伝わらない。どちらが悪いわけでもないが、すれ違

図31　『暴力の季節』通りのセット。手前に主人公のアパート入口

図32　『暴力の季節』親密な場としての踊り場

図33　『暴力の季節』すれ違いを表現する俳優の位置取り

ってしまって取り返しがつかない、素直に和解できない固着した二人の状況が、動かないカメラ、正面を向いた二人の位置取りによって示されているわけである。

主人公の心理、というより気質のようなものについても触れておこう。主人公は必ずしも全面的な悪ではなく、むしろ心根が優しく、ただ自分の置かれた環境の行き場のなさ、またそれに自分が何もできないことに絶望し、憤ってもいるわけだが、そのことで彼の心理は常に不安定な状態に置かれている。ラストにおいても、犯行の邪魔をした弟に憎悪を向け、ナイフを突きつけるかと思うと、次の瞬間には弟を抱きしめるなど、感情は極点から極点へと振り切れる。こうした不安定な心理の演技はいかにも現代風であり、アクターズ・スタジオ以降の流れの中にいるカサヴェテスの起用は（TV経由とはいえ）説得的なのだが、それはともかく、いつどう傾くか分からない、常に緊張状態にあっていらいらしており、ふとした瞬間に爆発するような癇癪《かんしゃく》気質はシーゲル的な人物類型の一つの極である。すでに『第十一号監房の暴動』の主人公ネヴィル・ブランドにも現れていたが、『殺し屋ネルソン』のミッキー・ルーニー、『殺人捜査線』のイーライ・ウォラックなどがその典型となる。そして彼らの置かれた抑圧状態が決定的な破局に至るきっかけを作るのが平手打ちであることは興味深い。本作の主人公が中年男を殺そうと思ったのは、男から平手打ちされたからだし、彼が母親と決定的に断絶するのも、母親が弟の怯《おび》えようを見て、彼が何かしたに違いないと、普段おどおどしているにもかかわらずこのときばかりは彼を問い詰め、感情を爆発させて平手打ちを食らわせたからだ。『殺人捜査線』のウォラックがボスを殺すのも、平手打ちされて激高してのことである。平手打ちは、殴打以上にシーゲル的人物の逆鱗に触れる。それは肉体よりもむしろ彼らのプライドを傷つける。『ダーティハリー』でも、心のねじ曲がった殺人鬼（アンディ・ロビンソン）は、スクールバスを乗っ取って子供たちを人質に取るが、家に帰りたいと泣き出す一人を平手打ちする。子供に振るわれることで、肉体的暴力の残酷さが大人に対する以上に際立つが、それが観客に与えるショック効果を考えると、これは観客に対する心理的暴力でもある。平手打ちは、肉体的暴力である以上に心理的暴力である。心理的暴力が主人公を突き動かすという意味では、例えば背が低いことにコンプレックスを持つ殺し屋ネルソンは、誰かに見られるたびに、軽侮されているのではないかと疑心暗鬼になり、常時他者からの心理的暴力を受ける（と思い込む）ことになる。それが彼を苛立たせ、息せき切ったような破滅的な行動につながってゆく。シーゲルには他方、冷静に自分の立ち位置を認識し、能動的に対処してゆく人物がおり（『突破口！』の主人公など）、そうした人物と彼らは対照的に見えるが、例えば『第十一号監房の暴動』のネヴィル・ブランドや、落ち着いた口調で話していたかと思えばいきなり女性をホテルの窓から逆さづりにする『殺人者たち』のリー・マーヴィンのように、癇癪と冷静さの両方を持ち合わせている人間もおり、それらは相容れない性質のものではない。要するに決定不能だ。

癇癪持ちは、激情と冷静の両極であり、またそのどちらでもない。あるいはどちらでもある両義的な、決定不能な性質である。これはシーゲル的登場人物だけでなく、シーゲルの作品についても言えることだ。シーゲルのある種の作品は論争を引き起こす。『ボディ・スナッチャー／恐怖の街』を反共映画と定義する者もあれば、反共の集団心理を描いた反＝反共映画とする者もいる。『白い肌の異常な夜』はミソジニー映画とも見えるし、むしろ女性をその暗い欲望も含めてありのままに描き、フィルム・ノワールと同様、美しくか弱いハリウッドの古典的な女性像を破壊する新しい女性映画とも見える。また『ダーティハリー』は個人の正義が法に優先するビジランテ（自警団）映画として批判されることが多いが、一方アメリカというビジランテの風土を問い直す作品と見ることもできよう。これらに関して、そのどちらかであると決定づけること自体がシーゲル的ではない。どちらの見方も正しく、またどちらかを間違っているということもできない。なかんずく、そのどちらでもないと曖昧さを強調するのは恐らく最もシーゲルにふさわしくない態度である。シーゲルは曖昧に濁ることだけはしないのであり、我々はその両極をともに肯定し、その矛盾、決着のつかなさに耐えつつ、宙に、「外」に放り出されるままになるしかないのである（第七章参照）。

『スパニッシュ・アフェア』

アライドとの契約を終えてフリーになったシーゲルは、脚本家リチャード・コリンズの推薦で、彼が書いたシナリオの監督を引き受ける。製作者のブルース・オドラムは富豪の息子で、全編スペインでのロケ、高額のギャラが約束されていたことから引き受けたというが、冒頭のタイトル場面に見られるように、プラド美術館のヴェラスケス、ゴヤらの作品を撮影することができるなど、シーゲルにとってはまんざらではない経験だった。物語は、アメリカの建築家（リチャード・カイリー）がスペインでのホテル建築を依頼されるが、その設計のモダンさゆえに反対される。反対している事業主たちを説得できれば彼の案を認めてもいいというスペイン側の設計事務所の言を受け、女性秘書（カルメン・セヴィラ）とともにスペイン各地にいる彼らのもとに向かううち、スペインの伝統に触れ、秘書と恋に落ち、自分の誤りを悟っていく、というもの。ギャラのためのやっつけ仕事だったとしても、直線的な追跡の物語、敵地といったシーゲルの特徴を備えている作品ではある（主題については後述）。

『殺し屋ネルソン』

アメリカに戻って、仕事があるかどうか不安だったシーゲルのもとに、ユナイテッド・アーティスツから接触がある。アル・ジンバリストなる独立製作者からのギャング映画『殺し屋ネルソン』の監督依頼である。童顔ゆえにベイビー・フェイスとあだ名されたギャングの話であった（*Baby face Nelson* が原題）が、渡されたシナリオはリサーチが不十分なのに加え、ネルソンと一時徒党を組んでいたディリンジャーの話のほうが多いため、全面的に書き直すことにする。リライトはダニエル・マンワリング。ただし二週間しか時間がなく、シーゲルとマンワリングは完全に共闘態勢で、丸一日を新聞の調査に費やし、二日でプロットを練り上げ、十日でシナリオを執筆した。ギャング映画では往々にして、なぜ彼がギャングにならざるを得なかったのかを説明する過去の場面を置き（社会の悲惨が原因である場合も多く、そうした場合、ギャング映画は社会批判の役割も演じた）、彼に対する親近感なり同情なりを喚起することで見る者に主人公に対する態度決定の基盤を提供するが、本作ではそのような前置きを欠いて、主人公が刑務所を出る場面から始まり（何の罪で投獄されていたのかはまったく語られない）、以後の一切を現在形で語り通す。しかも主人公たちの物語はもっぱらその行動によってつながれていき、その間の経緯の説明的な描写を欠いているため、ぶっきらぼうで唐突な印象さえ与えるが、むしろそれがギャング映画らしい荒々しさ、リアリティとなって感じられる。こうした直接性はシーゲル作品全体のスタイル的特徴であり、以後も折に触れ言及する。

本作はキャスティングでも成功している。ネルソンを演じるのはミッキー・ルーニー、子役として活発な男の子を演じて人気を博し、ジュディ・ガーランドとも多く共演した。子役として成功したことがかえって足かせになり、また小柄だったせいで大人になってから適当な役柄に出会えなかったこともあり、戦後のキャリアは低迷していた。そうした屈託が本作にも現れていて、ネルソンの常にいらいらしたようなありように説得力を与えている。本作以降、ルーニーは性格俳優に転身して成功する。ネルソンの情婦に対しセクハラを繰り返して彼を苛立たせる医者を演じたセドリック・ハードウィックは、キャリアが半世紀に及ぶイギリスの舞台俳優で、バーナード・ショーのお気に入りとして彼の作品に多く出演したほか、シェークスピア劇も多く演じた。映画にも出演し、ローレンス・オリヴィエのシェークスピア劇『リチャード三世』（55）でエドワード四世を、セシル・B・デミルの『十戒』（56）で古代エジプトのファラオ、ラムセス二世を演じている。ハードウィックは舞台での活躍によってサーの称号を得ている名優だが、テニス仲間だったシーゲルからのギャング映画への出演依頼に、ずっとやってみたいと思っていた役があった、詐欺師と血まみれギャングだ、と言って快諾した。ベイビー・フェイス・ネルソンはそもそもギャングと童顔というミスマッチが前提の役柄であるが、ハードウィックにしても、イギリスの名優が好色で倫理観を欠いた医師を演じるというミスマッチによって印象に残る。

カメラマンはハル・モーア。サイレント時代からのキャリアを持つ大ベテランであり、シーゲルは本作、『殺人捜査線』、『裏切りの密輸船』と三作立て続けに彼と組むことになるが、あまりいい印象を抱いていないようである。声が大きく、怒りっぽいという性格的なものもあるが、「彼と仕事すると、私は怠惰になってしまう」、「私は、どこにカメラを置くかで手を焼かせないような、もっと弱いカメラマンのほうがいい」と述べていることからも（『ドン・シーゲル　映画監督』、一二五頁）、モーアがカメラ位置について主張が強く、自分で決めてしまうのが気に入らなかったようである。前章で述べた通り、シーゲルは特定の撮影監督と緊密に連携するということが見られない。カメラが自己を主張するような画面をあまり好まないので、強烈な個性を持つカメラマンはシーゲルにとってかえって邪魔なのである。本作にもあまり凝った画面は見られず、むしろニュートラルに引いた画面が多い。例えば、護送途中のルーニーをジョーンズが奪還する駅頭の場面では、駅のホーム、改札、ジョーンズが停めた車の全体が捉えられる引きのショットで、つまずいたふりのジョーンズを助けようとした刑事をルーニーがうしろから羽交い絞めにし、そのまま車に乗せるまでがワンショット。あっけないほどの簡潔さで捉えられる。逆の例では、冒頭あたりでギャングのボスを射殺する際の階段の上下での極端な俯瞰や仰角、黒白の陰影の際立つ画面が見られ、この典型的なフィルム・ノワール的画面のほうが、むしろ本作では浮いて見える。少ないからこそ、こうした画面が際立って印象的に見えるということもあるかもしれない。いずれにせよこの作品は、画面自体の視覚的インパクトより、主人公の行動をつなげていくだけのぶっきらぼうな説話、時間操作を欠いた直線的な時間経過、唐突でゴツゴツしたような編集という説話構成によって、犯罪映画としての生々しさを獲得しているように見える。

ぶっきらぼうな編集こそ本作の要であると書いたが、実は意外なことに本作ではシーゲルは編集をさせてもらえなかったという。これはシーゲルにしては極めて例外的な事態である。ましてやシーゲル的な編集の枠が見られるかのような本作がそうだったとはにわかに信じがたいが、シーゲルによれば、ほとんどフィルムを回さなかったので、製作者も編集者も、シーゲルが撮ったものを使わざるを得なかったということだ。シーゲルは普段、いったん撮り上げたものを粗編集してそのまま放置し、しばらく経ってから見直して、細かい手入れをしていったということだが、今回はそうした細かい手入れがされていないということだろう。それがされていたとして、物語の展開がよりスムーズなものになったり、カットの出し入れによってより主人公の心理が分かりやすくなったりしていたら、作品の印象は変わってしまっていただろうか。ともあれ本作はシーゲルにも思いがけないことに大ヒットし、シーゲル作品としては初めてヨーロッパでも広く公開されて、特にフランスでは高く評価された（『ドン・シーゲル　映画監督』、一一三頁）。ヌーヴェル・ヴァーグの監督たちのシーゲル評価も、本作によって決定づけられているかもしれない。フィルムの貸し出しによる自主上映も継続的にあったようで、数パーセントの権利を有していたシーゲルには二次使用料が細々ながら入り続けていた（同上）。カルト的な人気を博していたようである。

『裏切りの密輸船』

『殺し屋ネルソン』に続く作品は、公開順で言えば『殺人捜査線』（五八年六月十一日全米公開）、『裏切りの密輸船』（五八年九月十五日全米公開）のはずであるが、『自伝』でも『ドン・シーゲル　映画監督』でも、記述の順番は逆になっており、撮影は『裏切りの密輸船』、『殺人捜査線』の順だったのかもしれない。ここでは『自伝』に従って記述する。

『裏切りの密輸船』はオーディ・マーフィーの依頼で撮ったもの。『殺し屋ネルソン』の成功を受けて、ユナイトで製作されたが、シーゲルによれば完全な失敗作で、前作の成功も帳消しになった。周知の通り、本作はアーネスト・ヘミングウェイの『持てる者と持たざる者』（*To Have and Havenot*）の三度目の映画化となる。観光用釣り船の船長が、苦境に立たされ、意に染まぬ乗客を乗せることになるという骨格。最初はハワード・ホークス『脱出』（44）。ハンフリー・ボガート、ローレン・バコール主演。ボガートは心意気の男で、彼が乗せる客は反政府組織の一員という設定はどこか『カサブランカ』を髣髴《ほうふつ》させる。二度目はシーゲルの師の一人で、その『カサブランカ』の監督でもあるマイケル・カーティスによる『破局』（50）。主演がジョン・ガーフィールドであることも相まって、窮地に追い詰められ、やむなく銀行強盗の逃走の手伝いをすることになる主人公の苦い心理はもはやフィルム・ノワールの世界である。助手が黒人（プエルトリコ出身、アフリカ系アメリカ人の映画人として草分け的存在のファノ・フェルナンデス）に変更されたことで、ラストも痛切なものとなっており、『脱出』と遜色ない出来になっている。シーゲルの作品はこの三作の中では確かに最も個性が弱いのだが、彼のフィルモグラフィの中で見た場合、やはりシーゲル的な主題が明確に現れていて、本人がいうほど取り柄のない作品でもない。

本作の場合、シーゲル的主題を担うのは脇役のエディ・アルバートのほうである。ただの金払いのいい客と思われた男は、実はキューバの反政府組織に武器を売る武器商人であった。金払いのいい、いつも笑っている陽気な男だが、ハバナ港の検問の警察官をいきなり撃ち殺し、その暴力性を露《あら》わにする。その笑いが、不気味で不敵なものに変わる。彼は自分の意志を強引に押し通し、人を人とも思わない男である。傍《かたわ》らにはべらせているプラチナ・ブロンドの美女も、カモフラージュと性的欲求のはけ口のための存在で、ただの道具としか見ていないし、再度のハバナ密航を断る主人公に対しては、船の借金を肩代わりし、権利書を取り上げた上で当局に差し押さえさせたりして、従わざるを得ないように仕向ける。シーゲル的操作の主題の一例である。ホークス、カーティスの作品にはこうした造形の人物は登場しない。『脱出』では主人公は操られるどころか、自分の意思で客を乗せるので論外。『破局』では、強盗一味が主人公を無理やり従わせるが、しかし彼を操っているという印象ではない。彼を操っているものがあるとしたら、それは悪運であり、彼はそれに負け続けることを宿命づけられている。シーゲルはそのようなフィルム・ノワール的な宿命論には就かない。シーゲルの場合、操るにしても、操られるにしても、それはあくまで人間の意志の範疇である。操る者は自分の意志を実現するために、相手が自分の思い通りに動くように状況を作り上げる。操られる者も、そのように強いられるにせよ、自らの意志でそう動くことを選択する。だから操られる者も、いつかただ操られることを脱し、操る者の意図を裏切るような行動に出る。実際、本作においても主人公は操られる立場を脱し、反撃に転じ、そして勝利する。それが苦い勝利でもない、という点が逆に物足りないところではあり、同じように反撃に転じながらも、自らも傷つき、そして大事なものを失ってしまう『破局』のほうが映画としては興味深い。本作の主人公は、シーゲル作品としては過激さが不足している。最良の作品におけるシーゲル的人物の過激性は、彼をして操る／操られるの区別をいつか超え、何ものでもない者にしてしまう。

『殺人捜査線』

『殺人捜査線』は前章で記したように、シーゲルが以前パイロット版を演出したＴＶドラマ『ザ・ラインナップ』の映画化である。ＴＶドラマのメインキャラクターである二人の刑事のうちの一人ワーナー・アンダーソンは、本作でも刑事の一人として出演しているが、もう一人は映画版ではエミール・マイヤーに変更されている。マイヤーは『第十一号監房の暴動』で刑務所長役を演じていた。他にもＴＶ版では主役級の刑事としてマーシャル・リードが出演しているものの、ＴＶ版からは二人しか起用されていないわけである。シーゲルがＴＶ版から距離を置こうとしていることは、このキャスティングからも分かる。製作者のハイメ・デル・ヴァルはＴＶの仕事がほとんどで、映画は本作のほかに一本だけである。脚本家のスターリング・シリファントを推薦したのはシーゲル。シリファントはまだ駆け出しで、脚本の執筆作業もシーゲル主導で進んだようである。シリファントは『裸の町』（58〜63）、『ルート66』（60〜64）などのＴＶシリーズを創設し、脚本を担当したことで知られるほか、ノーマン・ジュイソン『夜の大捜査線』（67）でアカデミー賞受賞、ロナルド・ニーム『ポセイドン・アドベンチャー』（72）、ジョン・ギラーミン『タワーリング・インフェルノ』(74)などのパニック映画でも有名。シーゲルとは『テレフォン』で再び組むことになる。シーゲルもシリファントも、TVシリーズの映画化と見られることは望まず、TVシリーズと同じ題名を使うことには反対だったという。彼らが提示した題名はThe Chase。「追跡」はシーゲル的主題の一つである。

映画は、暴走するタクシーが警官に制止されて事故を起こすところから始まる。事故は麻薬密輸にまつわるものとして、二人の刑事の捜査が始まる。一方、飛行機の二人の乗客の登場から、視点は犯罪組織のほうに移る。二人は麻薬の回収役。映画のほとんどは二人組の行動を追う形でできていて、しかも受け渡し時間というリミットがあり、その時間内に任務を完了できるのかというサスペンスが加わる。映画は冒頭の部分を除いて一日の出来事が現在時で語られていくことになるが、従ってこれもまたシーゲル的な直線的な物語ということになる。冒頭の刑事がラストでギャング二人を発見し、追い詰めてラストを迎えるので、ギャングの物語が刑事の物語に挟まれるような形になっており、『ボディ・スナッチャー/恐怖の街』のプロローグ、エピローグの形式に似る。『ボディ・スナッチャー』の形式は後からつけ加えられたもので、シーゲルとしては意に染まぬものであったが、本作の冒頭に関してもシーゲルはTVシリーズに似すぎているとして、二人のギャングの登場から始まるほうがよかったとしている。ただし、冒頭のアクションは、その速度によっていかにもシーゲル作品らしいのは確かであるが。

ギャングの一人を演じたイーライ・ウォラックは、本作が映画として二作目の出演になる。初出演作はエリア・カザンの『ベビイドール』(56)で、これは『波止場』(54)に続くカザンの映画監督二作目である。『ベビイドール』は、南部の農場で、二十歳まで性交渉を禁じられた幼妻への性的欲求に苛まれ、また、彼女にちょっかいを出してくる若く、成功した隣の農場主(これがウォラック）にいら立ちを禁じ得ない中年農夫（カール・マルデン）が主人公。当時としては論争を呼ぶ内容であり、南部が舞台ということからも分かる通り、テネシー・ウィリアムズの脚本。カメラマンはロシアの前衛的映画監督ジガ・ヴェルトフの弟で、フランスでジャン・ヴィゴ監督の下、映画史上の傑作『操行ゼロ』（33）と『アタラント号』（34）を撮り、『波止場』でアメリカにもその存在を示したボリス・カウフマン。出演者もほとんどがアクターズ・スタジオの出身者で占められており、本作で隣の農場主を演じ、映画デビューを果たしたウォラックもそうである。本作でウォラックの演技は高く評価された。アクターズ・スタジオ出身の舞台俳優で、カザンの監督作で映画デビューをしたウォラックをギャング役に、というオファーがどういう経緯でなされたのかはよく分からないが、東部のTV局は演劇関係者と（『暴力の季節』におけるように）コネクションがあったものと思われる。ウォラックは「一日に五人殺すサディスティックな殺し屋」役には乗り気でなかったが、少なくともサンフランシスコを楽しめる、とのシーゲルの言葉に出演を承知した。「いいだろう。だが、一万ドルいただくぜ」（アメリカの古典映画専門ケーブルTV、ターナー・クラシック・ムーヴィーズの情報サイトより。出典はウォラックの自伝）と、高額なギャラも手にした。

ウォラックが演じるギャングのダンサーは、飛行機で英文法の本を読んでいる。それも殺し屋らしくないのだが、加えて完璧なスーツ姿で、アタッシェケースの中にサイレンサーつきの拳銃を入れている。見た目はどう見てもサラリーマンだが、しかし有能な殺し屋、ただし狂気を秘めており、いつそれが爆発するか分からないという造形。ロバート・キース演じる相棒ジュリアンは中年の小柄な男で、癇癪持ちのダンサーを宥《なだ》めて無事に任務を達成できるよう指導する役割であり、ダンサーに比べればごく普通の人間だが、彼もまたダンサーが殺す相手の死に際の言葉を収集するのが趣味というなかなかの変態である。この二人の造形（後の『殺人者たち』につながるものがある）はもっぱらシーゲルのアイディアである。ウォラックは、撮影のペースが速いことにも不満をいだいていた。カザンのように俳優と役柄を巡って議論することがないというのである。シーゲル自身も、自分とカザンでは正反対と認めている（ボグダノビッチ、前掲書、七五一頁）。シーゲルは任せられる俳優であれば、ほとんど議論などせず、ただガイドするだけに留める。これはシーゲルが演劇出身者でなく、俳優の演出に関して方法論を持っていなかったからというよりは（それもあるだろうが）、シーゲルが俳優に求めるものの性質による。シーゲルは、俳優に内なる感情の表出を求めているわけではない。感情を表現するのであれば、今どんな感情なのか、そこに至る過程は、などの分析が必要であろうが、それを求めてはいないので、分析の必要が始めからない。そもそもシーゲルは、見る者にこうした感情を抱かせたいという意図で演出をしていない（特にその最良の部分においては）。見る者を置き去りにしていくほどにすばやく、あっけなく、出来事は生起する。それを可能にしているのは、余分な思い入れのない、ただ外見に徹した俳優の、モノとしての存在である。見る者にすら場面に対する予断としての感情を抱かせないのであるからには、まして登場人物の持つ感情など必要ない。説話の流れ、周到に張られた伏線が、抱くべき感情に巧みに（作為を感じさせることなく）誘導することが古典期的演出であるとして、シーゲルはそれを確かに成し遂げている。またシーゲルには「操作」の主題があるのだが、しかしそうした古典期的演出術を超え、説話上要請される感情の域を超えていきなり現れるイメージの連鎖がシーゲルにはあり、そこにシーゲルの真骨頂がある。とすれば、俳優にはモノとしての存在があればよいのであり、そうしたシーゲルの俳優観が、俳優の中でせめぎ合う感情の分析に重きを置くアクターズ・スタジオ系の演技と相いれないのは自然である。

非情に任務を遂行していく二人組だが、最後の躓きから事態は一瀉千里《いっしゃせんり》に崩壊に向かう。こちらの説明を受け入れないボスを、癇癪を起こして殺してしまう（ここでも癇癪のきっかけになるのは平手打ちである）と、ちょうどそのタイミングで警察が彼らを発見する。追跡劇が始まり、検問を突破して逃げ込んだ高架のハイウェイが彼らの終局の場所となるのだが、途中で切れた高速道路の、あと数センチで落下という地点で車を寸止めするスタントが見もの【図34】（スタントはガイ・ウェイ）。ついに警察に追いつかれた彼らは自滅するようにして死に至るが、ともあれここでのアクション演出も極めてタイトであり、映画は余韻なしにあっけなくエンドマークが打たれて終わる。

『グランド・キャニオンの対決』

『グランド・キャニオンの対決』は、編集者であったケンドリック・スウィートが友人のジャック・イーラムと、イーラムを主人公として想定して書いていたシナリオを、イーラムのところにカードゲームをしにきたシーゲルが読んで気に入り、コロンビアに話を持っていくことで企画が実現した。そのシナリオ時点での原題は *Dancing Bucket*（「踊るバケツ」）、バケツは採掘した資源を運ぶロープウェイを指すが、コロンビアはスペクタクル性を鑑みてこれをグランド・キャニオンに設定し、主演をコーネル・ワイルドにした。イーラムは結局、ロープウェイの責任者というほぼ端役での出演となる。ある町で、廃坑となって久しい金鉱の管理人の小屋で死んでいる男が発見される。彼はその金鉱の元関係者だった。事件を捜査する保安官補（ワイルド）は、金鉱の持ち主の娘（ヴィクトリア・ショー）と知り合い、親

図34　『殺人捜査線』寸止めのスタント。向かいのビルからの俯瞰が、スタントが本物と証する

図35　『グランド・キャニオンの対決』命綱なしのスタント

しくなっていくが、彼女からその金鉱では実はまだ金が産出されることを知らされる。金をひそかに採掘する者がいて、採掘した金がロープウェイを使ってこっそり運び出されている。殺人事件はそのことと関連している。では黒幕は誰か。

シーゲル初のシネスコで、冒頭、グランド・キャニオンを一望するパンニングはそのサイズを十分に生かしている。ワイルドの殺人の捜査の過程は特に物語として曲折があるわけでもないのだが、ついにつきとめられ、金鉱の持ち主の娘を人質にして逃亡する犯人と、彼らを追って来た保安官補がロープウェイ上で格闘するアクション場面が傑出している。命綱なしでバケツにぶら下がるスタントマンは、『殺人捜査線』の高架ハイウェイのスタントと同じガイ・ウェイ【図35】。ロープウェイの周りを空撮のヘリが上から、下から捉え続ける。一回のみの命がけの撮影である。

ところで、本作にはシーゲル自身が画面に映り込んでいるショットがある。ワイルドが捜査で訪れるモーテル、そのプールにいる（こちらに背を向けて座っている）赤シャツ、パナマ帽、パイプをくわえた男、これが監督シーゲルである。シーゲルは「ヒッチコック・ビジネス」と称して、ヒッチコック同様しばしばカメオ出演しているが、これがその初めである。

『疑惑の愛情』、『燃える平原児』

次の二作品はともに当時絶大な人気を博していたアイドル歌手を主

演に迎えているという点で共通する。『疑惑の愛情』はファビアン主演で、思春期の少年とその弟が、野山でのキャンプ生活を送る青年に憧れ、ついに彼と行動をともにする許可を両親から得る。野山で釣りや狩りをして暮らすが、その過程で家庭がいかに素晴らしいかを悟る。一方『燃える平原児』はエルヴィス・プレスリー主演の西部劇。人気歌手とはいえ、ファビアンにもプレスリーにも劇の流れを中断するような歌唱場面は入れないと強く主張したシーゲルであったが、妥協を余儀なくされる。とはいえともにパーティ場面で、『疑惑の愛情』の場合はクライマックス、そこで喧嘩騒ぎが起こるが、主人公の父親の勇敢な態度で事なきを得る。『燃える平原児』では冒頭、隣人たちが用意したサプライズ・バースデー・パーティでのことで、和気《わき》藹々《あいあい》たる隣人との関係がこれ以降、地に堕ちるので、その対照が際立つことになり、歌唱場面も説話の妨げにはならず、むしろ物語の転換に効果的に生かされている。

『疑惑の愛情』は自然の中で成長する思春期の少年を描き、犯罪アクションを主とするシーゲルの中では異色の作品であるが、シーゲル自身はこの種の作品を手掛けられたことに満足しており、もっと多様なジャンルを撮りたかったと述べている。先に、同時代作家が同じように犯罪映画作家として出発しながら、さまざまなジャンルを撮る中で作風を変化させていったのに対し、シーゲルは犯罪アクション映画を一貫して撮り続けていたのであり、それは稀有なことだったと述べたが、シーゲルにもそうした多様なジャンルにわたるフィルモグラフィを持つ未来がありえたのかもしれない。『疑惑の愛情』自体のできは悪くもないが良くもないといった程度で、このような映画もシーゲルは撮ることができたのは確かだが、シーゲルの最良の部分はやはり平均点の映画ではなく、過剰さにあり、それが犯罪アクションにおいて最も有効に発揮されている以上、彼のフィルモグラフィがそこに特化していったのはある意味必然であったように思える。

『燃える平原児』はナナリー・ジョンソンがマーロン・ブランド主演を想定して書いたシナリオ。プレスリーの役は母親が先住民のハーフで、周囲の白人とも調和して和《なご》やかに暮らしていたが、先住民の酋長が代替わりし、白人への敵対へと方針を変更したために板挟みになって苦しむという、『疑惑の愛情』とはうって変わった陰鬱な作品になる。プレスリーには、父が先妻との間に生んだ白人の兄がいる設定だが、白人である父、兄とも、先住民の母、ハーフのプレスリーへの愛情ゆえに周囲と確執し、兄を除いて全員がついに死に至る。先住民の母、白人の父と長男、ハーフのプレスリー、それぞれの立場の複雑さ、心理の陰影が丁寧に描かれており、ただのスター映画とはいえない深みに達している。歌手プレスリーの主演映画としては最上の作品である。本作に見られるシーゲル的主題については後の章で触れる。

映画化されなかった西部劇

『燃える平原児』以後しばらく映画のオファーがなかったシーゲルは、TVの演出をいくつかこなしながら、オリジナルのシナリオとしては二本目になる「最後の西部人」The Last westerner の企画を進める。シナリオを実際に書いたのはジャック・イーラム。シーゲルは、五〇年代に人気のあった西部劇作家が自身の原作に基づいて書いたシナリオの権利を所有しており、それをイーラムに見せた。イーラムは、原作は素晴らしいが、これではシナリオの体をなしていないとして、自分がシナリオを書くと言ってきた。イーラムの書いたものを見て直しを入れるという、いつもの方法でシーゲルは企画を進めた。シーゲルが製作者のもとに持ち込んでも受け入れられなかったのか、結局ボビー・ダーリンに、権利を半分確保した上で売った（イーラムには執筆料が支払われた）。ボビー・ダーリンは歌手で俳優、シーゲルの次作『突撃隊』の重要な脇役を演じているから、当然『突撃隊』撮影の際の話と思われる。ダーリンは自分が主演するつもりでシナリオの権利を買ったが、企画はなかなか通らず、ジョン・カサヴェテス（ダーリンは六一年のカサヴェテスのメジャー製作作品『よみがえるブルース』に主演している）とも企画の実現を画策したが、結局うまくいかなかった（『ドン・シーゲル　映画監督』、一五四〜一五五頁）。題名からしても、後年のアレン・スミシー名義『ガンファイターの最後』や、『ラスト・シューティスト』を思わせる、西部の終わりを扱うものであるようだが、内容は残念ながら不詳である。

『突撃隊』

ある夕方、シーゲルのもとにパラマウントの製作部長から電話があり、すぐ自宅に来てくれと呼び出され、そこでシナリオを渡される。これがシーゲルの次作となる『突撃隊』である。ロバート・ピロシュが製作、脚本、監督の予定であったが、主演のスティーヴ・マックィーンと揉めて降りることになった。製作部長にはピロシュに連絡することを禁じられたが、シーゲルはすぐに電話し、マックィーンと製作部長に問題ありと教えられる。しかしピロシュは、シーゲルが監督するのは歓迎するとのことだった。シーゲルはリチャード・カーとともにシナリオを反戦傾向の強いものに直し、マックィーンもこれを受け入れて、シーゲル監督による製作が決定される。しかし本作の企画はマックィーンありきで、マックィーンは自分が主導権を握っているという態度を常にちらつかせ、シーゲルを苛立たせた。既述の通り、少なくとも視覚面に関しては予め綿密に完成形のイメージを練り上げて撮影に臨むシーゲルは、俳優の容喙《ようかい》をあまり好まない。現場は険悪な雰囲気に包まれることになり、シーゲルはマックィーンとの殴り合いも覚悟したが、幸いそれは起こらなかった。ただし、マックィーンが涙を流すべきシーンがあったのだが、そこでどうしても涙が出なかった。玉ねぎや化学物質といった物理的な対策、哀しい話を聞かせてみるなどの心理的対策もまったく効かず、シーゲルは策を講じて、マックィーンがカメラから見切れる瞬間に（シーゲル自身が）思い切り平手打ちを食らわせるという手を試みる。しかしこれでもうまく行かず、やむを得ず涙なしで済ますことにしたという。先述したように、平手打ちはシーゲル的人物にとって最大の侮辱となる。シーゲルが彼を意図的に侮辱しようとしたわけではないにしろ、この現場の状況を考えると意味深い行為である。しかもうまくいかなかったということだから、マックィーンもやはり逸物というこ とになろうか。シーゲルは「最終的にはお互いを好きになっていった」（『ドン・シーゲル 映画監督』、一六〇頁）というが、どこまで本当か。いずれにせよ、主演俳優と監督の間に漂うピリピリした雰囲気が、敵のただなかの最前線にあって、ごく少人数であることを見破られないように振舞わねばならない、現状を知られればたちまち全滅という主人公たちの置かれた緊張に満ちた状況にはふさわしかったかもしれない。

『殺人者たち』

シーゲルは再びＴＶに戻り、ドラマシリーズのパイロット、一エピソードなどを単発で引き受け続ける。映画としての次回作もＴＶ絡み。ユニヴァーサルがＴＶ映画として企画した作品である。『殺人者たち』。ＴＶはすでに映画を代替する娯楽媒体となりつつあったが、ドラマは三十分がメイン、長くて六十分程度であった。ユニヴァーサルは、ＴＶでも映画と同様の長尺のドラマを作ってはどうかと考えたのである。これには、ユニヴァーサルが音楽制作会社ＭＣＡに買収され（社長はルー・ワッサーマン）、映画にこだわらない姿勢に転じたことが背景にある。そうした姿勢の一つの表れが、後に日本にも進出した、映画（特にスティーヴン・スピルバーグ）の世界観を現実で楽しめるテーマパークとして大成功を収めたユニヴァーサル・スタジオである。ユニヴァーサルは撮影スタジオを見学するバス・ツアーを六二年に開始、それをステージイベント中心のテーマパークとしたのが六四年、まさに『殺人者たち』公開の年であった。本業である映画から距離を置く姿勢が映画会社の別事業の成功を生んだわけであり、皮肉な事態だが、シーゲルの傑作が生まれたのも、映画を作るにも発表媒体は映画館に限定しないという、映画への距離感ゆえであったわけだ（ただし、無声映画時代はどこのスタジオも盛んに見学者を招いていたということだ。無声映画では雑音を気にしなくてよい。二〇年代後半以降、サウンドが導入されてそれができなくなる。六〇年代に入り、指向性マイクの開発などで技術が向上し、再びノイズを気にしなくてよくなったことも、こうしたスタジオ見学の再開につながった。以上は上島春彦氏の指摘による）。

ユニヴァーサルは、ＴＶも映画も製作しているＮＢＣにアプローチし、ＮＢＣは低予算作品を効率的に作れる監督としてシーゲルを提案、シーゲルがこれを受けることになる。企画はユニヴァーサルが権利を持っていたヘミングウェイの短編「殺人者」（現在この短編を最も簡単に入手可能な新潮文庫での邦訳題、元々は *The killers* で複数形）。既述の通り、製作者マーク・ヘリンジャーがかつてシーゲルにオファーして断られた企画である。シオドマク監督作品はフィルム・ノワールの傑作の一つと見なされるが、それとの詳細な比較はまた後に行う。シーゲル版の当初の原題は *Johnny North* で、二人のギャングに開始早々撃ち殺される元レーサーの名前である。殺された瞬間にタイトルが出ることになっていた。シオドマク版では殺された男の過去が次第に明らかになっていく過程が映画のメインであったが、それに対してシーゲル版では、男の過去そのものよりは、ギャングたちが事情を探っていく過程がメインとなる。『殺人者』というのはヘミングウェイの原作のタイトルであり、シオドマク版のタイトルでもあるから、*Johnny North* から元に戻っただけ（邦題ではシーゲル版に「たち」が入るが、原題では三作とも同じ *The killers*）ではあるが、映画のメインは殺された男ではなく、ギャングたち殺し屋のほうだということをこのタイトル変更は明確にする意味があった。シナリオを書いたのはジーン・L・クーン、そのキャリアのほとんどをTVドラマシリーズの脚本家として過ごしている。大量のTVドラマのシナリオを書いてそれに飽き、うんざりしていたクーンは本作もルーティーンとしてこなしていたようである。シーゲルが作業を開始した時点ではシナリオ（それでも改訂版）が届いたばかりで、満足できるものでなかったため、自分で冒頭の六十頁ほどを書き直し、ユニヴァーサルのワッサーマンに読み比べてもらった。シーゲル版のほうを気に入ったワッサーマンはこのまま続けるよう指示し、シーゲルは、もはや自分は外されると思っていたクーンに事情を話して、自分のシナリオをよく読んでこれを参考にして仕事を続けてくれ、これからは私のスクリプトではない、君のスクリプトで行くんだ、と励ました。クーンは涙を流して、最高のスクリプトを書く、と約束した（『自伝』二四六〜二四七頁）。

本作における二人のギャングの造形は、シーゲルによるものである。彼らはターゲットを探しに盲人学校に行く。この盲人学校という設定も意外性があるのだが、その受付の女性（彼女も盲目）のところにずかずかと入り込んだ二人は、彼女に対して嘲弄的な態度を取る。卓上のベルを意味もなく鳴らし、背後に回り、花瓶の水をテーブルにぶちまける。この唐突さがシーゲルらしいのだが、いずれにせよハンディキャップのある人たちに対してあからさまに暴力的な態度を取る二人の危険性は、すぐに我々に伝わる。この二人は、関わってはならない人間である。しかもそれぞれの個性が際立っている。意味もない嫌がらせをする若いほうは、列車ではハンドグリップで握力を、ホテルでは腕立て伏せをして腕力を鍛え、酒も煙草もやらず、プロテインを飲むようなマッチョで、殺すこと自体を楽しんでいるような狂人。年配のほうは、ビロードのような声音（リー・マーヴィン特有の低く滑らかな声）で一見穏やかだが、いきなり態度を急変させて人を脅す。酒と煙草をたしなみ、冷静さと凶暴さを持ち合わせて、底深いものを感じさせる。こうした造形は、狂人じみた痈癪持ちの若い男と、彼を宥めすかして任務を遂行させる年配の男のコンビによる『殺人捜査線』と極めて似ている。二人のギャングが何かを追及する物語という構造もほぼ同じである。二作を並べて見れば我々には一目瞭然に見える類似だが、不思議なことにシーゲル自身はそのことに撮影中まったく気づいていなかったという（一方、ボグダノビッチ、ボグダノビッチとのインタビューでは、類似性に気づいていたかとの問いにイエスと答えてもいるのだが。ボグダノビッチ、前掲書、七五七頁）。これまでのシーゲル作品を見ると、今にもキレそうな危険な人物と、冷静沈着な人物を対称的に配する傾向がある（『第十一号監房の暴動』のレオ・ゴードンとネヴィル・ブランドなど）。シーゲルにとってこうした対称的な人物配置が常道であるために、今回もそれを使っておきながらも気がつかなかったということなのかもしれない。

本作はＴＶで放映されるための作品として作られたが、実際に放映されることはなかった。本作の撮影中の六三年十一月二十二日にジョン・フィッツジェラルド・ケネディ大統領がダラスで暗殺されるという事件が生じ（その知らせを現場で聞いたアンジー・ディキンソンは、シーゲルの腕の中で気絶したという）、ＴＶで放映するには暴力的過ぎる題材だということで中止になった。実際本作には、ギャング二人が遠方からライフルで銃撃されるという、ケネディ暗殺と似たような場面がある。ちなみにライフルを撃ったのは、殺されたジョン・カサヴェテスが加担した強盗事件の首謀者にして彼らギャングを雇った張本人であるわけだが、それを演じているのはロナルド・レーガン、後に第四十代大統領になる男である。それはさておき、この狙撃場面を構想するにあたって、シーゲル自身はウィリアム・Ａ・ウェルマン『民衆の敵』(31)の記憶があったかもしれないと述べている。

ジェームズ・キャグニー演じるギャングが通りの向かいの建物から狙撃されて、一緒にいた親友が撃たれ、自分だけ逃げ延びる。『殺人者たち』でも、狙撃されて一方がその場で死に、片方のみがかろうじて逃走する。シーゲルはウェルマンを映画業界に対する「反抗者」という意味で自分と似ていると親近感を抱いていた（ウェルマンについては拙著『西部劇論』を参照）。

そもそもがTVでも映画と同じ長さと質の作品を作るということで始まった企画であるわけだから、映画として成立しても不思議はないのだが、現在これを見ると、もともとTVドラマとして作られたというほうが信じられない気さえする。それだけ映画としての質が高い、また他のシーゲル作品の中に置いてもまったく遜色ないということだ。それにしてもシーゲルは他の同時代作家と比べても、TVでの仕事が多いように思われる。シーゲルのTVでの仕事はフィルモグラフィを参照してもらいたいが、単純計算してTVシリーズは十二本で本編を演出、三本（資料によっては四本）でパイロット版を演出、一シリーズを製作。長編TVドラマとして『殺人者たち』、『犯罪組織』『太陽の流れ者』の三本を演出している。純粋に映画として撮られた作品の中にも、『暴力の季節』や『殺人捜査線』など、TVドラマの映画化として作られたものがある。では同時代作家はどうかといえば、シーゲルの次にTV作品が多いサミュエル・フラーは、シリーズものの演出が五本、パイロット版演出が一本、長編TVドラマとして『西部一陰険な男』*The Meanest man in the west*（74、未）、『デンジャーヒート／地獄の最前線』（89）の二本がある。ロバート・オルドリッチはシリーズものが六本。彼の場合はメインで関わっているシリーズもあったので、エピソード本数自体は多いかもしれないが、長編演出はない。また彼の場合TVに関わったのは五〇年代までで、以降は映画監督に専念している。ニコラス・レイはドラマ演出が二本。マン、フライシャー、ロージーはTV作品がない。これ以降の世代の監督になると、アーサー・ペン、ロバート・アルトマン、ジョン・フランケンハイマー、シーゲルの弟子のサム・ペキンパーもTVの西部劇から始めているし、クリント・イーストウッドもTV出身で、むしろそうでない映画監督を探すほうが難しくなるが、ともあれ、同時代の作家と比べるとシーゲルのTV作品は突出して多い。これはシーゲルが特定のスタジオとの契約関係を長くは持たないフリーランサーであったため、生活のためTVの演出を引き受けることが多かったという事情もあるだろうが、やはり五〇年代から六〇年代という時代が、映画の下降期であると同時にTVの勃興期であったこととの反映なのは間違いない。

先に自身の作風を貫いたシーゲルは反時代的作家であったと述べたが、同時代でも最も多く新しい媒体としてのTVに関与していたわけだから、時代に準ずる作家であったのかもしれない。とはいえ、当時はTVもフィルム撮影で、映画と製作の方法論は同じであったし、またシーゲルがTVでの仕事でやりがいを感じていたのは、予算も時間も掛けることができ、シリーズ全体の世界観を立ち上げるべく相当の努力を強いられるパイロット版であった。映画の方法論で仕事ができるという意味では、シーゲル自身はTVドラマであっても映画と同等のものとして臨んでいたかもしれない。しかしそれは映画の方法論をTVに持ち込んだだけの話で、TVにしかできないことをしたわけではない。TV特有の臨機応変さ、即興性、時代即応性などはシーゲルには縁がない。時代に即応した媒体に関わりながらも、その媒体固有の性質を生かしたわけではなく、映画のやり方にこだわったシーゲルとTVとの関わりは、むしろ反動的なものだったとすら言える（ただし、シーゲルのTV作品の全体を見られない我々に、彼のTVとの関連性を確信的に述べることはできないのだが）。

一点TVとの関わりでシーゲルにとって新しいことがあるとすれば、先述したように東部の演劇人との関連ができたことが挙げられるだろう。その中でも『暴力の季節』で出会ったジョン・カサヴェテスとの関わりは深い。カサヴェテスはその後『殺人者たち』にも出演し、また逆にカサヴェテスの監督作品『ミニー&モスコヴィッツ』(71)には、シーゲルの母親がカメオ出演している。カサヴェテス自身が述べたようにシーゲルとカサヴェテスの方法論は異なっているため、ペキンパーやイーストウッドにおけるような師弟関係は生じなかったが、シーゲルはカサヴェテスとも協力関係を築こうとした。『殺人者たち』の次の作品『犯罪組織』のさらにあとになるが、ユニヴァーサルが、ベン・ヘクト、チャールズ・マッカーサー脚本・監督の『情熱なき犯罪』(34)のリメイクをシーゲルに打診してきて、シーゲルはそのシナリオをカサヴェテスに依頼した。カサヴェテスはシナリオを書き、シーゲルは大いに気に入ったが、暴力場面が多いというのでワッサーマンは却下した。怒ったシーゲルはいったんユニヴァーサルを離れ、20世紀フォックスのTV西部劇、『ジエシー・ジェームズの伝説』*The Legend of Jesse James*(65~66、未)に専心して、再びユニヴァーサルに戻るのは『犯罪組織』から三年後の『太陽の流れ者』になる。これは『ドン・シーゲル映画監督』の記述による。一方『自伝』では、カサヴェテスが企画を発案したことになっている。シーゲルに監督してもらうとしても、カサヴェテスが三十年も前の、しかも必ずしもすぐれた作品とはいえないハリウッドの犯罪映画のリメイクを自分から提案するとも思えないのだが、いずれにせよ、カサヴェテスがシナリオを書き、ユニヴァーサルが作品化しなかったというのは変わりがない。こちらも暴力的だからというのが理由で、ワッサーマンはその代わりに『犯罪組織』をシーゲルに提案してきた、ということになる。こちらの説では、なぜ『犯罪組織』から『太陽の流れ者』まで時日が空くのかが分からず、やはり『ドン・シーゲル　映画監督』のほうに信憑性があるように思われる。ちなみに『情熱なき犯罪』は、犯罪者を無罪にすることで知られる悪徳弁護士が愛人を殺し、アリバイを作ろうとして失敗する話。何度も映画化された『フロント・ページ』で知られる著名な脚本家であったヘクトとマッカーサーだが、実際に監督したのは撮影監督のリー・ガームスとされる。本編以上に、運命の女神三人が衣装を風に吹きまくられるという冒頭のモンタージュ場面が有名で、これは著名な特殊技術者スラヴコ・ヴォルカピッチによるもの。モンタージュ出身のシーゲルとしては有名なこのモンタージュを見ていたかもしれず、それがこの作品をリメイクするという話の誘因になった可能性はあるが、いずれにせよ実現しなくてよかったと思わないではない。

『犯罪組織』

続く二作品は上記の通りともにＴＶの長尺ドラマとなる。『犯罪組織』はアメリカで二番目に放映されたＴＶ映画ということになる（本来『殺人者たち』が最初になるはずであった）。先に触れた通り、ロバート・モンゴメリー監督『桃色の馬に乗れ』のリメイク。モンゴメリー作品はニューメキシコの閑散とした田舎が舞台で、戦争帰りでシニカルな主人公（モンゴメリー自身が演じている）、彼にまとわりつく少女の不思議な存在感が印象的な作品だが、シーゲル作品はマルディ・グラのニューオーリンズというはなはだ喧騒に満ちた祝祭が背景になっており、少女役も若い女性に変えられて、モンゴメリー作の黒いおとぎ話めいた空気は微塵《みじん》もなくなっている。若い女性はロマという設定で、タロットで主人公の吉凶を占う。タロットの象徴性を生かし、黒幕の男は道化師の衣装、彼と通じる女は黒い服、主人公を救う若い女は白い服を着る。主人公は「吊るされた男」（原題は*Hanged man*）であるから、そのような格好であるべきはずのところ、演じたロバート・カルプが自分の考えでカウボーイ・スーツを着てきたため、その象徴性は薄らいだ。とはいえ、ユニヴァーサルのバックロットを使ったセット撮影と実際のマルディ・グラの映像をモンタージュして作り上げたラストシーンはやはりシーゲルの編集の技のたまものであり、また山車《だし》の上の黒幕と下の主人公が対決する際の、高さの差を生かした演出も見事である。若い女性の伯父に初短編『ベツレヘムの星』以来のJ・キャロル・ナイシュ、事件のキーパーソンとなる労働組合の大物に『中国決死行』以来のエドモンド・オブライエンを配し、義理堅く裏を返しているあたりもシーゲルらしい。

『太陽の流れ者』

引き続きユニヴァーサルでTV映画として撮られたのが『太陽の流れ者』である。ある町にいる女への兄からの伝言を持ってきたホーボー（ヘンリー・フォンダ）が、その町を牛耳っている保安官（マイケル・パークス）に睨まれる。訪ねる女はその保安官の愛人だったが、訪ねて行ってみると死んでいて、その罪をかぶせられたホーボーは保安官から、数時間の猶予を与えるので逃げ延びてみろと挑戦される、という物語。過去に何かあってホーボーになっている男が、町での一連の出来事を通じて、町はずれで息子と二人で農場を営んでいる女性（アン・バクスター）と人生をやり直すことを決意するに至るという筋立はいいのだが、一方の保安官の性格が今一つよく分からない。ホーボーを、自分の愛人の昔の男とでも思っているのか、妙に気にして目の敵にするのは分からないではないが、彼に猶予を与えて逃がすという行動も、最終的に二人で殴り合いで決着をつけようとするのも不可解である。保安官を演じたマイケル・パークスの深刻ぶった演技も、その性格づけの曖昧さに拍車をかけている。パークスが大きな口ひげをつけて、下ばかり向いて、マーロン・ブランドもどきの台詞回しをするのには、シーゲルもほとほと難儀したようで、二人の間は険悪になり、シーゲルはこの作品を降りることまで考えた。シーゲルはあるときパークスの口ひげをまねて、口元にカツラを張りつけて現場にやってきた。パークスはこれに大笑いし、二人の仲は修復されたが、しかしパークスの台詞回しは直らなかったという。

原案は、『暴力の季節』で一緒に仕事をしたレジナルド・ローズ、シナリオはディーン・リーズナー。リーズナーとはこれが初仕事となるが、以後シーゲルの監督作としては『マンハッタン無宿』、『ダーティハリー』、『突破口！』、さらにイーストウッドの初長編監督作『恐怖のメロディ』の脚本を書いている。イーストウッドからの信頼が篤《あつ》かったのか、『荒野のストレンジャー』（73）、『ダーティハリー3』（76）、『ダーティハリー4』（83）のシナリオ・ドクター（手直し／相談役）を務めている。彼の父親はチャップリンのギャグマンであり、俳優で映画監督（キートンの『キートンの蒸気船』（28）やマルクス兄弟の『マルクス兄弟デパート騒動』（41）などを監督）のチャールズ・リーズナー。ディーンは子役としてチャップリンの『偽牧師』（23）に父親とともども出演している。

キャリアの不安定性と一貫性

ここまでが、シーゲルのフィルモグラフィの中期と考えられる。五〇年代半ばから六〇年代半ば過ぎまでの十数年間はまさにハリウッドのスタジオ・システムの崩壊期にあたり、スタジオの量産体制も終焉を迎えた時期である。二本立て興行がほぼ終わったのも六〇年代半ばで、シーゲルの中期の終了とほぼ軌を一にしている。記してきた通りこの間シーゲルは、フリーランスとして独立プロやメジャーを渡り歩きながら、いくつかの例外はあるにせよ、基本的に（犯罪）アクション映画を撮り続けてきた。このことの例外性はすでに述べた通りであるが、しかしそれでもシーゲルのフィルモグラフィはこの間において順調だったわけではない。彼は何度か映画を撮れない時期があり、それは単に彼がフリーだったからという以上に、スタジオ自体が量産体制を終了させていたからということが大きい。映画は一本一本が冒険となり、失敗すれば後を続けるのが難しくなる。B級映画のように大きな収入をもともと期待されていない作品は言うまでもなく、他の作品が当たって収支が引き合えばいいのだからと、A級に許されていた実験の余地も少なくなる。七〇年代以降、一本一本が冒険になったがゆえに、冒険の許されない環境になるという矛盾が生まれ、安定を求めて、すでに顧客がついている原作ものの映画化や、一度当たったもののシリーズ化が跋扈《ばっこ》し、ヒット作を撮った監督ばかりに仕事が集中する状況が生じるのだが、現在にいたるまでそれは変わっていない。それはさておき、シーゲルのそうしたキャリアの中断期を救ったのがTVである。シーゲルが同時代作家の誰にもましてTVに関わりを多く持った作家であることは指摘したが、それは彼がTVの意義を積極的に評価していたからではまったくなく、スタジオ崩壊期という時期における映画作家としてのシーゲルの立場の脆《もろ》さゆえである。スタジオ崩壊に伴い、仕事の機会を徐々に減らしていったシーゲルは、やむを得ずTVという新しい稼ぎ場に赴《おもむ》いた。シーゲルにとってTVに場を求めたのは、単に映画だけでは食っていけなくなったからということに過ぎない。思えばそもそもシーゲルにとって映画という職業選択が、これしかないと思い定めてのことではなかったわけであり、必ずしも積極的に選択したわけではない映画という場で、それでも彼は独自の世界を築き上げた。TVにしても同じことで、消極的な選択として強いられたTVという場でシーゲルは、それでも優れた成果を残したのである。

シーゲルがこの時代に置かれた環境は、かくも不安定なものであったわけだが、それでもシーゲルの作品自体を見るとそこに一貫性が見られることは、やはりシーゲルが強固に自身の世界を有する映画作家である証左と言えるだろう。では中期においてシーゲルが達成したのは何だったのか、改めて確認してみる。まず扱うジャンルが犯罪アクション映画に絞られてきている点が挙げられる。

初期こそ、時代推理（『ビッグ・ボウの殺人』）からゴシック・メロドラマ（『暗闇の秘密』）、犯罪アクション（『仮面の報酬』）、風刺コメディ（『贅沢は素敵だ』）、西部劇（『抜き射ち二挺拳銃』）、戦争もの（『中国決死行』）と、一作一作ジャンルを変えてきたが、中期になるとSF（『ボディ・スナッチャー／恐怖の街』）、メロドラマ（『スパニッシュ・アフェア』）、ジュブナイル（『疑惑の愛情』）、西部劇（『燃える平原児』、『太陽の流れ者』）、戦争もの（『突撃隊』）、軍を舞台にした兄弟の成長物語（『USタイガー攻撃隊』）を除いてすべて犯罪アクション映画であり、『ボディ・スナッチャー／恐怖の街』や『燃える平原児』、『太陽の流れ者』、『突撃隊』は（そして『スパニッシュ・アフェア』ですら）、敵対する存在同士の戦いという意味ではアクション映画に分類することも可能であると考えれば、中期の作品はほとんどが（犯罪を含むにせよ含まないにせよ）アクション映画ということになる。

とはいえ、そのこと自体が重要なわけではない。問題はその（犯罪）アクションによって何が、いかに描かれているかだ。内容的に言えば、『殺人捜査線』の覚醒剤のように具体的な物質であるか、『殺人者たち』の殺人依頼の背景、『第十一号監房の暴動』の待遇改善の要求、あるいは『地獄の掟』や『グランド・キャニオンの対決』、『犯罪組織』のような犯人の追及のように抽象的なものであれ、何らかの目標を追うことが物語を駆動する。追及＝追跡の主題とその意義は第七章で詳述するが、一点ここで言及しておくとすれば、探求にしても移動にしても、その主体に映画の視点が限られることが中期の特色である。『殺人捜査線』では、ある事故から密輸の件を知り捜査する刑事の視点がまず提示され、その後覚醒剤を探求するギャングの視点に移行するが、いったんギャングの視点に移行すると映画はほぼその視点で進んでゆく（冒頭の刑事の場面自体、シーゲル自身は要らないのではないかと考えていたのは既述の通り）。『殺人者たち』でも視点はもっぱらギャングたちにある。『第十一号監房の暴動』でも、視点はほぼ暴動を起こした囚人たちにあり、それに対処する側の視点はごくわずかに留められている。『グランド・キャニオンの対決』に至っては、犯罪事件を捜査する主人公の側に視点が限定され、追われる犯人側がまったく描かれないため、犯人の登場が唐突にすら見える。こうした視点の限定は、事態を当事者の視点で見ることを我々に強いる。追う者と追われる者の視点を交錯させれば、二者がどれだけ近づいているのか、いつ彼らが接触するのかがサスペンスとして生じるし、また観客は事態を俯瞰して客観的に判断できる。中期のシーゲルにおけるように視点が一方に限定されると、事態を見通すことはできず、相手がどれだけ自分に迫りつつあるのかを判断できないため、それによって緊迫感、不透明さが画面にまとわりつくことになる。シーゲルにとって中期がフィルモグラフィの最盛期となった理由はこういうところにもあるだろう。我々は主人公の視点でしか世界を感知できないのだが、主人公の知らない間に世界は変化している。気がついたときには世界が彼を追い詰めており、彼はにっちもさっちもいかない状況に置かれてしまっている。その急激さ、唐突さ。世界の崩壊する感覚。しかし後期ではこうした視点の一極化が崩れてくる。対立する二者の、双方の視点が導入されるのである。これも二本立て興行が終結し、一本立てで上映時間が長くなったため、一方の視点からの物語では上映時間が維持できなくなったからであり、映画界の変質が原因である。とはいえ、たとえ視点が二重化したとしても、それによって通常想像されるような、追う者と追われる者の距離の伸縮のサスペンスや、状況の俯瞰という事態につながらないのがシーゲルの特異性なのだが、それについては後の章で記述する。

第四章　後期

スタジオ・システムの崩壊とシーゲル作品の変化

製作状況の変化

シーゲルの後期は六八年の『刑事マディガン』以降、最後の作品となった『ジンクス！あいつのツキをぶっとばせ！』までの十三本。この時期シーゲルは、これまでにない安定した製作状況を確保する。『殺人者たち』以降に契約したユニヴァーサルを拠点にして、この間彼が撮った作品は犯罪アクションと西部劇に限られる。自身の得意とするジャンルのみを手掛けることができたわけだが、しかもこの後期に至り、シーゲルは自身で製作も行なうことでこれまでにない自由を手にした。製作とシーゲルはたびたびもめたが、後期はそうしたストレスが少なくて済んだわけである。手書きの署名を配した「A Siegel film」のロゴが出るのは『突破口！』以降になるが、自身で製作した『マンハッタン無宿』、『白い肌の異常な夜』、『ダーティハリー』、『突破口！』、『ドラブル』は、彼の作歴の中でも傑作の部類に入る。なおかつそれらはほぼ連続して撮られており、シーゲルの充実を示している。

この時期は、ヘンリー・フォンダ、リチャード・ウィドマーク、そしてジョン・ウェインと、超一流の俳優たちと仕事をしている点でもこれまでと違う。エルヴィス・プレスリーやスティーヴ・マックィーンなどの大スターを主演に迎えた作品はあったが、これは例外的なものであり、シーゲル作品の多くは性格俳優（ネヴィル・ブランド、レオ・ゴードン、リー・マーヴィン）、新人（イーライ・ウォラック、ジョン・カサヴェテス）、人気が低迷しかけた俳優（ミッキー・ルーニー、オーディ・マーフィー）らが主演であった。無論一流の俳優と組めば傑作が撮れるわけでもないが、そうした俳優と組めたこと自体が、シーゲルの製作基盤の向上を証している。一方で、シーゲルはこの時期、新人ではないが、映画俳優としてまだ確固とした基盤を築いていたわけでもなかったクリント・イーストウッドの本国での映画進出に一役買ってもいる。アメリカ本国ではまだTV西部劇の俳優だったイーストウッドを映画に引き入れたのはイタリアのセルジオ・レオーネであったが、彼のアメリカ映画出演第一作を演出したのはシーゲルである。しかもシーゲルとイーストウッドの共闘は以後も継続され、この時期の四作にもわたる。そればかりかイーストウッドはシナリオ策定、カメラ位置の決定といったシーゲルの考える範囲での演出にも関わって、その現場で多くを学び、監督デビューすらしている。こうした超一流俳優との、また有力な新人との仕事は、メジャーのユニヴァーサルとの契約という安定した基盤の上でのことではあるが、シーゲル自身の地位上昇を物語ってもいるだろう。

　これによってシーゲル作品の内容にも変化が生じている。端的に、上映時間が総じて長くなっている。前章で記した通り、彼の中期はスタジオ崩壊と軌を一にしており、その崩壊の過程において二本立て興行が徐々に消滅していった。シーゲルの作品も、中期ではB級としての添えものという位置づけであったものが、後期になるとそれ一本でロードショー公開されるものとなり、九十分を超えるのが普通になっていく。尺が長くなると当然、内容も変化してくる。その具体的な様相は作品ごとの記述の中で見ていくが、その中で（とりわけ中期の）シーゲルの特徴ともいうべき直截《ちょくせつ》さ、見る者の理解の速度をも超えるあっけなさは次第に姿を消すものの、しかしシーゲル的主題はより明確に見えてきており、彼はまた別の方法で自身の映画世界を継続していると言える。

『刑事マディガン』

『刑事マディガン』は、二人の刑事による追及の物語である点ではこれまでのシーゲル的物語構造を踏襲している。早朝、寝込みを襲って任意同行を求めた男を取り逃した二人の刑事（リチャード・ウィドマークとハリー・ガーディノ）は、その男が殺人の容疑者であるとあとになって知らされる。なおかつ、その際彼らは拳銃を奪われていた。彼ら二人が、逃げた容疑者を追うのが本作の主筋であるが、これに対し副筋が絡められる。彼ら二人が所属する署の本部長（ヘンリー・フォンダ）が、親友である主任警視（ジェームズ・ホイットモア）の汚職の証拠をつかみ、その処置にずっと頭を悩ませているのである。本部長は、警察という組織の官僚でもあり、彼が演じる官僚としての役割も描写される。息子が警官に横暴に扱われたという黒人教授のクレーム処理、慈善団体の資金集めパーティや、刑事たちの慰労パーティへの出席などなど。主人公の刑事は本部長と、かつての上司と部下として顔見知りで、本件の捜査でも直属の上司ではないにせよしばしば顔を合わせる。また上記の慰労パーティでも顔を合わせ、ともに気まずい思いをすることになるが、総じて現場主義の刑事は、警察という組織の有能な官僚である彼を煙たがり、また畏《おそ》れてもいる。この主筋、副筋の二重性が本作の上映時間を長くしている原因なのだが、こうした二重性は後期のシーゲルを特徴づけていく。シーゲルは、ボグダノビッチとのインタビューで、同時に二つの物語を語るのは難しかったのではないかと問われて、「語りのやり方として素晴らしいと思った。自分は大いにそれを好んだ」（ボグダノビッチ、前掲書、七六三頁）としている。とはいえ本作においては本部長の物語より刑事たちの方に比重をかけ過ぎたと反省もしているのだが。

シーゲル的登場人物は、少なくともその初期、中期にあっては、正義か悪か、より広く言えば敵か味方かの区別は明確であり、それが曖昧になるような事態は見られなかったのだが、後期に至ってその境界が揺らぐ事態が生じる。本作における主人公は刑事たちであるが、それぞれに後ろ暗いところを抱えている。主人公マディガンは悪徳刑事とまでは言わないにしろ、愛人を持ち、暮らしぶりは派手で、高級なクラブでただで飲み食いしているが、それが刑事としての仕事と無関係とは思われない。また本部長は親友である主任警視の汚職の証拠をつかむのだが、主任警視は、息子がカジノで作った借金をネタにギャングに脅され、手入れの日時の情報を漏らしていた。本部長本人も夫のある女性と愛人関係を持っており、そのこと自体は犯罪ではないものの、倫理性という点では疑問符がつく。この三人の刑事たちは、映画の末尾でそれぞれに自身の負の側面を清算するに至る。しかし正義の側にあるはずの人間が必ずしも清廉潔白ではないという事態、存在に曖昧さを抱えて、それゆえにその行動に揺らぎが生じているという事態は、これまでのシーゲル作品ではなじみがない。長編第一作『ビッグ・ボウの殺人』で元警部の犯罪を描いているではないかという反論もありうるだろうが、それも元警部の正義感からの行動であり、本人自身の意識として後ろ暗さはかけらもないので、本作における三人の刑事の不透明さとは比べるべくもない。それはともかく、こうした曖昧さは本作の発表当時、六八年という時代背景も影響しているかもしれない。ベトナム戦争は進行中であり、まだその悲惨な実態は明らかになっていなかったにしても、長引く戦争に厭戦の空気は確かにあった。また世界的な学生運動の波がアメリカにも及んで、反体制的な姿勢、カウンター・カルチャーが少なくとも若年層の間では自明のものとなりつつあった。そうした中で、警察の捜査を描く一方で、その内部の腐敗にも触れる本作は、時代の波に即していたと言える（警察批判としては生ぬるいものだが）。本作には、先に触れたように自分の息子が警察に不当に扱われたと理不尽なクレームをつけてくる黒人の大学教授が描かれるが、これもまた、黒人の権利に関して神経質になっている警察の、公民権運動以後の空気（公民権法は六四年に成立している）が背景にある。

正義と悪の境界の揺らぎという点で、本作はフィルム・ノワールの系列に属するものとも見なしうる。実際、本作の脚本に関わるエイブラハム・ポロンスキーは、ロッセン監督のノワールの名作『ボディ・アンド・ソウル』（47）のシナリオを書き、自身もやはりアメリカ映画史上に残るノワールの傑作『悪の力』（48）を監督している存在である。赤狩りによってブラックリストに載り、それ以後は歴史の決定的瞬間を再現するＴＶドラマ『あなたはそこにいる』*You are there*（53〜55、未）のシナリオ（ポロンスキーは二十四本のエピソードを手掛けている）や、これもノワールの名作、ロバート・ワイズ『拳銃の報酬』（59）のシナリオを偽名で書くなど、地下での活動を強いられていた。本作はポロンスキーが赤狩り以降初めて自分の名を出した作品であり、つまりポロンスキーは本作をもって赤狩り解除となったわけである。以後ポロンスキーは『悪の力』から二十年ぶりとなる二作目の監督作、西部劇『夕陽に向かって走れ』（69）を撮るなど、本格的に映画界に復帰するが、往年の力量を取り戻すには至らなかった。彼が関わった二本の傑作ノワール『ボディ・アンド・ソウル』と『悪の力』はともにジョン・ガーフィールド主演だが、ガーフィールドも赤狩りの犠牲者であり、赤狩りによって将来をほぼ断たれたガーフィールドとポロンスキーの二人は、その最大の犠牲者と言える。

ポロンスキーが脚本に参加しているとはいえ、それでノワール色が強くなったわけではない。正義と悪の境界が曖昧になったと言っても、主人公は悪徳刑事というわけでもなく、倫理的に腐敗しているわけでもない。派手な暮らしぶりもダンディを気取る虚栄心ゆえのことであり、また多少の目こぼしと引きかえに高級クラブで飲み食いしているとはいえ、その分浮いた金は情報屋に渡しており、実のところ刑事の仕事に熱心な男である。捜査の最中に犯人の金を着服する『地獄の掟』の刑事とは一線を画している。主任警視の罪も、息子可愛さのゆえであり、本部長の不倫も、それで警察の業務を枉《ま》げているわけでもない。彼らは後ろ暗いところはあるにしても、それぞれ職務に熱心な刑事であり、悪に染まってはいない。彼らはフィルム・ノワール的風土からはやはり遠いのであり、しかしそのこと自体がシーゲル作品の登場人物としてふさわしい。シーゲル的人物は、正義は正義としての、悪は悪としての自身に忠実であり、自己のありように疑念を持ったりはしない。『地獄の掟』の悪徳刑事でさえ、自身の犯罪に悪びれることはなく、自分の行動に倫理的な疑念を持つことはないのである。シーゲルの登場人物で唯一自己の立場に揺らぎを生じるのは、『ダーティハリー』の主人公であろうが、彼が疑念を持つのは警察という機構そのものであり、必ずしも自身の行動に対してではない。いずれにせよ、刑事らしくない刑事という点で見ると『ダーティハリー』はある意味本作と似ており、また東海岸と西海岸という地理的対称性、基本的な立場が左派と右派という思想的対称性もあり、比較して論じることも可能である。

さて、本作にポロンスキーを起用したのは製作のフランク・F・ローゼンバーグである。ローゼンバーグはそれ以前、ＯＳＳ（戦略情報局、後のＣＩＡ）に関するＴＶドラマのパイロット版のシナリオをポロンスキーに依頼して書かせていた。ポロンスキーは戦時中ＯＳＳにいて、プロパガンダ活動に従事していた。このドラマ自体は製作されないままに終わったというが、ローゼンバーグは引き続きポロンスキーを、シナリオの直しで頓挫していた本作に参加させたわけである。ちなみに第一稿を書いたハワード・ロッドマンは、ブラックリスト・ライターではなかったが、ＴＶドラマを書くウォルター・バーンスタインにフロントとして名前を貸したりしていた人物であった。ポロンスキーは最初ためらったが、これでブラックリストから解放されるならばと引き受けた（Paul Buhle and Dave Wagner, *A very dangerous citizen: Abraham Lincoln Polonsky and the Hollywood left*, University of California press, 2001, P. 198）。ローゼンバーグとシーゲルの折り合いは悪く、脚本家との綿密な打ち合わせを通してシナリオを練り上げていくのが常のシーゲルは、今回もポロンスキーとの共同作業を望んだが、ローゼンバーグはポロンスキーに話があるなら自分を通せと高圧的な態度を貫いた。撮影の段取りも悪く、撮影開始は主人公の刑事が死んで妻が本部長を責めるという映画の終わりの場面となった。当然のことながら感情が乗らずに苦しむ女優に、プロデューサーに恨みをぶつけるつもりで演じろとシーゲルは助言した。ハーレムでの撮影ができなくなった際、ローゼンバーグが代替ロケ地を探してきたもののシーゲルはまったく気に入らず、自分で探し、社長のワッサーマンに直訴して自分の選択を通した。さらにヘンリー・フォンダの台詞に「the」を入れる入れないでもめた。かくして二人には争いが絶えず、それ以上に、シナリオ作りにも関与できず、ロケ地を熟知した上でカメラ位置、アングルを事前に決定して撮影に臨むいつものスタイルを貫くことができなかったのは大きく、本作の現場は、シーゲルにとって不満の多いものとなった。

これはシーゲルとは関係がないが、本作のラストで死んだはずの主人公マディガンは、ＴＶドラマシリーズ『鬼刑事マディガン』*Madigan*（72～73）の主人公として復活する。主演は当然本作でマディガンを演じたリチャード・ウィドマーク。硬派な刑事マディガンは、ニューヨークばかりか、ロンドン、リスボン、ナポリで犯罪捜査に従事する。シリーズは九十分番組で六エピソード。『復讐は俺に任せろ』（53）、『悪徳警官』（54）、『拳銃の報酬』の原作者として著名な犯罪小説作家ウィリアム・P・マッギヴァーンが二本のエピソード（うち一本は、ゲイの殺し屋がターゲットの少年を追い、マディガンがそれを阻止すべく奔走する物語）に参加しているのが注目される（ともにジャック・スマイト監督）。

『マンハッタン無宿』

クリント・イーストウッドはユニヴァーサルと契約して映画界に入っていたが、もっぱら端役に終始しており、人気に火がついたのはCBSのTV西部劇『ローハイド』によってだった。その後イタリアのセルジオ・レオーネに招聘され、イタリア製西部劇三部作で、常に葉巻を咥《くわ》え、シニカルに事態を俯瞰しながら、決定的な瞬間に機転をきかせ、卓越した銃の腕を振るって事態を解決に導く男を演じて映画俳優としても一皮むけたイーストウッドは、満を持してアメリカ映画に返り咲こうとしていた。イーストウッドは自身の製作会社マルパソを設立して、その第一作として西部劇『奴らを高く吊るせ！』（68）を製作、それに続く作品が本作となる。『ローハイド』、レオーネの三部作、『奴らを高く吊るせ！』はすべて西部劇だったため、現代劇としての本作は、イーストウッドとしても新たな飛躍のための一歩であり、重要な作品となるはずであった。製作は古巣のユニヴァーサル、シナリオ作りは難航しており、シーゲルが起用された時点で三人の脚本家が執筆し、ヴァージョンは七に及んでいたという。監督選定自体も迷走しており、シーゲル以前に数人の候補が挙がっていて、彼に話が来たのもユニヴァーサルのコンピューターが、アレックス・シーガルとドン・テイラーの名前を混同したからだとシーゲルはいささか自虐的に述べている。イーストウッドはシーガル、テイラーを含め、監督候補に納得がいかなかったが、候補として挙がったマーク・ライデル（シーゲルの『暴力の季節』の主演の一人）と面会した際、他に考えている候補としてシーゲルの名を挙げたところ、ライデルは、この撮影条件ではシーゲルがこれ以上ない監督である、他の監督ならば、あと一、二か月準備期間をくれれば何とかすると引き延ばしを図るだろうが、シーゲルだったら与えられた条件できっちりこなすと強くシーゲルを推薦した。イーストウッドはライデルの態度にも感動し、シーゲルを第一候補として考えるようになる（*Clint Eastwood: Interviews.* University press of Missisippi. 1999. P. 31）。イーストウッドはシーゲルの『太陽の流れ者』、『殺人者たち』（『自伝』のイーストウッド序文によればこの二本でなく『ボディ・スナッチャー／恐怖の街』）を見て、自分と同じような低予算の現場で最上の結果を出しているシーゲルに共感を覚えるとともに、彼ほどの監督が過小評価されていると感じて、即座に彼に決定する。シーゲルも、イーストウッドのレオーネ監督による三部作を見て感心する。かくして互いに好感触を抱きあった二人は、ユニヴァーサルの副社長であったジェニングス・ラングのオフィスで初めて対面する。顔合わせはごく短時間の形式的なもので、シーゲルはジャック・レアードがシナリオを書くことに同意し、イーストウッドはアクション大作『荒鷲の要塞』（68）の撮影のためユーゴスラヴィアへ向かった。

しかし、レアードのシナリオを気に入らなかったシーゲルは、ハワード・ロッドマン（『刑事マディガン』の初稿を書いた脚本家）とともにシナリオ作業を進めるものの、今度はイーストウッドがそのシナリオに難色を示すと言った具合で、なかなか埒《らち》が明かない。シーゲルはイーストウッドがそれまでのすべてのヴァージョンに目を通しているわけではないことに気づき、いったん全部読んでみることを提案、各ヴァージョンのそれぞれにいいところはあり、シーゲルとイーストウッドはよくできている個所を取り出してまとめることにする。二人でシナリオを読み合わせ、いいと思える個所を切り貼りしていく（これもまたモンタージュと言えるだろう）。かくしてできあがった四十五頁のシナリオを参考にして以後を継続するよう、新たに起用したディーン・リーズナーに命じた。シーゲルはリーズナーと場面ごとに議論しながら進め、できあがったシナリオを、イーストウッドとラングに見せて承諾を得て、ようやく決定稿の完成となる。例によってシーゲルはこれを基にスクリプトを作ったものと思われるが、既述の通り撮影の現場では、イーストウッドからのカメラ位置の提案なども受け入れていた。イーストウッドがすべての過程をシーゲルと共有したわけではないにせよ、シナリオ作りから始まるシーゲルの作業を間近で見ていたことは確かだろう。また自分の提案を受け入れてもらえたことによって、自分が映画に（演出する側として）関わっているという意識が生じ、イーストウッドの演出への意志を高めていくことになる。

映画は、アリゾナの保安官が、ニューヨークのマンハッタンで拘束された男（ドン・ストラウド）を引き取りにやらされるが、男に逃げられ、慣れない環境の中でその男を追うという物語。ニューヨークでの追跡劇という点では前作『刑事マディガン』に類似しているが、追う側がテンガロンハットにブーツという西部劇の保安官さながらの格好で、その場違いさがユーモアを生んでいる。イーストウッドによれば、当初主人公はそのような「財布をなくしてばかりいて、大都会で会う人ごとに騙《だま》されるどじな奴」（同上、三一頁）、ジェームズ・スチュアートらが演じてきたような（フランク・キャプラ的な、ということだろう）人物として造形されていたが、イーストウッドはそれには納得がいかず、設定変更を命じる。実際に仕上がった主人公像は、確かにニューヨークという場所では田舎者に見え、馬鹿にされながらも、都会には都会のやり方があるなどという逃げ口上に従わず、多少強引に自身のやり方を貫く真っすぐな人間として、いかにもシーゲル的なものになっている。むしろ疑念を抱かせるのは、ニューヨークという土地のあり方である。担当警部（リー・J・コッブ）は手続きばかりで杓子定規の対応に終始する。やむなく滞在することになったホテルでは、娼婦が部屋まで客引きに押しかけてきて、ニューヨークの倫理的な退廃を示す。逃げた男はヒッピーだが、その仲間たちも反権力というほどの姿勢もなく、ただ混乱と無秩序を喜んでいるだけの連中である。確かに主人公自身、上司の言うことなど聞かず、職務の間に人妻との情事を楽しむような倫理的には問題含みの人間であるが、ニューヨークの道徳的退廃ぶりに比べれば何ほどのこともない。一見破天荒ながら実は真っすぐで有能、彼が白眼視されるのはむしろ社会のほうが問題という人物造形は、『刑事マディガン』に始まり、本作から『ダーティハリー』へと継続される。こうした造形が要請されるのは、そのような実は真っ当な人間によって、彼らが置かれている社会の形式主義、道徳的腐敗、事大主義を暴き出すためである。少し汚いものによって、もっと汚いものを際立たせる。こうした対照はシーゲルの後期特有の構造である。初期や中期においては、対照性はあっても（追う者と追われる者、暴動の主体と看守といった）、どちらか一方に視点は限定されて、対照は見えにくくされていた。また主人公自身の中に両極性が含まれていて、それが痼癖という形でも外に現れ出ていた。社会が悪いという前提があったにせよ（『殺し屋ネルソン』における恐慌期の不安定な社会）、それが前面に出ることはなかった。敵がいるとしたら、自分たちの中であり（『ボディ・スナッチャー／恐怖の街』）、外ではなかったのだが、後期に至ってそれが明確に外在化される。そのことによって劇的対立構造はクリアにはなるのだが、その分物語がどう転ぶかという不確定要素が減って、映画から不穏さは失われたようにも思われる。ネルソンが何をやらかすのかと不安になる観客はいるだろうが、本作の主人公がさまざまなトラブルに見舞われながらも、目的を果たすことを疑う観客はいないだろう。これが、上映時間の長さ、内側と外側に視点が複数化され、対照が可能になったゆえにもたらされた変化の一つであることは確かだ。

『ガンファイターの最後』

シーゲルの次作は『ガンファイターの最後』。周知の通り監督名義はアレン・スミシーで、これは本作の演出に関わったシーゲル、ロバート・トッテンの両者が、自分の監督作品とはいえないとしてクレジットを辞退したため、便宜的に作られた監督名である。アレン（アランになる場合も）・スミシー名義はその後も、スチュアート・ローゼンバーグが実質的に監督した『ハリー奪還』（86）、デニス・ホッパーが実質的に監督した『ハートに火をつけて』（91）などで使用され、さらにアラン・スミシーという名義を巡る監督と製作の悶着が映画の内容となっている『アラン・スミシー・フィルム』（88）まで作られた。その名前の由来が周知の事実となった現在、アラン・スミシーの使用は、現場でトラブルがあったことを知らせるようなものなので、ほぼ使用されることはなくなっている。

もともと前作の『刑事マディガン』ではシーゲルが監督することにウィドマークは難色を示していたというが、『太陽の流れ者』で組んでいたヘンリー・フォンダのとりなしでウィドマークも納得し、作品自体にも好感を得たという経緯があり、ウィドマークは自身の次回作の監督をシーゲルに依頼した。しかしシーゲルは他の企画が進行中で、引き受けることができず、その代わり、自分が製作していたTV西部劇の演出として数本関わっていたロバート・トッテンを推薦した。撮影開始から二十五日後、トッテンの演出に納得しなかったウィドマークが撮影を拒否して、シーゲルに監督の引き継ぎを依頼した。トッテンを推薦した手前、責任を取らざるを得なかったシーゲルは、直近二日の撮影部分をラッシュで見たが、何の問題もなかった。むしろ、手持ちの材料でよくやっていると感じたという。それでも撮影を引き継ぎ、プロローグ部分とエピローグ部分を始め、全体の半分程度を撮り上げた。その時点でようやく、これが原作ありきの企画だったことを知ったという次第で、原作がある場合はそれを読み、脚本作りにも関与するのが常のシーゲルは、これでは到底自分の作品と言えないと考え、監督のクレジットを固辞した。また自分を推薦してくれたシーゲルを立てざるを得ないトッテンも自分のクレジットを辞退したため、アレン・スミシー名義が作り出された。

　開拓時代もとうに過ぎ去った時代、ガンマンの威光によって町を治めるという昔通りの手法を貫こうとする保安官が、今や皆に疎《うと》まれ、追放宣言されるも町を出ていこうとしない。そうした中、彼に弱みを握られた町の有力者が彼を狙撃して返り討ちにあうという事件によって決定的に彼から離反した町の住民は、彼を敵視する男に扇動されて、ついに全員で、しかも白昼、屋根の上からの一斉射撃という形で撃ち殺す。シーゲルはその後ジョン・ウェインによって同様の、去りゆく昔《むかし》気質《かたぎ》のガンマンという主題を取り上げることになる。『燃える平原児』もそうだが、シーゲルの西部劇は、ある時代の終わりと、それによって生じた変化を描くことが多い。決定的に変化してしまった環境の中で、主人公たちは確固たる信念を持つがゆえに生き難くなり、自分を貫こうとする彼らは、周囲に敵視され、ついに滅びへの道を辿《たど》る。敵地という主題は、西部劇に限らずシーゲル作品全般に現れるものである（次章参照）。本作にシーゲルが関わったのは単に行きがかり上のことなのだが、それでも不思議とシーゲル的主題に適っている。

『真昼の死闘』

　イーストウッドは、『荒鷲の要塞』撮影中、共演するリチャード・バートンにつき添って現場に来ていたエリザベス・テイラーから『真昼の死闘』のシナリオを見せられる。もともとはランドルフ・スコット主演の七本の傑作西部劇（ランドルフ・スコットと製作者のハリー・ジョー・ブラウンによる製作会社ラナウン・プロから呼称を取ってラナウン・サイクルと称される）で知られるバッド・ベティカーが、自分が監督するつもりで書いていたシナリオだったが、メキシコの闘牛士のドキュメンタリー『アルーザ』（72）が、出来はよかったものの公開の目途《めど》が立たず（公開は数年後になった。ベティカーはそれを見越して、保険として娯楽作『真昼の死闘』を構想していたのだ）、監督の話がなくなった。ベティカーのシナリオを買ったユニヴァーサルの製作者マーティン・ラッキンは、アルバート・マルツにこれをリライトさせた。エリザベス・テイラーが見せたのはこのマルツ版である。マルツはハリウッド・テンの一人で、メキシコに逃れて作家として活動したほか、フロントを通じてシナリオも書いていた。マルツがメキシコにいたというのが本作のリライトが彼に依頼された主な理由だが、本作はマルツにとって、ブラックリスト後初めて本名を出した仕事となる。シーゲルは先の『刑事マディガン』のエイブラハム・ポロンスキーといい、今回のアルバート・マルツといい、ブラックリスト・ライターのリスト解除作品を手掛けているが、そこには例えばオットー・プレミンジャーが『栄光への脱出』（60）によってドルトン・トランボのブラックリスト解除を高らかに宣言してみせたような政治的な意識はない。たまたま彼らのブラックリスト解除の時期に当たっていたこと、また彼らがシーゲルの得意とするジャンルに長けたシナリオ作家だったこと以上の意味はない。

フランス革命時のメキシコを舞台とし、偶然知り合ったカウボーイと、身分を隠した女性の物語という枠組みは維持されたものの、ベティカーの案としては女性（デボラ・カーを想定）はメキシコの貴族で、革命軍から逃げている。カウボーイ（ロバート・ミッチャムを想定）は同行するうち彼女に惹かれていき、その事実を知るというラブロマンスのはずだった。本作ではそれが、修道女に偽装した革命軍を援護する娼婦と、彼女を庇護しているつもりでその実いいように使われているカウボーイというコメディに変えられた（Sean Axmaker, *Ride lonesome: The Career of Budd Boetticher*、サイトSenses of cinemaより）。イーストウッドはバートンとテイラーの夫婦主演、自身はマルパソでの共同製作に回るつもりだった。しかし夫妻は、バートンの次回作がスペインでの撮影だったため、本作も引き続きスペインで撮影すること、しかも撮影期間に四か月間を要求した。そのコストを鑑みてユニヴァーサルが手を引いたため、イーストウッドが企画を引き継いで自身の主演での製作を決定し、相手役の女優には、ユニヴァーサルから提案されていたシャーリー・マクレーンが起用された。マクレーンはシーゲルに、女性が娼婦であることは最後まで隠しておいたほうがいいと提案して、シーゲルもこれを受け入れた。シーゲルは、「彼は自分がいいように彼女を操っていると思っているが、彼女こそが彼を操っている。タイトルにある二頭目のロバこそ彼なんだ」（原題は「シスター・サラの二頭のロバ」、『ドン・シーゲル　映画監督』、二二九頁）。男は操っているつもりで実は操られている。操るという主題が、隠されることで最後に際立つわけであり、この主題のシーゲルにおける重要性を考えると、マクレーンの提案は本作にとって決定的なものである。

シーゲル自身は、タイトル部分とラストのメキシコ軍砦襲撃の場面が気に入っているという。タイトル場面は、馬に乗り、手綱でもう一頭の馬を引いた主人公が川、平原、砂漠を行く姿をロングで捉えているが、カメラが引くとその前景にピューマ、あるいはガラガラヘビが映り込んでくる【図36】。最後は、大写しのタランチュラが馬の蹄《ひづめ》で踏みつぶされ、カメラが引くと馬上の主人公がそれに気づきもせず、遠くを見ているショット。一連の動物のショットにより、主人公は動物的な人物だと印象づけることができたとシーゲルは言う。またラストの砦襲撃は七十以上のカメラ位置で撮影された。百二十のショットから成るが、うち五秒を超えるショットは一つもないという。ロングとクロースアップ、俯瞰と仰角を衝突するようにつなぎ合わせた編集は、スムーズではないからこそ引き起こされる驚き、衝撃によって印象深いものになっている。さすが編集に長けたシーゲルらしい場面である。

ベティカーは本作のプレミア上映に現れた。シーゲルもイーストウッドもベティカーと友人どうしではあったが、ベティカーはシーゲルが作り上げた作品の出来栄えにかなり失望した。以下はベティカーのインタビューより。翌日シーゲルはベティカーに電話をかけてきた。シーゲル「バッド、昨日は最後まで見てくれてありがとう」。ベティカー「ドン、何だってこんなクソを作ったんだ」。シーゲル「毎朝起きたとき、郵便受けに小切手が入っているのを見るのはそう悪くないもんだよ」。ベティカーは黙り込む。シーゲル「もしもし、電話の相手を間違えたかな」。ベティカー「そうだな、俺は毎朝起きて、鏡で見る自分を恥ずかしいと思わないほうがいいな」（Wheeler Winston Dixson, *Budd Boetticher: The Last Hollywood rebel*’ サイト Senses of cinema より）。

図36 『真昼の死闘』前景にピューマ

ベティカーの覚えは悪かったとしても、作品自体は、ラストの砦襲撃以外にも、高架橋を爆破して列車を落下させるといったスペクタクル、その爆薬を仕掛けるために女が橋桁《はしげた》を上るサスペンスなど、手に汗握る場面に事欠かない。中でも注目すべきは、主人公が先住民の矢を肩に受け、半ば刺さったそれを女が抜くという長い場面である。矢羽根のほうを切り落とし、矢の軸に溝をつけてそこに火薬を振り入れ

図37 『真昼の死闘』矢を叩き出す瞬間

る。これは矢を抜いた後、傷跡を焼いて消毒するため。火薬に火をつけると同時に、矢の軸の先端にナイフの刃を当て、拳銃の銃把でそれを思い切り打って矢を叩き出す【図37】。特撮であることは確かだが、実際にイーストウッドの肩から矢が出ていくのが見え、見ている我々も肉体の痛みを感じるような場面である。さらに、その場面でもっぱら行動するのはマクレーンのほうであり、イーストウッドはただひたすら痛み止めの酒を飲み、やり方を伝えるため口を動かしているだけという静の姿勢に終始して、女性上位を強く印象づける。俳優としてのイーストウッドは、（特にその初期においては）肉体的損傷によって際立つ存在である。それはレオーネの『荒野の用心棒』（64）でのリンチで原型をとどめないほどに変形した顔に始まり、『荒野のストレンジャー』や『ペイルライダー』での過去の傷跡（主人公たちは死者であり、従ってその傷跡はキリスト的な聖痕として象徴性を帯びる）、シーゲルとの次作『白い肌の異常な夜』での足の切断などに顕著に現れている。また、女性に虐《しいた》げられることへの嗜好＝マゾヒズムにまで敷衍《ふえん》すれば、女性ストーカーにつきまとわれる『恐怖のメロディ』、刑事が連行している女性に振り回される『ガントレット』（77）、旅暮らしのカントリーシンガーがじゃじゃ馬娘に同道される『センチメンタル・アドベンチャー』（82）、刑事が主張の激しい女性の犯人に気圧《けお》される『ダーティハリー4』、刑事が強盗集団の女に手足を縛られた上で犯される『ルーキー』（90）などなどとして露出する。『ダーティハリー』などの印象からマッチョと見なされることの多いイーストウッドは、実はヴァルネラブルな肉体を持つ不安定な存在であり、そうした複雑な陰影、奥行きゆえにこそ、かくも長く幅広いキャリアを持つことができた。このイーストウッドの造形に、彼が俳優としての初期に共闘したシーゲルの諸作が大きく関わったことは疑いの余地がない。

『白い肌の異常な夜』

そんなイーストウッドのマゾヒズムを全面展開した作品が『白い肌の異常な夜』である。トーマス・カリナンの原作の映画化権を所有していたユニヴァーサルのジェニングス・ラングがイーストウッドに送り、イーストウッドは、自分がこれを好きなのか嫌いなのか判断がつかないとして、シーゲルに読ませる。シーゲルは強い関心を示し、イーストウッドに映画化を勧めた。シーゲルは製作者として企画を主導するまでに、本作に意を注ぐことになる。上記のようなイーストウッドのマゾヒズムを考えると、イーストウッドのほうが主導的役割を果たしたのかと思われるが、実はシーゲルのほうが乗り気であったわけだ。本作は、これまでのシーゲル作品からはかけ離れた題材を扱っており、それを考えると、シーゲルが新たな方向性を開拓しようとしていたのかもしれない。実際シーゲルは、本作を封切館でロードショー公開というよりは、アートシアター系の映画館で数か月にわたって公開されるべきアート作と見なしており、アクション映画作家という規定から抜け出そうとしていたようにも思われる。しかし実際には、スタジオの判断でロードショー公開となり、批評はよかったものの、イーストウッドのアクションを期待していた客からは失望され、興行的には失敗した。それもあってなのか、シーゲルがアート路線を追求することは以後なかったが、もしこれがアートシアターでロングランでもしていたら、シーゲルにはまた別の未来があったのだろうか。ともあれ、本作にもシーゲル的主題は明確に見て取れるのであり、ある意味その主題の究極的な形態とも見なしうる本作は、やはり紛れもなくシーゲル作品である。シーゲル自身、本作を自身のベストと見なしている。

映画は南北戦争時代、負傷して森に倒れていたところを少女に発見され、彼女がいる女子のみの寄宿学校に匿《かくま》われた北軍兵士が主人公で、男性の存在により、校長、教師を始め、年頃の女子学生、幼い少女たちまでが色めき立ち、それぞれの欲望がむき出しにされる。兄との近親相姦の甘美な記憶が忘れられない校長（ジェラルディン・ペイジ）は彼を兄の代わりにしようとし、結婚適齢期の教師（エリザベス・ハートマン）は彼の中に理想の結婚相手を見出し、思春期の女子（ジョー・アン・ハリス）は彼を性的に誘引し、彼を救った少女も子供らしい独占欲で彼を自分のものと思い込む。女たちの欲望はぶつかり合い、嫉妬や諍《いさか》いを生み、最終的に悲劇的な結末をもたらす。

イーストウッドが主演ではあるが、物語の主役はやはり女性たちであり、その点やはりこれまでのシーゲル作品とは一線を画する。さらに、森で男が発見され学園内に運び込まれる冒頭に対し、終幕は死体となって再び森に返される。また冒頭とラストでともにイーストウッドが口ずさむ歌が流れており、形式的には明確に円環を成している。シーゲル作品は直線的な構成を取ることが通例であり、その意味でも本作は極めて例外的なものだ。時制としてもフラッシュバックの場面が数度現れていて、これも現在形で終始することが常態のシーゲルとしては例外的なもの。校長が兄との近親相姦を回想する場面では、二人の行動の断片がオーヴァーラップで描かれており、この技法を使用するのはワーナーのモンタージュ部門以来である。ただしその際、回想場面の導入を例えば画面がぼんやりするなどの手法で示すことはせず、ストレートなつなぎでいきなり入っていくのはシーゲルらしい直截さである。もう一か所は男が、自分は北軍兵士だが、南部への敵対行為はしていない旨を口では述べながら、フラッシュバックの映像でそれに矛盾した行動を取っていることが示される場面。こちらのほうは主人公の信用ならなさを示すものであって、フラッシュバックといっても過去の回想という趣旨ではない。そう思って改めて前者（校長の記憶）のフラッシュバックを見直してみれば、確かにこの場合、過去の記憶の現在の意識への侵入であって、フラッシュバック本来の使用と言っていいが、それもいくつかの時間の断片の二重写しによって校長の欲望の異常性が誇張された感があり、時制としての使用とは少し違っているように見える。確かに過去の映像ではあるのだが、そこで描かれているのは過去にこういうことがあったという事実の暴露というよりは、兄＝過去が主人公＝現在に重ねられている状況自体であり、つまり主人公によって校長の中に再び目覚め始めた欲望そのものである。過去の出来事の叙述というより、それは現在の欲望の描写なのだ。ということは、ここでもやはりシーゲルの時制は現在なのである。円環的な構造によって、結局元の木阿弥、何もそこには起きはしなかったことになる。時間は消去されたかのごとくであり、シーゲル的な時制を超越する本作だが、劇そのものの中で時間は直線的に経過している。

円環といえば、本作には実際にカメラが円を描く場面がある。主人公の傷も次第に癒え、最初は警戒していた女たちも、彼が無害と思うようになり、女教師と女子生徒がそれぞれ彼への好意を明らかにしはじめたころ、女たちは彼をようやく自分たちと同じ食事の席に招くことになる。テーブルの中央に置かれた視点は、三百六十度回転して、主人公、校長、女教師、女子生徒たちを順に捉える。この場面を三百六十度回転するショットで撮るのはシーゲルのアイディア。テーブルを半分に切り、蠟燭の光程度のライトをカメラの上に設置して撮られた。それぞれの顔が順にクロースアップになっていき、画面が密閉的になる。しかも夜の場面であり、顔が蠟燭の淡い光だけに照らされた場面は、親密な印象を与える。主人公と女性たちの一体感を表現した場面となる。全体に本作では照明を抑えた画面が使用されており、昼間の場面でも光源はすべて外に置かれ、夜の場面では蠟燭かランプしか照明はない時代の設定なので、その程度の光線を使用した。撮影は、本作によって撮影監督として独り立ちすることになるブルース・サーティース（それ以前の『マンハッタン無宿』と『真昼の死闘』ではカメラ・オペレーター）。サーティースは、本作では撮影監督とシーゲルに告げられて相当動揺し、恐怖のあまり泣きそうになったという。シーゲルは『暗闇の秘密』ではできなかった、蠟燭の光（と思わせるような光）での撮影を本作で実現したが、それはサーティースの創意のおかげである。蠟燭立ての基部にライトを仕込み、蠟燭だけでは足りない光量を補った。サーティースは実験精神に満ちており、シーゲルは自分のアイディアを採用してくれたと述べている。ただし、アングルについて話し合うことはまったくなかった。シーゲルは適切なカメラ位置を熟知しており、サーティースはそれに従うのみであった。サーティースはシーゲルと『ダーティハリー』、『ラスト・シューティスト』、『アルカトラズからの脱出』などで組む。その後はもっぱらイーストウッドのカメラマンとなり、彼とともに、西部劇や『タイトロープ』、『ダーティハリー4』などノワール色の強い作品で、明暗のコントラストが強い画面を作り上げていく。

本作の終わりは悲劇であるが、『真昼の死闘』に引き続き、最初に脚色したアルバート・マルツは、これを主人公と女教師の純愛ものと解釈し、二人が連れ立って学園を去るラストを書き上げた。これはジェニングス・ラングの意向でもあったようで、ラングの選定した脚本家アイリーン・キャンプも含め、数稿にわたってハッピーエンドに終始している。シーゲルは最終的にプロデューサー補のクロード・トラヴァースに、バッドエンドに描き直させた。ジェニングス・ラングは不服だったが、イーストウッドも、女性たち全員も、この結末しかありえないとしてラングを承知させた。本作は先述の通り、宣伝、公開の仕方に戦略を欠いたためにシーゲルの新たな面を拓《ひら》くことに失敗する。イーストウッドもこれを不満としてユニヴァーサルを離れ、以後自身のマルパソ作品の共同製作、配給のパートナーとしてワーナーを選択する。シーゲルの次回作『ダーティハリー』は従って、ワーナーの製作、配給となり、ユニヴァーサルとの契約下にあったシーゲルがワーナーに貸し出される形となった。

本作の原作は、二〇一七年、ソフィア・コッポラによって『The Beguiled／ビガイルド 欲望のめざめ』として再映画化された。校長をニコール・キッドマン、女教師をキルスティン・ダンスト、北軍兵士をコリン・ファレルが演じる。女性が監督しただけに、シーゲル作に見られた女性のえげつなさは弱められ、その分、女性が様々な欲望を抱えながら、そして当時の社会としてはそれを抑圧することを余儀なくされながら、それでも主体的に自分の生き方を探ってゆく女性映画としての側面が強調された作品となった。

『ダーティハリー』

『ダーティハリー』製作の経緯は複雑であり、その間に関わった人物も多数いる。ここではシーゲルとイーストウッドに関係する部分だけを押さえておく。本作はもともとユニヴァーサルが原作の映画化権を所有し、シナリオ化しており、イーストウッドにも話は行っていた。この時点では話がまとまらず、ユニヴァーサルはシナリオをワーナーに売る。ワーナーはフランク・シナトラ主演でシナリオを書き直すが、シナトラが下りたため、ユニヴァーサルではイーストウッドを主演に考えていたと聞いたワーナーが再びイーストウッドに話を持っていく。イーストウッドはシーゲルに相談し、シーゲルを監督・製作として企画は実現するに至った。ユニヴァーサルでのもともとのシナリオは、原案のフィンク夫妻が書いており、それを気に入っていたイーストウッドとシーゲルは、その路線に差し戻すこととし、『マンハッタン無宿』での仕事ぶりを買っていたディーン・リーズナーにリライトをさせた。

もともとはニューヨークが舞台だったが、サンフランシスコに変えたのはシーゲル。リベラル色が強い都市だけに、そうした風潮に不満を抱く犯人が、屋上のプールで泳ぐ富裕層と思《おぼ》しき女性を狙ったり、ゲイの黒人を狙ったりすることに説得力が増す。そのくせ犯人は、ピースマーク（平和、反戦運動の象徴）のバックルをベルトにつけており、そのあたりの矛盾がかえって不気味である。犯人に殺された少女が全裸でマンホールから引き出される場面での、丘の上の主人公の背後に明け方の青い光の中の金門橋が見えるなどのロケーションも印象的である。シーゲルによる変更点としては、ほかにラストシーンがある。以前のヴァージョンのラストシーンでは、ハリーではなく、スナイパーがサソリを射殺することになっていたが、シーゲルが現行のラストに書き直した。イーストウッドがそれに難色を示し、シーゲルはいったん撤回したが、最終的にはその形になる。

映画はサソリと称する連続殺人鬼（アンディ・ロビンソン）を、サンフランシスコ警察のはみ出し刑事ハリー（イーストウッド）が追う物語を基軸とする。サソリが上記の通り、ピースマークをつけながらも人種差別主義者、同性愛差別主義者、幼児性愛者であるのと対照的に、ハリーは破天荒と見なされながらも、実は至極真っ当な人間である。黒人医師とも、メキシコ人の同僚とも分け隔てなく接する彼は、人種差別とは無縁である。夜の公園で同性愛の青年に声をかけられ、恫喝して追い返すという挿話はあるが、少女を人質に取られ、身代金を持ってあちらこちらと走らされている最中であれば致し方のない話であって、それをもって同性愛者への嫌悪と見なすことはできまい。また、彼は同僚を持ちたがらず、単独行動を好むが、それもかつて同僚を死なせたことがあったからと判明し、ただの独善ではないと分かる。また、これがハリーをマッチョイズム、ないしビジランテ主義者とみなすことになる最大の問題点だが、サソリを球場まで追い詰め、足の怪我を踏みつけて人質の少女の居場所を吐かせるような行為、また非番の日にまでわざと自分の姿を見せつけるようにしてなされる尾行など、確かに彼の捜査方法は手続きを無視したり、やり過ぎたりするところはある。しかしそれには真っ当な理由が存在する。足を踏みつけるのは、その時点ではまだ存命と信じられていた人質の少女を一刻も早く救出するための拷問であり、また彼を挑発するかのように尾行するのも、暴力による自白は証拠たりえないとしてサソリが釈放されてしまったため、彼に監視を意識させ、次の犯罪を抑止しようとする意図がある。いずれにしても警察という組織、あるいは法という手続きの形式主義が、刻々と変化する現場では通用しないことが最大の原因であって、ハリーは暴力を積極的に用いているわけではない。唯一の例外は、ラストでサソリを撃ち殺す場面だが、これについては確かに法も現場の論理も逸脱した過剰な行為であり、だからこそハリーはバッジを投げ捨てざるを得ない。この過剰さについてはまたシーゲル的な人物像として見る見方もありうる（後述）。

本作は、サソリがビルの屋上から、遥か下方にある別のビルの屋上に設《しつら》えられたプールで泳ぐ女性をライフルで狙う場面に始まる。斜めのアングルで、サイレンサーつきライフルの銃身が遠近法で強調される【図38】。これは『殺人者たち』のラストで、主人公の殺し屋がボスとその情婦に向ける、サイレンサーつきの銃を思わせるアングルである。しかしこうした、それ自体に注意を向けさせるようなデザイン的な画面は本作にはむしろ例外的なものである。例えば、襲撃予告された教会を見下ろすビルの屋上でサソリを待ち伏せ、そこに現れたサソリと銃撃戦になる場面で、ハリーらの頭上にあるネオンサインをサソリが銃撃し、夜の深い闇の中に散る赤や青の鮮やかな原色の光は、

図38　『ダーティハリー』遠近の強調された銃身

確かにそれ自体で美しくも禍々《まがまが》しくもあるのだが、しかしそれはネオンサインというその場にあったもの、リアルな環境が自然に導き出した画面であり、光である。あるいはそれに続く、取り逃がしたサソリを探して周辺をパトカーで見回る場面での闇の深さ。刑事たちの顔すらパトカーの闇の中ではっきり見えず、まして外は暗がりに沈んで、時折歩行者の姿がぼうっと浮かび上がるが、その表情はおろか、輪郭さえ明確ではない。撮影らしくライトを足したりせず、実際の夜の町はこんな状況だろうと思わせるリアルな照明ゆえに、ハリーがたまたま道を足早に歩いていた中年男を犯人と誤認する流れが自然なものになる。フィルム・ノワールに分類されることも多い本作だが、ここでは画面も編集も、ごく自然主義的に処理されており、それが本作において起こる事件を、都会においてごく日常的に起こる出来事の一つとして感得させる。そもそもハリーは、昼食のために立ち寄ったスタンドで銀行強盗を察知し、自殺志願者をビルの屋上から引きおろし、といった具合に、サソリの事件以外の日々の任務を遂行している。サソリの事件は確かに特異なものであり、その対応において法を逸脱するためにハリーのキャリアの（とりあえずの）終着点になってしまうのではあるが、これも刑事の出会う多くの事件の一つに過ぎないことが、画面処理にも現れているのである。

サソリは例外的なサイコパスではない。本作は刑事が殺人鬼を追及する物語として、シーゲル的な追跡劇の一つだが、ここでも犯人の姿は冒頭から晒されており、追及されるべき不可解な闇のような存在としては描かれていない。『殺人捜査線』において、刑事たちが追い求めるギャングたちが早々に現れ、以後そちらのほうが画面の中心となっていくように、シーゲルにおいて追跡される側はあらかじめ白日の下に晒されている。本作の犯人像の原型に、ゾディアック事件（一九六八年から七四年に起きた連続殺人事件、犯人が挑発的な犯行声明文を出したことで知られる）があるとされるが、本作におけるサソリは、未だ犯人が判明していないゾディアックのような顔のない存在ではない。確かに教会の件では闇に紛れてはいるものの、少女誘拐事件の際には球場で強い照明の中に姿を晒され、さらにはハリーにリンチされたと称して、変形した顔をマスコミに自ら意図的に晒す。犯人は闇の中に隠れた匿名的存在ではない。白日の下に自身の姿を明らかにした存在であり、どこにでも、もしかしたらすぐ隣にいるかもしれないような人間だ。刑事ものは概して、犯人という未知の存在の正体に迫る真実探求の枠組みを採り、その過程で人間というものの不可解さを見出しもする。しかし本作においては、犯人は初めから明らかにされていて未知の存在ではないし、しかも彼は単に唾棄すべき（排除すべき）人でなしに過ぎず、何らの人間的な深遠も持ちあわせてはいない。例によって、彼がどういう過去を持っているのかも、どういう生活をしているのかも描かれない。何らかの特異な過去があり、そのトラウマが現在の彼を作り出しているのならば、そして彼が人知れず何か変わったことをひたすらしつづけているのであれば、やはり我々とは一線を画した怪物なのだろうが、しかしそうした描写が一切ないために、外見的に彼は我々と見分けがつかない。ピースマークを身に着けているのを見れば、彼を反戦＝平和主義者と思いこみさえするかもしれない。彼の存在は、サイコパス以上に我々を不安にする。我々のすぐそばに、こういう人間がいるかもしれないと思わせるだけでなく、もしかしたら我々自身、傍《はた》から見たらこういう存在なのかもしれない、あるいは実際そういう存在なのかもしれないと思わせるからだ。怪物的存在は、その不可解さ、理解しがたさにおいて人間の深淵についての存在論的不安をかき立てるが、本作におけるサソリは、我々自身がもしかしたらサソリなのかもしれないと思わせ、見る者の足元を掘り崩すという意味で、存在論的不安をかき立てる。そうした不安は、我々の周りの人がポッドなのではないか、あるいはすでに私たち自身がポッドなのではないかという『ボディ・スナッチャー／恐怖の街』に通じるものだ。暗がりのないシーゲル的世界は、暗がりの世界よりよほど恐ろしい。

『突破口！』

『ダーティハリー』の主人公のありようがマッチョイズム、自警団思想として批判を受けながらも、映画自体は大ヒットし、ラストでハリーがバッジを捨てたにもかかわらず、続編が作られ続けたことは周知の通りだが、シーゲルは以後ハリーには一切関与せず、自身の道を歩き続ける。次回作の『突破口！』は、ハリー同様むっつり顔の中年男が主人公だが、こちらは立場が逆で犯罪者、苦境に陥りながらも意外にも優れた知能で事態を切り抜ける痛快な犯罪ものである。本作はシナリオ初稿をハワード・ロッドマンが執筆していたが、スタジオ側が気に入らず、シーゲルは再びディーン・リーズナーを呼び出し、彼とともに手直しにかかる。シーゲルがロケ地をすべて決定したのちに、それをもとに一シークエンスずつリーズナーが書き、シーゲルがさらに修正すべき個所を指示するという形で進められた。当初の題は「ラスト・オブ・インディペンデンツ」、これは、主人公が着ている農薬散布作業用のツナギの背にも書かれている。かつては妻とともに飛行機の曲乗り師だった主人公はそれを廃業して農薬散布に転業したが、今やそれもじり貧になりつつある中で、自分はインディペンデントの最後の生き残りだと宣言する心意気というわけだろう。シーゲルもこの題を気に入っていたというから、ここには彼自身の自己規定もあるのかもしれない。しかし、本作の主人公は実のところ心意気の人であるよりも策略の人であり、情に溺れるような人間ではない。タイトルを主人公の名に変更した（原題は「チャーリー・ヴァリック」）のはユニヴァーサル社長のルー・ワッサーマンの案だと言うが、ツナギに書かれた名前が燃えるタイトル場面がラストに再び現れるというアイディアをシーゲルも気に入り、変更を了承したという。作品の始めと最後で平仄を合わせることのほうが優先されたわけであり、「ラスト・オブ・インディペンデンツ」にシーゲル自身の心情を過度に読み取るのは控えたほうがよさそうである。

映画は、今述べたようにツナギの名前の部分が燃えるイメージに始まり、その後ニューメキシコの田舎町が朝を迎える様を、いくつかのショットを重ねながら描いていく。まだ明けきらぬ薄明の空の満月、次第に朝焼けの赤に染められる平原、平原に散らばる牛、スプリンクラーで撒《ま》かれる水とそこで水遊びする幼女、芝生を刈る少女（この冒頭のショットに見える少年少女たちの中には、ウォルター・マッソーやシーゲルの子供たちがいる）。もともとはラストシーンのために撮られた映像だというが、抒情を湛《たた》えた風景は確かに美しく、これから起こる銀行強盗という出来事とのギャップもまた効果的である。とはいえ、これまでのシーゲルならばこんなショットを撮っていただろうか、という疑いが意識に上るのも確かなのである。冒頭でいきなり車が走り出して事故を起こす『殺人捜査線』の、簡潔さを通り越して一体何が起こったのかと見る者を呆然とさせる省略ぶりに比べれば、このゆったりした抒情は何という贅沢であろうか。しかしこれがシーゲル後期、というかスタジオ崩壊ということなのだと、我々はそのイメージの美しさを味わいながらも、歴史というものがこうして画面を変えてしまうことに感慨を覚える。

さて、主人公（ウォルター・マッソー）の銀行強盗は成功するが、成功しすぎであった。田舎の小銀行にしては金が多すぎる。マッソーが、これはマフィアの隠し金だと気づくと同時に、金を奪われた銀行の幹部（ジョン・ヴァーノン）の依頼によってマフィアの側の追っ手（ジョー・ドン・ベイカー）が登場し、主人公がいかに逃げ延びるのかの策略と、極めて有能な追っ手が正確に犯人一味を追尾してゆく様子とが交互に描かれていく。シーゲルの中期であれば、一方に移ればそれ以降はそちらに定着していた視点が、ここでは追われる側と追う側でほぼ正確に交替する形式で描かれてゆく。そしてこの二重視点の意味はそれだけに限らず、シーゲル的な主題につながってゆくのだが、それについてはまた後に論じる。

結末を言ってしまえば、本作において主人公の逃走は成功し、彼の犯罪は成就する。こうした展開もまた、歴史的条件によって可能になったものだ。スタジオ・システムが機能していたハリウッドの古典期には、業界の自主規制、いわゆるヘイズ・コードが存在し、映画の内容や描写に縛りをかけていた。犯罪の手口を詳細に描くことも、犯罪が成功する結末も禁じられていた。それによって主として犯罪を描くジャンルとしてのギャング映画が撮れなくなり、代わってフィルム・ノワールが主流になっていったという経緯がある。ヘイズ・コードはスタジオ・システムが崩壊し始めた六〇年代初頭から次第に切り崩され、形骸化し、六八年にレーティング制度（内容によって見ることのできる年齢を制限する）の開始によって完全に失効した。七三年に公開された本作は、シーゲル作品において初めて犯罪の成功を描いたものであり、これはヘイズ・コードの消滅ゆえに可能になった事態なのである。ここにもハリウッドの歴史の変化が露呈しているわけだ。ちなみにヘイズ・コードでは男女がベッド上で同衾する描写も禁じられたが、本作ではそれも破られる。主人公は、マフィアとつながる銀行幹部の秘書にして愛人と寝る。ちなみにその愛人を演じるフェリシア・ファーは、本作の主人公を演じるウォルター・マッソーと名コンビと見なされたジャック・レモンの前妻。円形ベッドではどっちを向けばいいのか分からないといった会話があったうえで、ベッドに二人が横たわり、女の「サウス・バイ・サウスウェスト」を向けばいいんじゃないという言葉を誘い水に、二人は行為に及ぶのだが、それは当然ヒッチコックの『北北西に進路を取れ』(原題は*North by northwest*)を自然に連想させる(主人公は彼女に覆いかぶさろうとして一瞬動きを止め、「サウス・バイ・サウスウェスト?」とご丁寧に繰り返す)。

その後中古車置き場に誘い出された黒幕の銀行幹部が待っていると、農薬散布の複葉機が現れるという展開も『北北西に進路を取れ』そのままである。そもそも農薬散布を生業《なりわい》にしているという設定も、(原作がどうなっているのかは確認できていないが)ヒッチコックのあの場面からの発想ではないかとすら思えてくる。ヒッチコックと言えば、自身が一瞬画面に登場することで有名だが、先述した通り、本作でシーゲルはヒッチコック同様画面に現れている。マフィアの追っ手が追跡に使う車を調達するために訪れる中国人の料理屋で、賭け卓球をしている男がそれである。後の『テレフォン』のラストでもシーゲルは『北北西に進路を取れ』のラストをパロディ化しており(後述)、『北北西』に対する執着はかなりのものであるように思える。シーゲルがヒッチコックをどう思っていたのか、資料を見ても明確な言及をしたものはないが、同じように犯罪ものに特化していた先達を意識していたことは間違いないだろう。

『ドラブル』

『ドラブル』はイギリスを舞台とし、そこでのロケを中心とする(フランスでのロケも多少ある)。海外を舞台としたアクションとしては初の作品となる。『贅沢は素敵だ』はプラハという設定で、ウィーンで撮られたコメディ、『スパニッシュ・アフェア』はスペイン各地を渡り歩くロード・ムーヴィー的ロマンスだった。そもそもシーゲルは大学時代までをイギリスで過ごしていたわけだから、イギリスには土地勘があったはずだが、これまでイギリスでの撮影の話がなかったのは不思議と言えば不思議である。

本作の主人公タラント（マイケル・ケイン）はイギリスの諜報部員である。息子が誘拐され、その身代金として諜報部が最近入手したダイヤが要求される。主人公は誘拐犯＝テロ組織と通じていると誤解され、主人公は息子のためにダイヤを盗み出し、諜報部をも敵に回さざるを得なくなるという物語。ここでも、後期に至って見えたシーゲルの変化について指摘しておく。ケインはダイヤの受け渡し場所として誘拐犯にパリを指定され、そこに呼び出されるのだが、子供がいるというワインの地下倉庫に誘い入れられ、襲われて思わずアタッシェケースに仕込まれた銃を発射し、樽から溢れ出したワインの波に呑み込まれてしまう。蓮實重彦はその初期のシーゲル論（「ドン・シーゲルとリチャード・フライシャー、または混濁と透明」、『映像の詩学』筑摩書房、一九七九年、所収）でこの湧出するワインを、主人公を敵からも味方からもはじき出された曖昧な存在に変え、そのことで活劇を宙づりにする「不実なる液体」と定義し、『ダーティハリー』の冒頭の銀行強盗の場面における、破裂した消火栓から水が降り注ぎ、周囲の視界を不透明にして活劇性を減じる場面に繋がるものとしている。映画の細部が他の映画の細部とつながる運動の相の下にあることを示す蓮實らしい意表を突く指摘であるが、そこで蓮實は、シーゲルが後期に至って「活劇の混濁化」を図り、説話論的な効率性、簡潔さ、「活劇的時間の経済学」を放棄したとしている。蓮實はこれを『刑事マディガン』あたりに始まっているとしており、同作をもってシーゲルの後期が始まったと見なす我々とその点で意見は一致している。後期に至って確かにシーゲルは簡潔な説話を逸脱し、中期であれば撮らなかったようなショットを撮るようになっている。本作でさらにそれを指摘するならば、フランスからイギリスに帰還する主人公が、ホバークラフト内の駐車場の、無人のバスに忍び込んで税関を逃れる場面がある。船を降りたバスに誰も乗っていないことを税関がざっと確認しただけで通し、その後バス停で乗客が乗り始めると、カメラはバスの外を、後部座席のあたりまでゆっくり回り込む。すると主人公が最後尾でやおら身を起こし、乗り込んだ乗客の一人であるかの体で席に着くまでを長回しで捉えるのだが、これがワンショットの長回しで撮られる必然性があるのだろうかと我々としては疑問に思わないではいられない。ホバークラフトという選択もいぶかしい。確かに画面として物珍しさはあるし、また密かにイギリスに帰ろうとする主人公が、監視の目が光っているだろうフェリーなどより、そちらを選ぶほうが安全という判断もあるが、乗り物そのものに意識を向かせることは説話にとって邪魔ではないのかという気もするのである。

もとよりシーゲルが効率の人であるというのも誤解に過ぎないのかもしれず、同じ蓮實は、例えば『殺し屋ネルソン』のタイトル部分で、長い階段を主人公が登るところを始めから終わりまでじっくり撮るシーゲルは【図39、40】、ジョゼフ・H・ルイスのように経済的でない場面をすべて排するような効率性を誇示する監督ではないとしている（『ショットとは何か』、講談社、二〇二二年、四一頁〜四二頁）。この階段の場面の持続はその長さで効率性を逸脱するが、逆にその速さによって効率性を逸脱する場面もシーゲルにはある。それは例えば『グランド・キャニオンの対決』におけるぶつ切りの結末であったり、『殺し屋ネルソン』のあっけない死の場面だったりするが、そこではほとんど観客の理解すら超えるような速さで事態が終結し、見る者を無の中に置き去りにする。感慨を着地させる余裕すら与えないこの速さは、「効果的」であることを逸脱している。つまり、中期においてすらシーゲルは必ずしも効率を第一に考えた演出をしているわけではない。では、後期におけるこうした効率を逸脱する細部（「活劇の混濁化」）もまたそれと同じものなのかと問われれば、

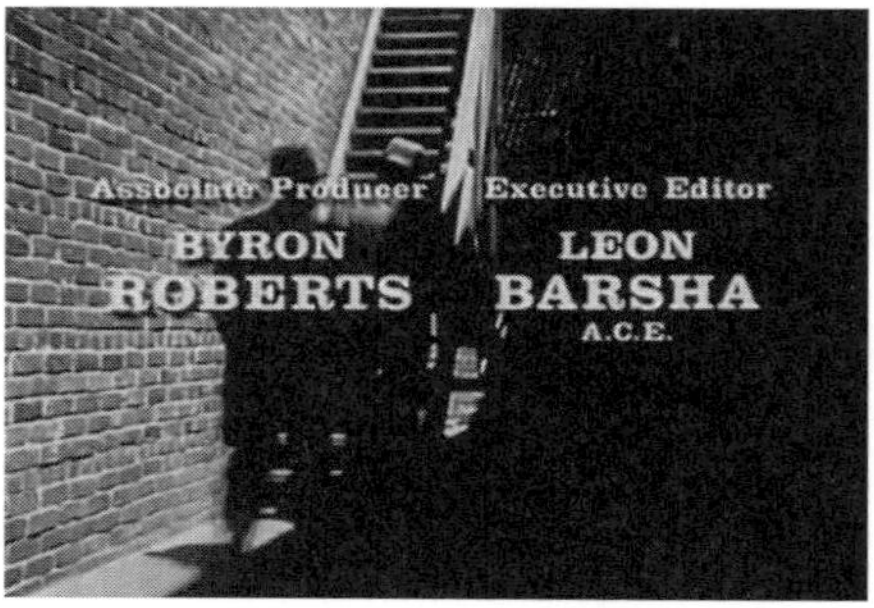

図39　『殺し屋ネルソン』タイトル部分、階段を登り始める

図40　『殺し屋ネルソン』階段を登り終える。ここまで約20秒

違うように思う。『殺し屋ネルソン』の階段のショットの持続と、本作のバスのショットの持続はやはり違うだろう。そもそも前者はそれだけで成立しているわけではなく、主人公がある場所から別のある場所に移動するという場面の一部に過ぎず、それをはさむ前後のショットとカットによってつないである。一方後者はそれだけで一つのショットかつシークエンスで、またそこにはカメラの動きがある。さらに、前者はネルソンがどこに連れていかれるのかと見る者が訝《いぶか》る中でのあの階段（とそれに続くショット）なので、階段自体の見た目の不可解性があって、それが画面に緊張感を与えているが、後者では主人公がバスに隠れて乗っていることを見る者は予め知っており、税関に見つからなかったことも分かっているので、そこにさしたるサスペンスは生じない。同じ効率性の逸脱にしても、『殺し屋ネルソン』の階段のショットと、本作のバスのショットでは、画面自体の緊密度、持続に差があり、後者はやはり弛緩していると見なされても仕方がない。

シーゲルは、そのフィルモグラフィ全体を通して変化の少ない監督であることは確かだろう。それはこの効率性という面においてもそうで、必ずしも説話上の効率性を第一義として画面を構築してはいない。そうした前提で初期を考え直してみれば、確かにそう見えてくる。例えば活劇を混濁化する「不実なる液体」は、すでに初期作『暗黒の鉄格子』にあった。捜索される対象である「拳銃」が果たしていた、物語の進行を遅滞させる役割に第二章では着目したが、拳銃が投げ捨てられる沼の「水」のほうもまた、「不実」な存在だ。水は、潜水夫まで雇っても拳銃を我々に返すことがなく、また返してくれたと思ったら、結局無実を証明する決定打には至らずと、まさに事態を混濁させるだけ混濁させる。シーゲルは前期においても、必ずしも効率一辺倒ではない。とはいえ、『暗黒の鉄格子』の場合この水は、被疑者の無実の証明という説話に密接に関係しているのに対し、『ドラブル』におけるワインは、ケインが敵からも味方からもはじかれ、敵味方の戦いという活劇的構造を濁らせる存在になってゆくことを「比喩的」に表象するに過ぎず（ワインに押し流されることと「それ自体によって」彼が不透明な存在になったわけではない）、説話にとってはいわば贅沢な象徴なのである。同じ説話的効率性に離反する水と言いながらも、初期と後期では果たすべき役割の軽重に差があり、後期はやはり軽いのである。

さらにひっくり返すようだが、水は必ずしも活劇を混濁させるだけではなく、活劇をむしろ活性化するものとして現れていることも合わせて見ておかねばならない。『ドラブル』において水はその後も、主人公が橋の上から船に飛び降りて追っ手を逃れる際のセーヌ川や、ラストにおける風車での対決で、敵の首領の負傷した手からこぼれ落ち、居所を示すことで主人公が彼を撃つに至る血の滴《したた》りなどとして、変形しつつ一篇の間を縫うようにして現れ、垂直方向の運動とともに事態に重要な動きをもたらす契機となってもいるのである。では結局、シーゲルは効率の人なのか、そうではないのか。そのどちらでもあるというしかない。ここでもシーゲルは決定不能ということだ。

『ラスト・シューティスト』

『ラスト・シューティスト』は、原作に関心を抱いていたジョン・ウェインが映画化権を取得しようとしたところ、すでにパラマウントが所持していたために諦めたのだが、主演をオファーされた俳優たち（ポール・ニューマン、ジョージ・C・スコット、チャールズ・ブロンソン、ジーン・ハックマン、クリント・イーストウッドら）が断り、結局ジョン・ウェインに回ってきた企画である。断られたのはやはり主人公の年齢（といっても原作では五十歳ということだが）にあるだろう。かつての著名なガンマンで、今は年老いてガンにかかり余命も短いという主人公を演じるには、これらの俳優たちは確かにまだ若すぎる。シーゲルはシナリオの初稿に意見を求められたところから企画に参加し、その後ジョン・ウェインと会って、自分の推すシナリオライター（スコット・ヘイル）にシナリオの手直しをさせることにする。シナリオの直しにはジョン・ウェインも意見を出し、ラストの銃撃場面では、彼が敵の一人を背後から撃つことになっていたのを、自分は映画でただの一度もそうしたことはないとして書き換えさせた。また瀕死の状態で苦しむ主人公を少年が楽にしてやるというラストも、主人公の代わりに少年がバーテンダーを撃ち殺すが、その銃を捨て去って、ガンマンにはならないことを選択するという形に変えさせた。ウェインはキャストにも意見を出した。ローレン・バコール、ジェームズ・スチュアート、リチャード・ブーン、ジョン・キャラダインらの起用は彼の意向である。ジョン・ウェインには本作は自分の映画という意識があり、一部の場面を自身のお気に入りのスチールカメラマンと勝手に撮影したり、ドリー撮影の準備をしていた撮影監督のブルース・サーティースに、そんなことをするより照明に気を使えと、いきなり怒鳴りつけたりしてシーゲルと衝突した。

映画は老いたガンマンが、ある町にやってくることに始まる。彼は旧知の医者ジェームズ・スチュアートの診察を受け、思っていた通りガンであること、余命いくばくもないことを告げられる。医者が紹介してくれた、未亡人ローレン・バコールとその息子ロン・ハワードが営む下宿に身を落ち着けると、まもなく彼の正体は知れ渡り、警戒した町の保安官や、彼を殺して名を挙げようとする輩《やから》、彼を記事にしようとする記者、彼の「自伝」を書いて金儲けをしようとする元恋人らが現れる。有名人であるがゆえに自分を利用しようとする者らに悩まされるという点で、ヘンリー・キング『拳銃王』(50)の展開によく似ているが、『拳銃王』はそうした生活に追い詰められ、それに倦んだ主人公の陰鬱な心理が全体を暗く染め上げる作品であるのに対し、ここにはそんな暗さは微塵もない。ウェインに出ていってくれとおっかなびっくり説得しにくる町の保安官(ハリー・モーガン)は、自分はこれから死ぬのだとウェインから聞いて安堵し、では町にいてもいいが、なるべく早く死んでくれと意気揚々と帰っていくのだが、その絵に描いたような小心者ぶりが見る者を笑わせる。また、真面目な下宿の未亡人やその息子、厩舎の食えない黒人(スキャットマン・クロザース)らと交流を深めていく様子も、これから死んでいく者とは思えない明るさに満ちている。そうした中にも死期は近づいてくる。町の様子を見定めていくにつれ、彼は自身の去就についてある決意を固める。

映画は主人公が町に着いて以後、あくまで現在形のまま進行する。彼は、自身の命と引き換えに(というか「悪名」高い自身もろとも)、町の鼻つまみ者を一掃することにする。その鼻つまみ者は、カジノを仕切るガンマン、初めて町に来た日に彼を罵《ののし》った乱暴者、主人公に弟を殺されて彼を恨んでいる仇敵の三人だが、その実、彼らがどう悪いのか明確ではない。カジノのガンマンが、大負けしたための逆恨みで自分を撃とうとした客を返り討ちにする場面はある。しかしそれがイカサマなのかどうかも判然としないため、それも悪と言えるのかどうか。乱暴者にしても態度が悪いだけのように見え、殺されるだけの内実があるのかどうか。主人公に弟を殺されたという仇敵に関しては、その過去も例によって描かれない。演じているリチャード・ブーンの存在感によって、悪党だということが納得可能ではあるのだが。過去と言えば、唯一例外的に過去が描かれている人物がいる。ほかならぬ主人公ウェインである。映画の冒頭で、彼がどんなガンマンだったかがフラッシュバックで描かれるのだが、それは主人公を演じるジョン・ウェインの過去出演作品（『赤い河』〔48〕、『リオ・ブラボー』〔59〕、『リオ・ロボ』〔70〕など、主としてハワード・ホークス作品）のモンタージュである。実のところ、ジョン・ウェインを当然知っている観客への目配せ以上のものではなく、これによって主人公の過去が分かるような描写とはいえない。こういうあまり説話には貢献しない、ほとんどファンサービスのようなシークエンスも、これまでのシーゲルであればなかった類《たぐい》のものだろう。本作の上映時間は一時間四十分、とりわけ長いわけではないものの長く感じられるのは、語りのリズムがゆったりしているせいばかりではなかろう。

『テレフォン』

シーゲルの次の作品『テレフォン』はＭＧＭの製作。シーゲルがＭＧＭと仕事をするのはこれが最初で最後となる。原作の権利を買ったＭＧＭは、ピーター・ハイアムズにシナリオを書かせる。ハイアムズは自分が監督するつもりでシナリオを書いたが、七五年のミステリー・コメディ監督作『私立探偵』Peeper（未）の興行的失敗のせいで監督を任されることはなく、リチャード・レスターに回ったため、ハイアムズはレスター用にシナリオを書き直したものの、レスターも降りた。企画はハイアムズに戻るものの、彼は代表作となる、これも政治スリラーである『カプリコン・1』

(77)を自身で監督できることになり、すでにそちらに取りかかっていた。主演に想定されていたチャールズ・ブロンソンが声をかけ、シーゲルが企画に参加、彼は長くて複雑だったシナリオを、スターリング・シリファントと共に手直しした。

映画はモスクワに始まる。あるアパートに軍の特殊部隊が突入する。そこの住人を確保しようとしたのだが、すでに逃亡している。場面変わってデンバー。車の修理工のもとに電話が入り、掛けてきた男が口にした詩の一節を聞いた男は様子が変わる。倉庫から何か箱を出して車に積み、基地らしき場所に行って、そこで爆死する。さらにところ変わってＣＩＡ本部。最近クレムリンでは、デタントのためにタカ派が粛清されているという会話ののち、最近使われていなかった基地が爆撃されたという知らせが入る。次の場面はクレムリン。将軍（パトリック・マギー）から呼び出された主人公の軍人（チャールズ・ブロンソン）は、ある男が機密を記したノートを持って逃亡した旨を告げられる。機密事項とは、冷戦期にアメリカに潜伏する工作員の情報で、彼らは洗脳されており、ある詩の一節によって破壊工作を開始することになっていた。冷戦時代の遺物であるが、放置されたままになっていた計画である。男は破壊工作を進めることでデタントを無に帰そうとしているのである。かくして主人公はアメリカ側に知られることなくその男（ドナルド・プレザンス）を探し出し、機密を記したノートを回収する任務を遂行することになる。

これら冒頭の数シークエンスは断片として提示される。関連性や説明抜きでショットが重ねられていき、観客はそれを見て全体像を自分で把握しなければならないのだが、そこで見えてくる構造は、追跡劇という典型的なシーゲル的説話である。ただし本作では追う、追われる存在は二者に限らない。ブロンソンはソ連側の追跡者として犯人を具体的に追いかけるが、アメリカ側のＣＩＡの女性局員（タイン・デイリー）も事件の連続性に気づき、コンピューターを使って解明を進める。追跡者はソ連側とアメリカ側で二人いるわけだが、その二者はお互いを知らない。またブロンソンの地元協力者としてリー・レミックがいるが、彼女はソ連とアメリカの二重スパイであり、彼の行動をCIAに伝えている。ただしブロンソンは自分の任務を彼女には明かさないため、彼女もまた何が起こっているのか知らない。かくして、追う者がソ連側とアメリカ側で二重化して、さらにその間をつないでいる女性がいるという構造で、あまり単純とはいえないものとなっている。アメリカ国内で起こっている異常事態についてアメリカ側でも調査を進めるのは当然なのだが、背景が分からないというハンディのために解明は遅れ、その分アメリカ側の描写は精彩を欠く。主人公の犯人追跡とアメリカ側の犯人追跡が競合する、ないし共闘するという展開もあり得たろうと思うが、それは採られず、アメリカ側が単なる後景になってしまっている。この複雑さは原作由来ではあろうが、中期のシーゲルであればもっと乱暴に整理して、アメリカ側は素描に留め、もっぱら主人公に視点を限定して説話を進めていたのではないかと思う。

本作に現れているシーゲル的主題については後続の章に論ずるとして、今は、本作にも差しているヒッチコックの影を記しておこう。潜伏していた工作員が、詩の一節を聞くと自動的に行動を開始するわけだが、その一節の終わりは「眠りにつくまでまだ数マイル」というものである（原詩はアメリカの国民的詩人ロバート・フロストの「雪の夜、森のそばに足を止めて」、訳題は『対訳 フロスト詩集』、川本皓嗣訳、岩波文庫、二〇一八年より）。任務を終えた主人公ブロンソンは、CIAに電話をかけて、自分を追うなら再びこの潜伏工作員を始動させると脅し、それまで行動をともにしてきた二重スパイの女性レミックと逃亡することになる。その電話のあと、ついにレミックとベッドをともにするために、十マイル先というモーテルの看板を指さす。それに答えてレミックは、例の詩の一節「私が眠りにつくまで」を「私たちが眠りにつくまで」に変えて暗唱する。ブロンソンも、「数マイル」のところを「十マイル」に変えて暗唱する。この後の主人公たちの性交渉を暗示して終わる点、またしてもヒッチコックの『北北西に進路を取れ』のラストに類似している。さらに言えば、ブロンソンは超人的な記憶力の持ち主であり、潜伏工作員のリストをすべて暗記しているのだが、こうした設定は、同様に超人的な記憶力を持つ芸人が、国家機密の盗み出しに加担させられるヒッチコックのスパイもの『三十九夜』(35)を連想させる。また、これはＩＭＤｂなどでも確認が取れないのだが、ヒューストンのホテルで、すでに行動を開始してしまった工作員を追う主人公が、人を押しのけてエレベーターを降りる場面で、押しのけられる人たちの中にシーゲルがいるように見える(顎髭《あごひげ》、口髭で、バケットハットを被っている)。これがシーゲルであるとすれば、ここでもヒッチコックのカメオ出演を踏襲していることになる。

『アルカトラズからの脱出』

『アルカトラズからの脱出』は、シーゲル＝イーストウッドのコンビによる最終作となる。Ｊ・キャンベル・ブルースによるアルカトラズからの脱走についてのノンフィクションからリチャード・タッグルがシナリオを書き、それを映画会社に見せたものの反応がなかったため、シーゲルに送った。シーゲルはそのノンフィクションを読んでおり、作者に手紙を書いていたといい、作者からそれを見せられたタッグルは、シーゲルならば関心を持つだろうと思ったということだ。シーゲルが原作を読んでいたのには、当然監獄映画『第十一号監房の暴動』を撮っていたこと、またその際アルカトラズも撮影候補地として訪れていたということがあるだろうし、またタッグルがシーゲルにシナリオを見てもらおうとしたのも、『第十一号監房の暴動』あればこそだろう。シーゲルは主演にイーストウッドをと考え、シナリオを見せたところ、イーストウッドも関心を示した。シーゲルは先にイーストウッドから依頼された『アイガー・サンクション』(75)の監督を断っており、いささか疎遠になりかけていた時期であった。イーストウッドはマルパソ製作でと考えたが、シーゲルは自身のプロデュースにこだわり、また先にパラマウントから監督依頼があったため、本作の話をパラマウントに持っていった。結局本作はシーゲルが製作者で、パラマウントとマルパソの共同製作となった。『アイガー・サンクション』の件も相まって、この経緯にイーストウッドは不快を示したとされ、それもあってシーゲルとイーストウッドの関係は本作で終止符を打つ。ちなみに本作の脚本を書いたタッグルはその後、イーストウッドの製作で自身の脚本作『タイトロープ』を監督することになる(が、監督としての未熟さゆえにイーストウッドが途中で監督を代わる)。

本作をもってシーゲルとイーストウッドの共闘は終わりを迎えるわけだが、それは上記したような製作上のすれ違いというよりは、より内在的な原因ゆえであり、従って必然的な事態である。シーゲルとイーストウッドの方向性の違いが次第に明確化してきていたのであった。イーストウッドは本作の時点ですでに『恐怖のメロディ』、『荒野のストレンジャー』、『愛のそよ風』、『アイガー・サンクション』、『アウトロー』、『ガントレット』の監督作を持っている。中でも注目すべきなのは『荒野のストレンジャー』、『アウトロー』の西部劇二本である。前者はリンチで殺された男が亡霊として姿を現し、復讐する物語、後者は敵によって家族を皆殺しにされた男が無法者となりながら、周囲に女や先住民、犬を集めて疑似共同体を作り上げ、彼らとの生活の中で復讐の意義を疑い始める物語。ともに西部劇に典型的な復讐という主題を扱い、一方は復讐を成し遂げることで西部劇的な法の完遂を描く一方で、後者はそれに疑問符を突きつけている。西部劇の形を借りながら、正義とは何か、法とは何かを問う姿勢をイーストウッドは示しており、それは西部劇の王道につくものである。イーストウッドは、西部劇の正嫡としての位置に自身を置こうとしつつあった。そしてその道は正しく辿られ、『ペイルライダー』(85)、『許されざる者』(92)によって、法と正義の物語としての西部劇に引導を渡すまでに至る。この辺の事情は拙著『西部劇論』を参照してもらいたいが、ともあれこうした王道的な姿勢はシーゲルには遠いものである。シーゲルの作品は深刻な問題意識とは無縁で、遊戯性に満ち、ゲームの規則を疑うというよりも、その規則を守ったうえで最大限加速し、その上でゲームの土台を突き抜けてしまうような類のものである。シーゲルにおいても、悪人の中にも義はあり、正義の側にも問題はあって、必ずしも正義と悪の境界は明確に分離できるものではないとしても、その区分はほぼ明確であって、滅ぶべきものが滅ぶ。その間の揺らぎに、存在論的な不安が紛れ込むことはない。『西部劇論』では、法と正義の物語としての西部劇に、フィルム・ノワールの影響を見た。自身を西部劇の正統に位置づけたイーストウッドは、一方でフィルム・ノワールの作家でもある。長編第一作『恐怖のメロディ』にしても、「ダーティハリー」のシリーズ唯一の監督作『ダーティハリー4』にしても、ファム・ファタルの物語と解することも可能だろうし、連続性犯罪を追う刑事が、自分が犯人ではないかという奇怪な妄想に駆られる『タイトロープ』もフィルム・ノワールに分類しうる。『真昼の死闘』、『白い肌の異常な夜』で知り合った、影を撮るのに卓越した撮影監督ブルース・サーティースを自身の撮影監督として重用したことによって、画面的にもフィルム・ノワールに限りなく近づいていく。これと対照的にシーゲルはサーティース的な陰影ある画面から遠ざかって（サーティースによるシーゲル作品は本作が最後である）、ナチュラルな光によるニュートラルな画面を多用するようになっており、ここでもイーストウッドの方向性から次第に離れている。これまで折に触れ指摘したように、そもそもシーゲルはフィルム・ノワール的な風土からは遠い。いよいよフィルム・ノワールに近接するイーストウッドと、そこから離れようとするシーゲルは、その作品世界に対する基本姿勢が異なってきており、彼らが離反してゆくのは必然だった。

映画は実際のアルカトラズ刑務所で撮られたが、本作の時点ですでにアルカトラズは刑務所としては閉鎖され（六三年、その前年に起こった本作描くところの脱獄事件がきっかけである）、観光施設と化していた。ひっきりなしにやってくる観光客をせき止め、合間を縫っての撮影は困難なものだったが、イーストウッドがファンサービスに努めて何とかやりくりした。とはいえやはり支障はあって、撮影を夜間にせざるを得ないこともあり、しかしむしろそれが作品全体のカラーを決定づけている。そもそも昼の場面でもたいがい空は鈍く曇っており、映画はもっぱら灰色の光か闇の中で繰り広げられる。登場人物の脱獄の営為が淡々と描かれ、入獄者たちも、ごく一部を除いては顔のない集団に過ぎない。地味と言えば地味なのだが、それだけ登場人物の脱獄の進展に見る者の関心は集中し、脱獄に費やされる時間の長さを体感することになる。『第十一号監房の暴動』は、開始早々暴動が起こり、それ以降も事態がどう転ぶか分からないという緊張に満ちた、いわばアクティヴな作品だったが、こちらは打って変わってひたすら静謐な作品であり、キャリアの初期と末期で、シーゲルは対照的な監獄映画を撮ったことになる。

『ラフ・カット』

シーゲルのラストとなった二作『ラフ・カット』と『ジンクス！あいつのツキをぶっとばせ！』は、ともに犯罪の絡んだコメディである。『ラフ・カット』は名うての宝石泥棒（バート・レイノルズ）が、女泥棒（レスリー＝アン・ダウン）と共謀してイギリスから海外に送り出されるダイヤの強奪を計画する。しかし女泥棒はスコットランド・ヤードの警部デヴィッド・ニーヴンの手のものであり、内部に敵を抱えた主人公はいかにダイヤ強奪を成功させるのか、という内容。一方『ジンクス！』は、なぜか特定の相手に必ず負けてしまうカジノのディーラーが、相手の持ち物を一つ奪えばツキを取り戻せると聞き、男の妻を奪おうとする。女は夫に精神的に支配されており、彼女はディーラーに、夫の殺害を持ちかける。シーゲルはこれまで恋愛関係を描いても、彼らが性的交渉に入るまでは描かなかった（『テレフォン』でもその直前で止めていたし、『白い肌の異常な夜』でも、行為の最中に見つかっている）。例外は『突破口！』の秘書との同衾だが、そこでの関係はその場限りのものので、主筋には一切関わりがない。これに対してこの二作では、主人公らが持つ関係が物語に直結しており、その点シーゲルにしては新しい展開である（と言ってもベッドシーンがあるわけではないのだが）。シーゲルとしては新しい境地に臨んだということなのだろうか、それとも時流に乗っただけなのか。いずれにせよシーゲルは男女関係を描くことにはあまり興味を感じていない。この二作で男女関係が描かれるのは、これが彼自身の企画ではなく、企画ありきで監督を依頼された作品だからということもあるだろう。実際、ここまでの後期作品でシーゲルは製作も担当してきたが、この二作では製作を外れており、この二作を完成させるにはかなり苦労した。

『ラフ・カット』を製作したのはブロードウェイの製作者デヴィッド・メリックで、バート・レイノルズを当初から主演に想定していた。レイノルズは本作における宝石泥棒を、ケイリー・グラントをモデルにして演じようとしており（実際に映画の中でグラントの物まねをしてみせる）、それが『泥棒成金』（55）のことであるならば、ここにもまたヒッチコックとの関わりが現れていることになる。当初はブレーク・エドワーズが監督として選ばれ、彼によってシナリオのリライトも進められたが、エドワーズが下りて、シーゲルに白羽の矢が立った。彼に依頼が来たのは『アルカトラズからの脱出』撮影中のことだったが、『アルカトラズ』が当たると思っていなかったため、生活のために本作を引き受けた。シーゲルはリチャード・タッグルにリライトを依頼するが、コメディを書いたことがないと拒否され、キャロル・ライドールとリライトを進めた。彼女はイーストウッドの秘書として業界に入ったが、その後シーゲルのパートナーで助言者となっていた人物である。

リライトが不十分なまま撮影に入ったが、撮影開始後数週間でメリックがシーゲルを解雇、代わりにピーター・R・ハントが雇われる。パラマウントは映画の権利の買い取りをメリックに申し出るが彼は拒否した。ブレーク・エドワーズが再び監督として浮上するが、レイノルズがメリックにシーゲル再雇用を説得し、その通りになった。その間もメリックはシナリオに直しを入れていたが、撮影の最中に、メリックが本作の範例として考えていた『探偵スルース』の舞台版および映画版（72、ジョゼフ・L・マンキーウィッツの遺作）の脚本家アンソニー・シェーファーによる直しが現場に届けられる有様だった。エンディングについても、シーゲルは三通りを撮影したという。第一は、ハワイの海岸で宝石泥棒と女泥棒、警部が一堂に会するが、実は宝石泥棒と警部は裏で取引をしていたというもの。第二は、同じくハワイの海岸で三者が一堂に会するが、彼らは取引をしていたわけではなく、それぞれが相手の出方を読みあった末、絶妙の連携を取っていたと判明する。第三は、内容は第二と同じ、ただ場所は海岸でなくボートの上。メリックはロバート・エリス・ミラーを雇って新たなエンディングを撮らせたというが、現在見られるエンディングは内容的にはシーゲルの第三版であり、ミラーがシーゲルの第三ヴァージョンと同じものを撮り直したのか、それとも結局シーゲルの撮った第三ヴァージョンに差し戻されたのか。いずれにせよこのエンディングは、後に論じる通りシーゲル的な主題の一つの究極形を示しており、こうした製作上の混乱の中でもシーゲルは自分の作品を作ったと見なしうる。

『ジンクス！あいつのツキをぶっとばせ！』

こちらも製作上のトラブルが尽きなかった作品である。本作の場合、トラブルの原因は主演のベット・ミドラーにある。彼女の主演作として構想され、脚本、キャスティングにまで口を出すことが許されたために、事態は紛糾を重ねた。ミドラーは監督候補として挙げられた数人の中からシーゲルを選択、引き受けたシーゲルは製作者のハーブ・ジャッフェから送られたフランク・D・ギルロイのシナリオを読んで、女が若い恋人とともに、年上の夫を殺すという骨格がジェームズ・M・ケインの『郵便配達は二度ベルを鳴らす』と同工であることに懸念を感じる。ともあれミドラーに会うが、彼女のヴァイタリティには感心し、シナリオの直しにかかる。しかしミドラーもシナリオの直しにたびたび口を出し、決定稿ができあがっても納得しなかった。原作と、もとになったシナリオを執筆したギルロイは自身の作として名前を出すことを憚《はばか》り、名義をロバート・ブレッシングと変更した。

キャスティングでも問題は生じた。カジノのディーラー役にケン・ウォールを選んだのはミドラー自身だったにもかかわらず、その後気に入らなくなったミドラーは彼を下ろそうとする。それはシーゲルにもジャッフェとともに製作に関わっていたユナイテッド・アーティスツの製作者にも反対され、やむなくウォールで行くことになるが、ウォールもまたミドラーに嫌悪を示し、撮影現場は殺伐としたものになった。どうにか仕上げた作品ではあったが、本作製作中にユナイテッド・アーティスツはマイケル・チミノ監督『天国の門』(80)の莫大な製作費用の赤字によって倒産し、MGMに身売りすることとなり、本作はUA／MGM作品として封切られることとなる。こうした具合で最後まで悶着の絶えない作品となった。

先に述べたように、内容自体は年上の夫（リップ・トーン）に支配される妻（ミドラー）が、若い愛人（ウォール）とともに彼を殺害するという骨格だが、そこにギャンブルを絡めているのが特徴である。トーンは、ウォールに対してはまったく負けることがないツキを持っている。どのカジノに鞍替えしてもついてきて、大勝負を挑んでは勝っていくトーンに閉口したウォールはミドラーに近づき、さらに彼女と共謀してトーンを殺す。殺人は成功し、ジンクスを免れてせいせいしたウォールであったが、一件落着したはずの彼の前にミドラーが現れ、大勝負を挑んで勝っていく。ミドラーはトーンの遺言により、ジンクスを受け継いでいたのだった、という落ち。確かに『郵便配達は二度ベルを鳴らす』の骨格を流用しているが、全体にコメディ調であり、フィルム・ノワール的な世界観はほぼ感じられない。ミドラーが歌手という役柄でもあり、当初自分は俳優として映画に関わるのであって、歌を歌うのは願い下げと主張していたにもかかわらず、歌う場面が多々あること、ジンクスというギミックを用いていることなど、いずれにせよフィルム・ノワールの古典的な作品のリメイクでありながら、これほどまでにフィルム・ノワールから遠い作品になっているのは、やはりシーゲルが監督だからということになるだろうか。ちなみに本作でもシーゲルはカメオ出演している。妻が夫の遺言に従い、訪れることになるポルノショップの店員がそれである。なお、『ラフ・カット』でも『ジンクス！』でも、完全犯罪が成立していて、それがコードの消滅によって可能になったことは既述の通り。

五〇年代作家の引き際

ラスト二作での製作上のトラブルは、かたやブロードウェイの製作者、かたや歌手との軋轢《あつれき》によるもの、いわば映画界の部外者相手であり、映画界の人間相手の確執とは違う性質のものであった。

シーゲルは『マンハッタン無宿』以降、自身が製作を兼任し、ある程度自由に作品を作ることができるようになっていただけに、映画作りの何たるかも知らない連中に鼻面を引きずりまわされるのにはうんざりしたものと思われる。そのことが直接的な原因かどうかは『自伝』などを見ても定かではないが、シーゲルは『ジンクス！』をもって監督業に終止符を打つ。このときおよそ七十歳。現在から見れば引退するには早い年齢に思えるが、同時代的にはどうだったのか。

同時代作家のキャリアの終り方には三通りほどある。まず、急死によるキャリアの断絶。ロバート・ロッセンが六四年の『リリス』を最後に、同年五十七歳で死去する。長らくキャリアの断絶を強いられた作家のこの早死にといってよい死去に、赤狩りの影響を見るのは自然だろう。アンソニー・マンは『殺しのダンディー』撮影中の六七年に六十歳で死去。海外での歴史大作撮影による疲弊が重なっての死去であり、これもスタジオ崩壊が招いた死である。マンと同じように、歴史大作による疲弊からキャリア断絶の経過を辿ったのがニコラス・レイ。六三年の『北京の五十五日』が彼のメジャー最後の作品で、この時点で五十二歳、もっとも早くキャリアが終息している。ただしレイはその後大学で教鞭をとり、そこで実習作品として映画を監督しており、その作品、七三年の『ウィ・キャント・ゴー・ホーム・アゲイン』の時点でもまだ六十二歳。さらにその後、レイを師と仰ぐヴィム・ヴェンダースと共同監督の形で『ニックス・ムービー』(80)を作るが、撮影終了直後に六十七歳で死亡している。メジャーでの監督業が終焉を迎えてからも映画人生そのものは続いたとはいえ、『ニックス・ムービー』の中に映し出されているガン闘病中の姿も相まって、その継続された映画人生は、言い方は悪いがどこか延命処置のようにも見え、痛ましい印象は拭えない。ロバート・オルドリッチも八一年の『カリフォルニア・ドールズ』の二年後に六十五歳で病没している。キャリアはこの時点でも充実しており、必ずしもロッセンやマン、レイのキャリア終息と同列にはできないが、まだまだ本人はやる気十分であり、その能力もあっただけに、不慮の断絶の印象が否めない。彼らのキャリア断絶は、本人の思わぬ形で訪れており、しかもそこには五〇年代から六〇年代というハリウッドの変質が大きく関わっているため、彼らの死は歴史が強いた犠牲という側面が見られ、それだけに痛ましいものがある。不遇な五〇年代作家という印象は、意に反して未来を断ち切られたという印象に拠るところが大きい。

第二に引退が挙げられる。シーゲルがその筆頭である。七十歳で映画監督を辞め、その後の時間を自伝の執筆に費やす。九一年に七十八歳で死去。リチャード・フライシャーも八七年の『おかしなおかしな成金大作戦』を最後に引退、この時点で七十一歳、ほぼシーゲルと同じ年齢での引退である。死去は八十九歳、シーゲルよりも長生きしているが、彼も自伝や実父でアニメーション製作者のマックス・フライシャーの評伝『マックス・フライシャー　アニメーションの天才的変革者』を書いて余生を過ごしている。彼ら二人のキャリアの終息は、第一の例の作家たちに比べれば穏かではあるが、やはり映画界の変質によって強いられた側面はある。スタジオ・システムの中で育った監督たちの効率的な製作・演出という方法論はもはや通じず、撮影・編集・録音の技術面での革新による新たな画面・音響も、結構にこだわらない説話も、彼らの採るところではなかった（フライシャーはそれでもスプリット・スクリーンなどの技術革新に即応した作家ではあったが）。彼らはハリウッドのスタジオ・システムに殉じたのであって、自身の依ってきたシステムの終焉とキャリアの終息を同期させることができた彼らは、ある意味幸福な存在であった。

第三に挙げられるのは、キャリアが終わらなかった、つまり死ぬまで映画を作り続けた者たち。ジョゼフ・ロージーは八五年発表の『スチームバス／女たちの夢』の完成を見ることなく世を去った。七十五歳。彼がキャリアを長く保つことができたのは、イギリスに亡命し、ハリウッド的な娯楽作品から遠ざかって、独自の映画作法を築き上げることができたためである。ハリウッドから離れることによって、かえって映画生命を延ばすことができたわけである。同様のことは拙著『亡命者たちのハリウッド』で、赤狩りからの亡命者としてロージーと並べて論じたジョン・ベリーにも言え、彼は二〇〇〇年にフランスでの演出作がある。オーソン・ウェルズも死ぬまで作品を作り続けた作家である。彼は複数の企画を同時に進行させており、亡くなった際にも未完成のまま残されたフィルムが膨大にあった。彼の場合もハリウッドの中よりは外での、スタジオの中よりはインディペンデントとしての仕事の時期が長いほどであり、ハリウッドの外にいたからこそ、キャリアを長く続けることができたと言える。製作者を探し、俳優としてのギャラをつぎ込んで作品を作る苦労は同時代作家の誰にもまして大きいものだったが、その分彼は自身のスタイルを確固として貫くことができたのであり、同時代作家の中でも最も恵まれず、しかし最も幸福な作家であったのかもしれない。もう一人死ぬまで映画を作ることができたのが、サミュエル・フラーである。彼の場合も、ヨーロッパにいたことが作家生命の長期化の理由である。ヌーヴェル・ヴァーグの作家たちに評価されたこと、特にゴダールの『気狂いピエロ』(65)にカメオ出演し、ハリウッド五〇年代のB級の王と遇されたことによって、彼は以後ヨーロッパに長く滞在することになり、その地で名声を得た。八〇年代になってアメリカ資本で『最前線物語』(80)、『ホワイト・ドッグ』(82)という二本の傑作を監督することができたが、それも彼の海外での名声がなかったらありえなかっただろう。

かくしてシーゲルの同時代作家の終わり方は、(1)ハリウッドの変質によってキャリアを断たれた者、(2)ハリウッドのシステム崩壊とともにキャリアを終えた者、(3)ヨーロッパにあって、ハリウッドのシステムの外に逃れたからこそキャリアを継続させることができた者に分類されるが、いずれにせよ彼らのキャリアがハリウッドの五〇～六〇年代の歴史（赤狩りとスタジオ・システムの崩壊）に強く拘束されていたことに変わりはない。こうして比較してみると、シーゲルという作家は、第三の作家たち、つまりヨーロッパを拠点として、ハリウッド的な映画から離れ、独自の作風を追求しえた者たちに比べれば、ハリウッドの方法論により強く縛られ、ハリウッドに対し内在的な作家であったことは確かである。それでもハリウッドによっていわば殺された第一の作家たちほどに強くキャリアを支配されたわけではなかったのは、彼がよくも悪くも傍流にとどまっていたからだ。メジャーとの契約監督ではあっても、アクション映画、犯罪映画、西部劇などの娯楽作に徹し、しかも大作にはめったに手を出さなかった。彼が製作に乗り出したのも、スタジオが弱体化してからであるが、そこでも芸術的な野心作を作ったわけではなく（『白い肌の異常な夜』を除いて）、あくまで自分の得意とする犯罪アクションに限定された。彼はエリア・カザンでもオットー・プレミンジャーでもなく、ジョン・ヒューストンでもフレッド・ジンネマンでもない、一切の芸術的野心とは無縁な、一介の娯楽作品（しかも低予算）の監督である。しかしだからこそ達成しえたものがある。「芸術」に足を取られることなく、ひたすら画面の中にアクションを生じさせることに血道を挙げたからこそ、可能になった何かがある。たかが娯楽作品の中でシーゲルが達成した何か、その高みと過激さを見て取ることが、以後の章の目的となる。

第五章　敵地　シーゲルの映画的時空間

敵地への変貌

シーゲルの代表作の一つ『ボディ・スナッチャー／恐怖の街』の主人公であるスモール・タウンの医者（ケヴィン・マッカーシー）は、街の外での用事から帰った直後から、街の住人たちの奇妙な訴えを頻繁に耳にするようになる。父が、母が、別人になっているという。別人になったという当人に実際に会ってみると、姿形は当人そのまま、記憶にも混乱はなく、受け答えも至極普通である。どことなく感情の起伏が少ないように見受けられるものの、病的な印象がほとんどない以上、医者も気のせいだろうというしかない。しかし友人から、奇妙な人形のようなものを発見したという知らせがあり、訪ねてみると確かに人間の形をした、しかし顔のはっきりしない物体がある。その物体はゆっくりと（友人の）顔を持ち始め、ついには目を開く。この物体が本人に成り代わること、植物状の繭（ポッド）がこの物体の基であることを知った主人公は、街の外のしかるべき機関に連絡しようとするが、通信もまた成り代わったポッド人間によって握られている。街はすでにほとんどがポッドによって乗っ取られてしまっていて、自分と恋人がその中で唯一の人間であり、つまりは自分たちが敵地の真っただ中にいることに気づく。

その後二度にわたってリメイクされる（七八年のフィリップ・カウフマン監督作、九三年のアベル・フェラーラ監督作）だけあって、強烈な衝撃を見るものに与える設定である。また、リメイク作品と違ってモノクロで、かつ特殊撮影に頼るところが少なく、ごくスタンダードな撮影と編集だけで主人公たちの閉塞感を際立たせる演出によって、かえってリメイク以上の不穏さを感じさせる作品である。この作品が反共映画なのかについて議論があることは第三章で記した通りだ。いつのまにか自分たちの周りに侵入しているポッドに、共産主義者を重ねることは自然である。しかし逆に、自分たちとは考えの違う少数派の人間を狩りだそうとする群衆への恐怖、つまり赤狩りの恐怖のほうをこそ描く反＝反共映画とみなす見方もあり、そのどちらが正しいか決定的な裁定を下すことは不可能だ。対立する二つの評価があり、一方を選択するのが不可能な事態が、シーゲルのフィルモグラフィにはしばしば現れることも既述の通りである。ここでも、本作が反共映画なのか反＝反共映画なのかを問うことはしない。無論、作られた当時の状況に作品が制約されるのは当然のことであり、本書においても、シーゲルがスタジオシステムという製作状況に制約されていた存在だと指摘することが目的の一つであるからには、その視点からすれば本作が反共なのか、反＝反共なのかは問う意義がある。しかしここでは、本作に現れる状況が、他のシーゲルの作品にも多々現れていること、それが連関してシーゲル特有の風景を作り上げていることを見ていきたい。それがシーゲル的な「主題」の展開である。シーゲルの作品の状況、細部が形作る「主題」の綾を見ていくとき、本作が反共なのか反＝反共なのかという問いは後景に退くだろう。本章をはじめとする以後の章は、「主題」という観点からシーゲルを見た行程ということになる。

シーゲルには本作同様、いきなり敵に囲まれているという状況に置かれる存在が多数見られる。

例えば西部劇『燃える平原児』でも、主人公（たち）のいる環境は、突然敵地のただなかに変じる。主人公（エルヴィス・プレスリー）は白人の父と、先住民の母（ドロレス・デル・リオ）との間に産まれた混血児である。彼らは地元の共同体にも十分溶け込んで、友好的な関係を作り上げていたのだが、母の兄にあたる酋長が亡くなり、代替わりして以降、先住民が白人に敵対するようになって、彼ら一家が親しくしていた隣人たちが殺されると、たちまち町の住民たちは手のひらを返したように彼らを白眼視し、排除しようとするのである。母も主人公も、新酋長に和平を訴えかけるが聞き入れられず、先住民からも身内とみなされなくなる彼らは、白人の集団からも先住民の集団からも締め出され、孤立することになる。それまで親和的だった環境は、にわかに敵地となる。その敵地の中で家族は、何とか和平を保とうと必死の努力を重ねるのだが、その願いは町の住民にも、先住民にも届くことはなく、家族は一人、また一人と死んでゆく。

図41　『燃える平原児』丘の上の木、その下に墓が立つ

平原の中にぽつりと建ち、向こうの丘に一本の木を望む彼らの家は、いかにも西部劇にふさわしい佇《たたず》まいを有している【図41】。その丘の木の根元には、まず母の、そして次に父の墓が立つことになり、牧歌的な風景であるだけに、そこに立て続けに打ちたてられる家族の死の徴《しるし》はいっそう悲劇的な様相を呈することになる（この丘の木の下の墓は、その後クリント・イーストウッドの『許されざる者』の冒頭と終幕にも引用される。イーストウッドが『許されざる者』を捧げた二人の映画監督のうちの一人がシーゲルであることの根拠として、シーゲルがイーストウッドの生涯の師

であった事実以外に、本作のこの丘の木の下の墓のイメージも挙げられるのではなかろうか）。その家が、いかにも西部的な独立独歩の精神の象徴から、周囲に疎まれ、排除される一家の孤立の象徴に変じる様は痛ましい。ここでも主人公らが住む場所は、いきなり敵地に転じるのである。ＳＦである『ボディ・スナッチャー／恐怖の街』と、西部劇である『燃える平原児』が、自分のいる場所がそのまま敵地に変わるという構図において同じ物語を語っている。シーゲル的存在は、敵地にある自身を発見する。敵地に自ら向かうにせよ、自身のいた場所がにわかに敵地に変じるにせよ、シーゲル的存在は、自らを抹消しようとする他者たちに取り巻かれ、その中で生存を懸けて戦う。それが成功する場合もあれば、失敗して命を落とす場合もあるのだが、問題なのはその結末以上に、シーゲル的存在が敵対的存在に取り巻かれる形で物語が起動するという事態そのものである。

戦争映画の場合

「敵」と戦うことがそもそもの前提として作られている戦争映画の場合でも、シーゲル的主人公がいるのはやはり敵地の「中」である。シーゲルが最初に撮った戦争映画『中国決死行』は、中国南部の奥地で墜落した飛行機に乗っていた日本人将校（日本の降伏条件に関する情報を有するとされる）を確保する任務に向かう一小隊を描くが、その一帯は中国ゲリラに支配されている地域である。ゲリラは将校の身柄を得て身代金を要求しており、必ずしも米軍に友好的なわけではなく、また日本軍も将校を追っているという状況である。さらに密林や豪雨で氾濫する小川など、地理的にも困難な行路は、主人公たちに対して敵対的な環境と言っていい。加えて、ゲリラの首領のもとにたどり着いた彼らは身代金の交渉をするが、持参した金はゲリラの要求する金額に足りず、沿岸に待機する仲間のところに不足分を取りにいかねばならない。その間、バリー・サリヴァンら主人公たちはゲリラ首領のテントの中に人質として封じ込められ、ゲリラの首領との酒の飲み比べを強いられることになる。この人質という状況もまた、敵地の中でのさらなる敵地への封じ込め、二重の敵地と言える。

『突撃隊』でも、主人公リース（スティーヴ・マックイーン）の所属する一小隊は、自陣をわずかな人員で守るべく派遣されるのだが、その自陣は敵陣深く食い込んでおり、仲間から遠く離れて孤立している。自分たちがごく少人数であることを悟られれば一気に敵に攻め込まれること必定で、主人公たちはあの手この手を使って、自分たちが大部隊であるかのように見せかける。しかしながらこうした危うい均衡はいずれ破られ、戦闘となり、その中でマックイーンは単身敵陣へ乗り込んでいくことになるのだが、映画の大半の時間は、マックイーンを含む小隊が、敵の真っただ中にあって、いかに自分たちの存在を保つのかの駆け引き、生命を賭した宙づり状態に費やされるのである。

戦争映画ではないが、南北戦争を背景とした『白い肌の異常な夜』もまた、敵地の真っただ中にいる存在を描いている。瀕死の傷を負った北軍兵士（クリント・イーストウッド）が、敵地である南部の森の中で一人の少女に発見され、彼女を含む女子ばかりが生活し、学ぶ寄宿舎学校に運び込まれる。敵地である南部の、当然南軍支持者の女性たちばかりが集まる寄宿舎学校。ここもまた敵地と言えるだろう。さらに次第に暴き出されていくように、女ばかりの寄宿舎学校とは、思春期の女子、結婚適齢期を迎えた教師、兄との近親相姦の甘美な記憶に耽《ふけ》る校長らの、性的好奇心、欲求不満によって歪められた性的欲望の渦巻く場所であり、主人公はそうした女たちの欲望に晒されてゆく。主人公が二重の意味で敵地に置かれ、敵に取り囲まれることで、物語は開始されるわけである。

任務として逆境へ

戦争映画もその範疇に含まれるだろうが、任務（あるいは仕事）として敵地に入らざるを得ない場合もある。『スパニッシュ・アフェア』の主人公はアメリカの建築家で、スペインに建てるホテルの設計をしているが、あまりにモダンなその案は依頼者たちの承諾を得られずに頓挫する。依頼者たちを説得できればその案を承認してもいいというスペイン側の設計者の提案により、彼は各地にいる依頼者たちを訪ねていくことになる。映画自体は頼まれ仕事であって、シーゲルのアイディアは一切入っていないし、しかも作品の出来は彼自身も認める通り優れたものとはいえないのではあるが、自身に反対する人たちのいる土地＝敵地を行くというこの大枠自体を見る限り、いかにもシーゲル的に見えてくる。

敵とまでは言えないにせよ、『マンハッタン無宿』の主人公である刑事（イーストウッド）も、慣れない環境に放り込まれる。ニューヨークにいる容疑者の護送を命じられてアリゾナから赴くのだが、ニューヨークの担当警部は、こちらにはこちらの事情、手続きというものがあるとして、早急な対応をしてくれない。業を煮やした彼は無理やり男を確保するが、移送途中で男の仲間に襲撃されて逃がしてしまい、不慣れな土地で、逃亡者を追跡せねばならなくなる。『真昼の死闘』の主人公（同じくイーストウッド）は、メキシコで修道女とコンビを組んで旅をすることになるが、メキシコはフランスの支配下にあり、彼らはフランスに抵抗するゲリラ（主人公はあくまで金目当てではあるが）であるから、従ってここにおいても主人公たちは敵地の中にいる存在だということになる。国交のないキューバへの密航を強いられる『裏切りの密輸船』の観光漁船の船長も、見つかれば逮捕されるような状況に置かれるという意味で、敵地に入る存在であろうし、保安官一味が牛耳る町に、保安官の情婦への兄からの伝言をもってやってくるホーボーが主人公の『太陽の流れ者』も、保安官一味がさしたる理由もなくよそ者を白眼視し、敵視することになるからには、任務をもって敵地に入ってきたシーゲル的主人公の一人と言える。最後期の『テレフォン』でも、冷戦期の秘密作戦を起動させることで米ソ間に波風を立てようとする男を探し出すために、ソ連の軍人がアメリカにやってくる。協力者である女と共に男を追うことになるが、その女性自身アメリカ側の二重スパイでもあり、敵地にいることに加え、味方すら敵という逆境をいかに克服するのか、追跡劇にさらに興趣を添える。

突然生じる逆境

自分が向かうのが敵対的な環境と知った上で、任務のためにそこに入っていく上記のような場合に対して、任務を果たしているうちに、何らかの事情で突然逆境に置かれてしまう例もある。シーゲルの長編第一作『ビッグ・ボウの殺人』では、映画冒頭で処刑された死刑囚が冤罪だったと判明し、彼を犯人として逮捕したスコットランド・ヤードの警部が免職される。彼はそれまでの名声を剝奪され、マスコミによって非難されて、逆境に置かれるが、ある密室殺人事件を解決して失地回復を成し遂げる（その意外な方法にもシーゲル的な主題が絡んでくるのだが、これは後述）。刑事が失態によって周囲からの非難を受け、その挽回のために奮闘するほぼ同型の物語が、後期の『刑事マディガン』である。主人公の刑事は、単に参考人として話を聞くためと聞かされて、ある男に任意同行を求めに行き、ふとした隙に逃げられる。その男は実は殺人事件の容疑者であり、さらに決定的なことに拳銃を奪われてしまう。些細な失態により、彼は突然刑事生命を懸けた逆境に置かれる。『ビッグ・ボウの殺人』は十九世紀のロンドンを舞台とした、モノクロの歴史もの、『刑事マディガン』はニューヨークを舞台としたカラーの現代劇、かたやキャリアの初期作、かたやキャリアの後期作と対照的ながら、失態が逆境を生むという主人公たちの置かれた状況は同じである。

シーゲルの代表作の一つ『殺人捜査線』では、旅行客の土産《みやげ》に潜ませた麻薬を回収する役目を負った二人のギャングが主人公だが、その旅行客の一人が麻薬と知らずにそれを失ってしまったことから、不利な立場に置かれることになる。自分たちが麻薬をかすめ取ったと見られてもおかしくない状況が成立してしまっていたからだ。

主人公が二人組のギャングで、追跡を主題としているという点で『殺人捜査線』と共通する『殺人者たち』も、逆境の一変種とみなしていい。彼らはある人物の殺害を依頼されるが、その人物は自分を殺しに来る者の到来を待っていたかのごとく、何の抵抗もなく殺される。それに疑問を持った殺人者たちは、独自に相手の過去を調査してゆくのだが、その過程で依頼人自身の過去に突き当たって、依頼人を裏切り、そしてそれゆえ狙われるに至る。この場合、勝手に依頼を踏み越えて真実を探ろうとしたのであって、望まざる形で逆境に置かれたわけではないのだが、任務の域を超えて真実を知ろうとしたために命を落とす彼らもまた、知らず知らずのうちに逆境に入ってしまっていたというべきであろう。また、銀行強盗で手に入れた金が実はマフィアの裏金と判明し、警察のみならずマフィアからも追跡されることになってしまう後期代表作『突破口！』の主人公も、任務（とはいえないかもしれないが、「仕事」ではあろう）の中で、突然自分が敵地にいることを発見するシーゲル的人物の典型である。

さらに、社会を敵に回して強盗と逃亡に明け暮れる『殺し屋ネルソン』のネルソンも、自分（と恋人）以外はすべて敵（彼は味方を作っては裏切り、作っては裏切りしていくので、誰もが敵という印象が強められる）、社会そのものが敵という意味では終始敵地にいると言ってよかろうし、共産主義国家チェコを舞台とし、アメリカ帰りの上司の信条をスパイすることを命じられた女が、彼と恋に落ちることによって国家から疑われる『贅沢は素敵だ』も、国全体が彼女の敵となるのであるから、シーゲル的敵地の一ヴァリエーションである。

ジョン・ウェインの遺作となった『ラスト・シューティスト』でウェインは、死病を得て、ある町で死を迎えようとする伝説のガンマンを演じるが、彼の正体を知った後の町もまた、ある種の敵地と言える。その存在は、彼を倒して名声を得ようとする者たちを惹きつけずにはおかない厄介なものであるからだ。ただし、主人公を襲撃してくる者がわずかにいないではないものの、彼は下宿の女主人やその息子、厩《うまや》の黒人などと交流を持ちながら、いかに自分らしく死ぬかを模索するという形で、映画はラストまで穏やかに推移していく。しかしそれでも彼が町の敵であったことは、町にとって有害な人物を道連れに自身を葬るラストで露わになる。自分自身も、彼が最後に葬った者たちと同類の厄介者だった。彼の町への滞在は、その死という条件つきのものでしかなかったのであり、町にとって（少数の例外を除いて）彼はやはり排除されるべき敵であったわけである。

さらに、これはシーゲルが監督としてのクレジットを拒否している作品ではあるが、『ガンファイターの最後』もまた、西部開拓時代のガンマンの終焉という点で『ラスト・シューティスト』に通じる。『ラスト・シューティスト』以上に、本作で主人公が置かれた立場は敵地と言うにふさわしく、彼は町の住人に、お前のようなガンマンは時代遅れだから出て行けと言われ、あまつさえその住人たちから一斉射撃を受けて死ぬのである。

シーゲル的な敵地のさまざまなヴァリエーションは、見られる通りシーゲルの最初期（長編第一作）から中期、後期に至るまで、そしてその代表作のほとんどに見られるものである。三十数年にわたる長いキャリアの中でシーゲルは驚くほど一貫して、敵地に向かう、あるいは気がついたら敵地にいたという状況を描いている。シーゲルはフィルモグラフィの後半こそ製作者＝監督として自身の望むような映画作りができた、いわば「作家」として遇せられたにせよ、その前半においては必ずしも意に染まない作品も手掛けねばならなかった職人監督であったわけだが、そうした環境にもかかわらず、彼の作品には不思議と一貫したものが見て取れる。主人公の置かれる敵地という状況もその一つなのだが、では一体なぜシーゲルはこうした状況を好むのか、そのことは、シーゲルの映画世界においてどのような意味を持つのか。

究極の敵地としての監獄

それを考える契機となりうるのが、その周囲を完全に敵対的存在によって囲まれた究極の敵地＝監獄を扱った二本の作品、シーゲルにとって思い通りに作ることができた最初の代表作『第十一号監房の暴動』と、盟友クリント・イーストウッドとの最後の作品になった後期の重要作『アルカトラズからの脱出』である。前者は監獄内での暴動を主題とし、交渉の推移を見守る静謐な場面と荒々しいアクションが交代する作りであり、後者は監獄からの脱出の作業を淡々と描いて、同じ監獄を舞台とするといってもそのトーンは大きく異なる。また画面も、前者はモノクロでスタンダード、後者はカラーでアメリカン・ヴィスタと異なる（ただし『アルカトラズからの脱出』のカラーは極めて彩度が抑えられており、落ち着いたという以上にくすんだ色味で、見終わってみるとモノクロ映画を見ていたような感覚が残る）。しかし印象の上では大分異なるこの二作には、それでも共通項があり、その共通した特徴は上記したさまざまな作品にも通じて現れてくるものである。

メッセージ性、悪役の不在

第三章で述べた通り、『第十一号監房の暴動』は、製作者ウォルター・ウェンジャーの強いイニシアティヴの下に企画が実現された作品である。ウェンジャーは自身が収監された際に見聞きした、監獄の劣悪な待遇に衝撃を受け、また実際にこうした待遇に対して暴動が起きてもいることに鑑み、監獄の現状と改善を訴えるメッセージ映画として本作を企画した。その製作意図においては、確かに明確な主義主張を有する。では実際にこの作品がメッセージ映画であるのかと問われれば必ずしもそうとはいえないところが、むしろこの映画の本領である。映画は各地の刑務所での暴動の様子を伝えるドキュメンタリー映像、刑務所協会の会長によるインタビュー映像などを冒頭に置き、現実への介入の意志を強く示している。受刑者の待遇はひどいものである。よって改革せねばならない。しかし、では実際の受刑者の置かれた劣悪な待遇とはどのようなものなのか、それは本作ではまったくと言っていいほど描かれていないのである。暴動を起こした受刑者たちにむしろ同情的な刑務所長が、知事との電話の中で、収容人数が許容を超えていて廊下で寝ている受刑者もいる始末（その模様は確かに画面に描かれている）であり、いつかこうなると思っていたと語る。また、受刑者たちが要望を箇条書きにして、何が問題なのかを明らかにする（詰め込み過ぎであること、設備が老朽化していること、所員不足で作業もさせられないので、受刑者は無為を強いられていることなど）。だが、これが具体的にエピソードとして描かれているわけではないため、実のところ観る者が受刑者に対して同情的になりうるかというとそうでもない。

受刑者への同情を喚起するための強烈な悪役がいないことも本作の特徴である。監獄の責任者である所長は受刑者たちにむしろ同情的だし、受刑者の扱いが酷薄であるとして、受刑者たちにとりわけ辛く当たられる看守がいるにしても、実際にその看守の悪行が描かれているわけでもいない。暴動は暴力で鎮圧するべきと強硬な態度を見せる政治家はいて、本作では悪役を振られていると言えるだろうが、彼が強い存在感を発揮するわけでもない。例えば、監獄映画として評価の高いジュールス・ダッシン監督『真昼の暴動』（47）の残忍で陰険な看守長（ヒューム・クローニンが演じているが、小柄で、普段は温厚な庶民を演じること多いだけに、落差が衝撃を増幅させる）のような分かりやすい悪人は、この映画には存在しない。かえって受刑者のほうに、例えば第二次大戦でアメリカ史上四番目に多く受勲歴がある（悪い言い方をすれば相当多数の人を殺したことになる）というネヴィル・ブランド、実際に強盗でサン・クェンティン刑務所に六年服役していたというレオ・ゴードンなど、見た目からしていかにも悪役の風情という役者が多い。

感情移入できない構造

そもそも本作は、刑務所側と受刑者側、どちらの側にも観客が感情移入できないように人物関係が構成されている。脚本段階では、ゴードン演じる凶暴な受刑者カーニーをサイコパスとして描いていたが、シーゲルは脚本のリチャード・コリンズに、彼はサイコパスかもしれないが、一方で普通の人間でもあるのだから、その視点で書き直すように命じたという（『自伝』、一五九頁）。また劇中、首謀者ブランドについてある人物が「彼もサイコパスだが、監獄の外の頭のいい連中だって同様だ」と述べている。サイコパスもまた普通の人であり、普通の人もまたサイコパスである。さらに、暴動の首謀者たちは看守たちを人質に取り、その家族に直接電話をかけて脅すが、看守たちにも家族があり、その家族を養うために、人手不足の中、過酷な労働を強いられていることが示唆されている（States of exception、クリス・フジワラ、クライテリオン発売の本作ブルーレイ解説リーフレット、九頁。看守たちも、人間を非人間化するシステムの犠牲者＝「繭〔ポッド〕」なのであり、ポッドとの闘いという意味で本作は『ボディ・スナッチャー／恐怖の街』と二部作をなすとフジワラは述べている）。そうした塀の内も外も変わりはしないという人間観は、塀の中の強硬派のカーニーに対し、塀の外の強硬派の政治家が配されているという対称性、また塀の中の慎重派である「大佐」とあだ名される男と塀の外の慎重派である所長の対称性にも現れている。首謀者であるブランドは交渉役として、塀の中と外のバランスを取り続けることを強いられるわけだが、自身凶暴さを内に抱えており、それを抑圧しながら事に当たらざるを得ず、その抑圧が彼にいっそうの不気味さを加えている。観客が唯一自己同一化できるとするると、このブランドということになるだろうが、ブランドがこのような位置にいて、常に緊張状態にあるため、観客もまた、宙づりの状態をずっと強いられることになる。

ブランドが暴力を振るう場面はほとんどないのだが、数少ない中で印象的なその場面の演出についても触れておく。暴動の初期、実力行使してくるかもしれない当局に対抗するため、受刑者たちは火炎瓶などの武器を作る。ブランドは針金を使った武器を作るのだが、どうやって使うんだとの仲間の問いに、椅子を使って実演して見せる。ひっくり返した椅子の足に針金の輪をかけ、一気に引くと、足が切れて椅子がバラバラになる。暴力そのものではなく、その行使の前提を描いているだけだが、暴力そのものよりもよほど怖い。シーゲルは暴力描写に長けているとされているが、それはこのような想像をかき立てる演出によるところが大きい。

過去の不在

メッセージ映画と言いながら、そのメッセージの内実、つまり受刑者の置かれた過酷な環境が描かれていない。同様に、受刑者の過去がまったく描かれていないのも本作の特徴だ。先ほど挙げた

図42　『第十一号監房の暴動』監獄のクリシェ的映像

『真昼の暴動』では、主人公のバート・ランカスターが何をして入牢しなければならなかったのかが、数度にわたるフラッシュ・バックで語られ、その過去が観客の彼への同情を引き寄せることになる。一方本作では、ごく一部の囚人を除いては、罪状が何なのかも語られることがなく、ましてやその過去を振り返るフラッシュ・バックは一切ない。暴動の発生から終息まで、映画は常に現在形で語られる。空間についても同様で、看守の家庭に電話を掛ける場面などで、看守の家が映されるなどの例外を除いて、所長室も含めて空間的にはほぼ刑務所内に限定されている。こうした時空間の限定は、我々が見ている間にも無意識的な閉塞感となって感じられている。終わってみて初めて、この映画は時間的、空間的に閉じられていたのであり、観客は映画の開始以来ずっと、「今」「ここ」をじっと息をつめて見ているしかなかったということに気づくのである。

これは一方で、リアリティ感覚にも関わってくるだろう。上記したように、映画はニュース映像に始まっていて、これは現実であり、作りごとではないという印象を強く与える。しかもこの映画は実際に刑務所で撮られており、受刑者もエキストラとして参加しているが、そのことも映画に現実味を加えている。実のところ、この映画の本編部分は、リアルというより、ハリウッドの監獄映画のクリシェ的映像から始まっている。ニュース映像が終わって最初のショットは、刑務所の廊下を、低めに構えたカメラで遠近法を強調して捉えたものである【図42】。剝《む》き出しの鉄骨とその影の黒々とした直線に、岩でできているらしい壁が、岩の凹凸をそのまま残して不思議な陰影を作り出している。監獄映画によくあるショットであり、フィルム・ノワールにも通じる明暗際立つキアロスクーロ照明である。実際ジョゼフ・ロージーの『コンクリート・ジャングル』(60)や、すでに何度か引き合いに出している『真昼の暴動』など、ノワールといって差し支えない監獄映画もこうしたショットを用いている。しかしこのような陰影の深いノワール的なショットはこれ以後ほとんど見えず、人工性を感じさせない映像になっている。撮影監督のラッセル・ハーランは、「正確で自然な感覚を捉えようと常に意識し、絶えずカメラを動かしていた」(『ドン・シーゲル 映画監督』、八四頁)と述べ、その場にたまたまいたカメラが動きを捉えていたかのような臨場感が目指された。無論この映画がセミ・ドキュメンタリーであるというわけではない。とはいえ、ノワールの派生形態であるセミ・ドキュメンタリーを代表する作品の一つである『裸の町』のコンビ(製作マーク・ヘリンジャー、監督ジュールス・ダッシン)が再び集結した『真昼の暴動』のほうがかえって、冒頭に降りしきる夜の雨など、いかにもノワール的な画面を作り出していて、それに比べて乾いた印象の本作の画面は、むしろ反ノワール的にすら見える。

『アルカトラズからの脱出』

『第十一号監房の暴動』の特徴は、ほぼすべてシーゲルによるもう一本の監獄映画『アルカトラズからの脱出』にもそっくり見られるものである。まず場所が監獄に限定されている点。本作は、雨の夜、アルカトラズ島に主人公が入獄する場面に始まる。再三引き合いに出して恐縮だが、これも雨の夜に一人の新入りが入ってくるところから始まる『真昼の暴動』では、監獄の堅牢な塀を遠近法で強調する数ショットが重ねられ【図43】、監獄の全体像とそのいかめしさが示されるとともに、

図43　『真昼の暴動』監獄の堅牢さを強調するショット

図44　『アルカトラズからの脱出』島に入るイーストウッド。スポットライトでようやく人が確認できる程度の視界

雨によって陰気さが強調されるのに対し、こちらでは雨は侘《わび》しさを強調するというより（それもあるだろうが）、闇と相まって視界を霞《かす》ませるためにあるかのようで【図44】、主人公イーストウッド以外の被写体は見ることができず、島の全容もほとんど分からなくなっている。映画の終わりは、彼らがついに脱獄して、夜の海に泳ぎ出す場面、そしてその翌朝、彼らの脱獄が発覚し、刑務所長を始めとする捜索隊が海辺を探索する場面となるが、そこでも、彼らが入ってゆく夜の海の展望は無論、朝の海でさえ明確な視界を提供することはなく、監獄を他の世界から切り離したままである。面会者が外から来ることはあっても、外の世界が描かれることもついぞなく、画面は始めから終わりまで一貫して、監獄の中に留まっている。

映画は時間的にも主人公が入獄するところに始まり、脱獄に至るまでで終わり、その間のすべてを現在形で語り切り、一切の時間操作を映画に禁じている（壁を削るなどの単純作業場面で、二重写しによる時間経過の描写はある。この二重写しは、修業時代、モンタージュ部門でシーゲルが磨いてきた技法だが、本作のような例外を除いてまったく使わなくなっていた）。主人公が何度も脱獄を繰り返して、ついに難攻不落のアルカトラズに送られてきたことは分かるが、そもそもどんな罪を犯して入獄したのかも、生い立ちも、一切明らかにされることはない。自身の過去を語るのは唯一黒人の図書係であり、これも、足が悪いために脱獄が不可能な彼が、その由来を語るに過ぎない。

本作において悪役は二人いる。アルカトラズの脱出不可能性に絶対の自信を持ち、何度も脱獄を重ねてきたことで有名な主人公をどこか軽侮的な眼差しで見下す刑務所長（パトリック・マクグーハン）と、主人公にホモセクシャルな関心を寄せるが拒絶され、それを根に持ってことあるごとに彼を殺そうとつけ狙ってくる男である。しかし後者は、そのつど独房に送られ、映画のほとんどにおいて不在であって、時折立てられる波乱、アクセントといった風情であり、また刑務所長も、強権的とはいえ、絶対的な敵といった感じではない。確かに刑務所長が憎むべき対象であると思わせる場面はある。しかし、その後のショット連鎖を見ると、この場面が刑務所長への感情を喚起するためのものかどうか疑わしくなる。

その場面で刑務所長は、自分の肖像画をカリカチュアふうに描いたために、ある男から絵を描く権利を奪い取るのだが、男はそれに抗議して、看守の目の前で、何らの表情も浮かべることなく、無造作に斧で指を断って見せるのだ。男は、自由の象徴として菊を愛し、その抗議の行動の直前に、イーストウッドの作業着に菊の花を忍ばせていた。房に帰ったイーストウッドは、その花を手でまさぐりながら彼に思いをはせるのだが、その時視界にゴキブリが入る。床に置かれた灰皿用の空き缶から出てきたゴキブリは、奥の壁の底部にある通気口から外に出ていくのだが、それを見た彼はこの通気口から外に出られないかと思いつくわけである。この一連の場面は、確かに所長の非情さ、

図45　『アルカトラズからの脱出』チェッカーボードの上に菊、洗面台の下に通気口、床に置かれた灰皿からゴキブリが出てくる

改めての脱獄の意志の高まり（菊の象徴する自由への憧れ）というイーストウッドの脱獄への心理的動機づけの意味も有してはいるのだが、菊とゴキブリと通気口を同一シークエンスで結びつけ【図45】、脱獄への物理的な道筋を描くためでもあり、画面上は必ずしも心理に特化したものではない。刑務所長に対して観客が感じる感情＝怒りは、それを維持する間もなく、脱獄の方法を思いつくための場面に移行してしまうため、刑務所長の強権性の印象は他の重要な関心事によって薄められてしまう。刑務所長もまた、悪としての絶対的存在感を持っているわけではない。

本作もまた、実際のアルカトラズ監獄で撮られており、それもリアリティの担保に寄与しているだろう。ただし、撮影時点でアルカトラズは刑務所ではなく、刑務所「跡」として観光地化しており、撮影時には観光客を足止めするなどの苦労があった。この点、撮影には入獄者のいなかった棟を使用したとはいえ、現役の刑務所で撮影した『第十一号監房の暴動』のほうが生々しさは感じられるのだが、本作の場合はそうしたリアリティとはまた違ったリアリティがある。この映画がそのほとんどの時間を使って描き出している、脱獄の実際の作業のリアリティである。壁を削る、壁の背後の空洞の空間を登って屋上に達する、外壁を降り、フェンスを越え海岸に出て、簡易救命具を着て海に出るという脱獄の道筋。それを確保するために製作される道具の数々。潮気によって腐食したコンクリートを削るために爪切りのヤスリをスプーンの柄に溶接する、房を抜け出している間に見張りをごまかすために雑誌の紙を捏《こ》ねて頭部のマネキンを作る、天井の格子を外すために扇風機を改造してドリルを作る、といったブリコラージュ作業の描写が淡々と積み重ねられる。また、一人ではできない過程をクリアするのに脱獄仲間を作る、図書係の黒人と友人関係を築き、それがひいては同性愛者の男の襲撃をかわすことにつながるなど、人間関係の構築も、こうした脱獄作業の描写と綯《な》い合わされて、時間経過を自然なものに見せている。加えて、先述した通り、画面も全体がくすんだカラーで、闇の場面が多いとはいえ、闇自体が情感的に際立つこともなく、デザイン的な構図もなく、画面そのものよりも、作業の過程に意識が集中するような中立的な画面作りに徹している。

「外」の不在

「敵地」の一つの典型である監獄を扱ったシーゲルの二作品を詳しく見てきたが、それによって現れた特徴は、そこには「外」がないという事態である。受刑者を閉じ込めるための「外」のない空間であるという監獄の目的からして自然な前提を超えて、監獄以外の空間の描写がなく、また受刑者の過去や後日譚など時間的な「外」もない。しかし「外」がないという事態は、シーゲルにあっては密閉性あるいは閉塞性といったことを意味するわけではない。そもそも『第十一号監房の暴動』にしても、暴動は行政当局との交渉の手段であり、外との関係性の下にあるし、『アルカトラズからの脱出』にしても、房に通風孔があるからこそそこを出ることができ、管の通った空間があるから屋上まで登ることができるのであり、監獄は多孔的な空間として描かれている。コンクリートの壁におおわれてその中が完全な暗闇、トイレすらなく垂れ流し、数日おきでホースで受刑者に水が浴びせられるというすさまじい絶対的密閉空間である独房は存在するが、その描写はごくわずかに留められる（わずかだからこそ強く印象に残ることはある。また、この独房の存在により、普通の房の多孔性が見る者の意識に喚起されることにもなる）。例えばアンソニー・マン『Tメン』（47）の、スチームバスに閉じ込められ、温度を上げられて、蒸気の白が画面を覆いつくしていくといったような閉所恐怖はシーゲルにはない。また監禁されているという状態は、出口のない、行き場のない人の生のありようの隠喩として実存主義的な含みを持ちうるが、そうした哲学性もシーゲルには存在しない。

では、外がないという事態が生み出しているものは何かと言えば、今、ここで起きているアクションそのもの、ということだ。シーゲルは、今現在の画面の中で展開される運動以外に興味がない。監禁状態としての人間の生という哲学的命題は、映画の画面と何の関係もないのでシーゲルの関心を惹かないのは当然のこと。密閉状態や閉所恐怖は、上記『Tメン』におけるように画面の表現を可能にするにしても、アクションの停止という方向性での運動であるだけに、これもシーゲルの関心を惹かない。シーゲルが描くのは、ひたすら今、ここで起こっている運動（密閉された空間の中で起こっている運動であれ、密閉された空間と、描かれはしないがあることは確かな外と結ばれる関係という運動であれ）である。暴動の各局面で生じる変化と、それに対する囚人たちや行政側のリアクション。脱獄の発想と、実現に向けた各過程で生じる課題、その克服。そうした一連の過程に見るものの関心を持続させるために、時間操作を控え、現在時制のみで語りとおす。そのアクションに視線を誘導するため、画面はデザイン性を廃し、あえてそっけないリアリズムに徹する。『殺し屋ネルソン』のネルソン、『刑事マディガン』の逃亡犯、『ダーティハリー』のサソリ、彼らがどんな犯罪者だったのかは一切語られない。彼らもまた過去のない存在であり、彼らの逃亡とその追跡という、今ここで起こるアクションを起動するため（だけ）にある。

唐突さ

アクションのみがあればよいので、アクションはだしぬけに起動され、そのポテンシャルが尽きれば唐突に終わる。「敵地」という場所設定も、敵地であれば「敵」がいる、予め戦うべき相手の存在を確保できるのだから、何もないところから敵対的な存在を生み出していく必要がないという説話上のエコノミーから選ばれたものではないかとさえ思える。映画の始まりにおける唐突さは、驚きとして観客の関心を惹くことになる。気がついたら自分がいる場所が敵地になっている事態によって幕を開ける『ボディ・スナッチャー／恐怖の街』を始めとする上記諸作、また唐突な暴力で映画が始まるのもシーゲルにはよくある事態だ。『仮面の報酬』では、主人公がいる船室に入ってきた男が、いきなり彼に殴りかかるところから始まる。『殺人捜査線』でも、船から降ろされたスーツケースをポーターらしき男がタクシーに放り込むと、タクシーが急発進し、トラックとぶつかる。運転手はさらに再発進して止めようとした警官を轢《ひ》き、また警官に撃たれ、停車していた貨車にぶつかって止まる。この一連の唐突なアクションがタイトル前に配されているのだが、一体何が起こっているのか、その出来事の意味が理解できるのは本編が始まってしばらく経ち、スーツケースの中身が調べられてのことだ。これは映画の冒頭ではないが、『殺し屋ネルソン』で、ルーニーが突然仲間のイライシャ・クック・Jr.に向かってマシンガンを乱射する場面がある。いきなり何をするのかと見る者は戸惑い、撃たれた男が裏切りものだったと判明したのか、あるいはルーニーが狂気に陥ったのかと想像をめぐらさざるを得ないが、仲間が防弾チョッキを着ていたので、その効力を試していたのだと分かる。『グランド・キャニオンの対決』でも、冒頭でいきなり人が殺される。グランド・キャニオンをパンで遠望するショットの最後で、山頂にいる小さな人影が捉えられる。そこに車がやってきて、降りた人物が景色を眺めていると、先ほどの人影が背後から彼を突き落とそうとして格闘になり、逆に墜落して死ぬ。ここでは出来事の意味ばかりか、ロングで捉えられた場面だけに、人の区別すらできず、ただ格闘と落下というアクションと、それへの驚き、事態の不可解さだけが際立つことになる。

『グランド・キャニオンの対決』は終わりも唐突である。休坑であった金鉱からひそかに金を掘り出していたことが発覚しそうになって殺人まで犯した犯人が、主人公である保安官に追われる。主人公の恋人である女を人質に取った犯人は、ロープウェイに乗って逃げようとするが、そのロープウェイに主人公もかろうじて飛び乗り、絶壁をいくロープウェイでの格闘がクライマックスを形作る。命綱をつけずに展開される格闘は、見事なアクションとして見るものの心をつかんで離さない。しかし犯人がついに落下してアクションが終わりを迎えると、主人公と恋人がロープウェイの終点にたどり着いた描写のみで映画は終わってしまう。二人が地上に降りて安堵するとか、同じく犯人を追っていた警察の上司が駆けつけるとか、その後主人公らが結ばれるとか、事件の結末を説話的に回収する作業の一切を欠いて、映画は終わってしまうのだ。アクションのポテンシャルが尽きればもはや用はないといわんばかりの突き放し方。今まで手に汗握る高所のアクションに感情をはなはだしく揺るがされていただけに、その動揺が未だ収まらないままにいきなり映画の持続が断ち切られると、見るものはその感情のおさまりがつかないまま取り残されたように感じざるを得ない。

袋小路

唐突な終わり＝時間的な断絶と同様に、空間的な断絶が映画を終わらせる。空間的な断絶は、それ以上行き場がない場所＝袋小路として形象化される。例えば『殺人捜査線』のラストの高速道路。

犯人たちが逃げ込む工事中の高架は中途で切れている。さらにその後、警察車両に追い詰められて入り込んだ道のガードレールが狭まり、それ以上の走行ができなくなる【図46】。また『突撃隊』のラストで、主人公が爆弾を持って飛び込んでゆくトーチカも、箱状の袋小路である【図47】。『殺人者たち』のラストに現出する状況も袋小路と言っていい。首領の家で首領とその女を撃ち殺し、金を奪って家を出た主人公の殺し屋は、自身も腹に銃弾を食らって、歩くのもままならない。そこにパトカーがゆっくりこちらに向かって走ってくるのが見える。もはや逃げることのできない状況で行く手をパトカーに塞《ふさ》がれるという状況は、これもやはり袋小路と言えよう【図48】。車が袋小路を

図46　『殺人捜査線』ガードレールの作る袋小路

図47　『突撃隊』袋小路としてのトーチカ

図48　『殺人者たち』パトカーが作る袋小路

形成するという意味では、『ボディ・スナッチャー／恐怖の街』のラストの高速道路もその一つである。恋人までもが繭（ポッド）と化した主人公は、「外」の世界に事態を告げるべく、高速道路に走り出し、轢かれそうになりながら車列に向かって訴えかける。「次はお前だ」という有名な台詞が吐かれるのはここにおいてであるが、シーゲルが本来想定した映画の終わりはこのシーンであったから、まさにこの、主人公の声をはじき返して過ぎていく車列こそ、映画の終わりを画する袋小路となっていたはずだった。しかしこの陰鬱な終わりを嫌った製作側は、これにエピローグ（とそれに応じたプロローグ）をつけ加えさせる。それにより、病院に収容され、狂人扱いされる主人公と、彼の話を聞いていた医者、警察のもとに、高速道路でトラックの事故があり、その積み荷が奇妙な繭であったというニュースが伝えられて、彼の話が真実であることにようやく気がついた医者が、FBIに連絡を取るという現行の終わりとなったのである。かろうじて「外」への通路が確保されたわけであるが、このプロローグとエピローグという構成を除けば、本作もまた、事件の発生から終わりまで、一切時制の行き来がなく、現在形で語り切られていたことを思いだしておこう。この映画は、本来あるべき形ならば、時間的にも「外」がなかったわけである。

袋小路が、行き場のない画面＝平面として映画的に演出されている例もある。例えば『地獄の掟』のラストは、場面のほとんどが駐車場の地べたで繰り広げられる。主人公の刑事が相棒の悪徳刑事に撃たれて倒れ、地面に横たわる。悪徳刑事は彼を殺して自身の罪をかぶせようとしたのだが、とどめを刺そうとした悪徳刑事が思いがけない方向から撃たれて地面に倒れて死ぬ。未知の第三者が撃ったのだが、近づいてくるその第三者は、地べたに横たわった主人公の視点からでは、車が邪魔になって足元しか見えない。車の陰から出て全身を現したその男は、すでに真相を知っていた刑事部長であり、主人公と刑事部長の会話を経て、カメラは俯瞰となって上昇し、現場全体を見下ろす形で終わる。このクレーンによる俯瞰撮影が、製作者であり主演女優であるアイダ・ルピノの意向に反してシーゲルの判断で行なわれたことはすでに記した。シーゲルは、その場の全員が、地面に押しつぶされたような画面で終わることを選択したのである。奥のない平面としての地面が、画面を袋小路に変える。同様の例は『ラスト・シューティスト』にも見られる。ウェインは数人の悪党と酒場で対決するが、撃たれたウェインは酒場のカウンター背後の狭い空間に這いつくばって戦うことになる。この空間自体も袋小路ではある。その位置からだと、カウンターに置かれたグラスに敵の姿が映り、動きを察知することができるため、かえってそこは戦略的に有利な場所となる。かくして最後の敵まで倒して立ち上がった彼を、しかし今度はバーテンが背後から撃ち、ウェインは再び突っ伏すことになって、床が新たな袋小路として現れる。駆けつけた下宿の少年ロン・ハワードが彼の銃を取ってバーテンを撃ち殺すが、ウェインとハワードの切り返しで、ウェインは上からのカメラで見下ろされる形となり、彼がそこで死すべき床が、再度袋小路として強調されることになる。『ガンファイターの最後』でも、主人公の保安官は町の大通りで、屋根屋根にいる町の住民たちから一斉射撃を受けて死ぬわけだが、その姿は俯瞰で捉えられていた【図49】。上からの視点で押しつぶされるような形で捉えられる『ラスト・シューティスト』と『ガンファイターの最後』のガンマンたち。これは西部開拓時代の終焉という袋小路の表現でもあるだろう。俯瞰で映画が終わる『ダーティハリー』は、

図49 『ガンファイターの最後』地面という袋小路

図50　『殺し屋ネルソン』究極の袋小路としての墓石

サソリを撃ち殺したのち（この場面における川べりもまた袋小路の一種だが）、バッジを投げ捨てて去るイーストウッドを空撮で上から捉えるが、これも刑事としての矩《のり》を踰《こ》え、行き場のなくなった彼の状況＝袋小路を視覚的に表現したものと言える。

しかし袋小路としての平面が主人公の死を画する決定的な例は、『殺し屋ネルソン』であろう。ネルソンはＦＢＩとのカーチェイスの末、それ以上の走行が不可能となった車を出るのだが、銃撃戦の中で腹を撃たれており、情婦に支えられながら墓地へと逃げ込む。もはや死を免れないことを悟ったネルソンは、情婦にとどめを刺してくれるよう懇願する。拒否する情婦に、先刻森で見かけた子供を本当は殺そうとしていたのだと、自分の非人間性を強調し、憎しみを掻き立てる。カメラは再び横移動してネルソンを画面から外し、彼がもたれていた墓石に寄る。そこに銃声が響く。墓石の表面を静かに流れ下るカメラは、その墓碑銘の最後に書かれたThe Endの文字を映し出し、それが映画の終わりとなる。この墓石こそ典型的な袋小路というべきだろう。人の一生の軌跡を記しとどめる盤面という象徴的意味以上に、画面の奥を封じる平面であるという事実が、この墓石が袋小路であることを際立たせている【図50】。それにしても、この一連のシークエンスの速度は驚異的である。ネルソンの情婦がガソリンスタンドに車を乗り入れると、隣に停まっていた車の男たちに見とがめられ、不安を感じた彼女が車を発車させる。スピードを上げて走り去る彼らの車とすれ違ったＦＢＩ捜査官がはっきりネルソンとその情婦と気づき、カーチェイスが開始されると、後は一瀉千里に死への道である。行動を共にしている情婦が潜伏に倦んでいるという描写はあるが、例えばそれが裏切りにつながり、ネルソンの死を呼ぶという伏線だったりするわけでもない。むしろこうした無為の時間がいつまでも続くのか、と見る者が情婦と共に思いかけていたところに、こうなるべき必然も、そこに至る説話的な準備もなく、死はネルソンにいきなり訪れる。乗り捨てられた車から墓地へと横滑りするような素速い横移動のショット、ぜいぜいと喘《あえ》ぎ、声も切れ切れで死が切迫していることを感じさせる主人公の様子、それら一連の息せき切ったアクションが、平面に取って代わられていきなり断ち切られ、しかも何の余韻もなく、見るものを空虚の中に置き去りにするその呆気《あっけ》なさ。ギャング映画の主人公の死は、それが悲惨なものであるだけいっそう悲劇的に感じられるものだが、ここにはそのような悲劇性は一切なく、ごくそっけない。このそっけなさこそシーゲルの真骨頂である。この死の場面は、製作者に突然、今日で撮影を終えねばならないと告げられ、やむなく一日で撮り上げたと伝えられており、そうした映画外での事情が、映画内部に創造的な形で反映したと言える。しかしすでにいくつかの例で見られた通り、シーゲルの映画にこのような呆気なさ、あるいは非情さはしばしば見られるものであり、その意味ではこの場面は撮影事情による例外的な事態というより、例外的な事態であったからこそ、シーゲル的な説話の典型がむき出しに現れたと言ったほうが正しいだろう。

愚直と過激

シーゲルの敵地というトポスの主たる意味は、外がないということである。シーゲルの作品舞台は限定されている。監獄の中しか描かれない二作品は無論、町から外に出ることがない『ボディ・

スナッチャー／恐怖の街』、『グランド・キャニオンの対決』、『犯罪組織』、『太陽の流れ者』、『刑事マディガン』、『マンハッタン無宿』（冒頭の数場面を除く）、『ガンファイターの最後』、『ラスト・シューティスト』、スラム街の一ブロックを一切カメラが出ることがない『暴力の季節』、（冒頭の数場面を除いて）最前線に場面が限定される『突撃隊』。「追跡」という主題もシーゲルにはあるので、その場合どうしても追う者と追われる者が交互に描かれることになり、描かれる場所が一つに限定されることはあり得ないが、そうした場合であっても、カメラはその二者のみに寄り添う形で話は進み、決して横道に逸れることはない。そのほうが説話的には面白みが増し、また効果的である場合でも、そうした構成は採られない。例えば観光客の荷物に麻薬を潜ませて密輸する組織が、その麻薬を回収する作業を描く『殺人捜査線』であれば、観光客のそれぞれが何か不可解な事件に巻き込まれるのを断片的に描き、それが重なっていくことで実はその裏に犯罪組織があったことが、ジグソーパズルが組み合わさるように判明するといった展開もありえたはずだ。だが、シーゲルにあっては、回収するマフィアとそれを追う刑事に焦点が合わされて、そこを外れることがない。あるいは軟禁状態になった男を、性的に抑圧された女たちが取り囲む『白い肌の異常な夜』でも、女たちのそれぞれの過去や欲望のありようを一人一人描き分け、劇に深みや奥行きを与えるということもありえただろうが（過去が描かれるのは校長のみ）、その方策をシーゲルは採らず、もっぱら男のほうに焦点を合わせ続ける。要するに、シーゲルには群像劇的な、多視点的な構成が一切ない。視点は特定の人物に合わされて、映画は終始一貫彼（ら）を追っていくのみなのだ。

これは時間的にも言えることで、監獄映画において典型的に示されていたように、シーゲルは時間操作を好まない。フラッシュ・フォワードは無論、フラッシュ・バックもほぼ用いない。シーゲルの映画において物語は、映画が始まったときに始まり、映画が終わったときに終わる。映画の中の物語において経過する時間は、映画の上映時間と正確に一致する。前日譚も後日譚もない。主人公が過ごしてきた過去が現在を彩ることもなければ、主人公のその後の時間を想像させる描写もない。映画の中で流れる時間に余分も不足もない。映画の内容と形式は一体なのである。そもそも映画という表現媒体は、映画の上映が始まったときに始まり、上映が終わったときに終わる。自明と言えばあまりにも自明なことであるが、シーゲルは、映画の内容を、映画の外枠＝上映時間に合わせることで、その事実を我々見るものに思い知らせる。映画に描かれている出来事だけでなく、映画の形式にも外がないわけである。映画を見ることで、我々はその時間だけ、映画内の出来事、映画内の時空間にいる。それ以外の過去も未来も、それ以外の空間も存在しない。映画の持続の間だけぴったり、我々はその時空間にいる。映画は「今」「ここ」の純粋な運動として現れる。

つまり、閉じられた時空間としてのシーゲルの「敵地」とは、映画そのものなのだと言えば言えないこともない。シーゲルの映画は、その意味でメタ映画なのだ。映画とは、映画館という閉ざされた空間で、上映時間という始めと終わりの定められた経験であり、「今」「ここ」の運動であることを指し示すシーゲルの映画はそうした映画の根拠そのものを意識させる。シーゲルの作品は基本的にアクション映画であり、刑事ものなどの「追跡」とその末の「対決」というパターンに含められるものが多い。そもそもシーゲルは雇われ監督で、企画も他所《よそ》から持ち込まれたものであることが多い以上、類型的な物語を語っていること自体は自然である。しかし同じように雇われ職業監督でありながら、例えばアンソニー・マンやリチャード・フライシャーであれば、初期ノワールで見出した主題をその後A級の西部劇や犯罪映画に応用展開して表現の幅を広げてゆくのだが、そうしたキャリアの発展的拡大は、どうもシーゲルには当てはまらない。シーゲル作品は、ごく少数の例外を除いて類型にとどまる。しかし、類型であっても、その中の各主題の関連づけや細部の演出にこそ独自性が発揮されているし、そこに彼の「作家」性がある。発展性がない分、逆に言えば彼の作品群は一貫している。本書はそれを明らかにしていくのであるが、また類型は類型でも、それを重ねることでその類型性を突き抜けていくところがシーゲルにはある。類型に徹したからこそ、その類型の条件そのものにまで達する。ある種愚直ではあるのだが、その愚直さは、過激さに通じているのである。第七章に論じるように、本章で論じた「外」の不在は、実は「外」の現出に転じる。これも類型の追求の末、類型の底が抜けるという、愚直から過激への突き抜けのありようである。

第六章　偽装
シーゲル的イメージ

敵地でなくなること

自ら敵地に赴くのであれ、今いる場所が突然敵地に変貌するのであれ、シーゲル的人物は敵地にある自身を発見する。自分の周囲はみな敵である、そんな状況でシーゲル的人物はいかに振る舞うべきなのか。敵地を敵地でなくしてしまう。まず考えうる解決策はそれである。敵を説得し、あるいは武力によって無理やりこちら側につかせてしまうことで、敵は敵であることを失い、シーゲル的人物の味方となるだろう。こうした方策を採ったのが『スパニッシュ・アフェア』の建築家であり、『中国決死行』の兵士たち、また『第十一号監房の暴動』の暴動者たちということになる。『スパニッシュ・アフェア』の建築家は、敵地であるスペインで、相手を説得することで自分の建築計画を承認させようとし、『中国決死行』のアメリカ軍は、捕らえた日本軍将校を利用して身代金を取ろうとする中国人ゲリラと取引をしようとし、『第十一号監房の暴動』の囚人たちは、暴力的な形で自分たちの待遇改善を要求して、相手を自分の意向に従わせようとする。友好的、暴力的の差はあるが、自分に敵対する者を自分の味方に変えてしまうことで、敵地を敵地でなくしてしまうという戦略においては同一である。しかしこの道は困難である。唯一成功したかに見える『中国決死行』の一行にしても、日本軍将校を確保しているゲリラは金目当てで、身代金を吊り上げる上に、一人残った主人公に酒の呑みくらべを強要する容易ならざる相手である。本来の敵である日本軍は存在感が薄いため、殲滅にせよ説得にせよアクションが生じないのだが、その分抽象的で対処しようのない敵としてむしろ確固とした存在であり続ける。『スパニッシュ・アフェア』にしても、『第十一号監房の暴動』にしても、結局敵を味方に変えるという試みは失敗に帰し、主人公たちは当初の目的を果たせずに終わる。シーゲルにおいては、敵性が消滅する、ないし敵対関係が主人公にとって成功裏に解消されるということは難しい。

もう一つの方策は、敵地から逃げてしまうことだ。敵地は敵がいるから敵地なので、敵のいないところに逃亡すれば、そこは敵地でなくなる。これを実行したのが『アルカトラズからの脱出』ということになる。映画の全編はこの逃亡の過程の描写に費やされ、主人公たちの逃亡の（恐らくは）成功によって、アルカトラズ監獄自体が廃止されてしまう。敵地は消滅したわけであり、これは主人公たちの完全勝利と言っていい。しかしこの方策も実のところシーゲルには稀なことであり、それが成功したのはこの一作のみである。敵地を巡る戦いが全面的な敗北か全面的な勝利に終わるというのは、シーゲルにおいては例外的な事態であって、むしろそのどちらとも明確に言い難い状態が生じることこそが、シーゲル的映画世界のありうべき姿と言っていい。そもそも全面的な敗北に見える『スパニッシュ・アフェア』や『第十一号監房の暴動』にしても、その説得や暴動の過程そのもの、敵と味方を巡る葛藤自体が映画の本体であり、それが勝利か敗北かという闘争の帰趨は、主人公たちにとってはともかく、映画を見ている時点での我々自身には実はどちらでもいいことである。いったいシーゲル的世界にあっては、敵か味方かという色分けが実は必ずしも明確ではない。

『スパニッシュ・アフェア』において建築家に同行するスペイン人秘書や、『第十一号監房の暴動』において暴動者に同情的な署長のように、敵の中にも味方はおり、その逆もまた真である。とりあえずの主人公がいて、とりあえずの敵がおり、彼らが争う事態があって、その敵対関係自体は終始維持されながらも、敵の中にも味方が、また味方の中にも敵がいて、敵対するはずの二者の関係は複雑な様相を呈していく。映画が提示する敵味方の別は劇の契機ではあっても、その決着自体が問題というよりは、そこで生じる事態の紆余曲折こそが見るべきものである。本章と続く章では、敵と味方を巡る複雑な様相を論じていくことになるのだが、主人公たちとその敵、とは言いながら、シーゲル世界にあってはその間の葛藤が問題なのであって、必ずしも敵に全面的に勝利／敗北する、あるいは敵が完全に消滅する、そういった事態が目指されるわけではないことを今は確認するにとどめておく。

偽装

敵を敵でないものに変える、あるいは敵地を逃亡する、そうした方策に拠らないシーゲル的人物、敵地にとどまり続けるシーゲル的人物はどう振る舞うことになるのか。その典型として挙げられるのは『突撃隊』だろう。主人公（スティーヴ・マックイーン）らはたった数人の小隊で、敵と接する最前線に取り残され、わずかな人数で大隊がいるかのごとく装うことを任務として課せられる。彼らが採る方策は「偽装」である。といってもすることはさほど複雑ではなく、石を入れた箱を敵陣近くの木にくくりつけロープを引っ張って鳴らす、ジープのエンジンを改造して戦車のような音を発する、敵が自陣に仕掛けたマイクを逆用して本部との通信を装った会話を聞かせるなど、ごく素朴なものだ。しかしこうした単純な手立てで敵を騙し続けるのはやはり限界がある。敵はまもなく彼らの偽装を怪しみ、攻撃を仕掛けてくる。この際は敵をかろうじて撃退することができ、自分たちの実情を知られずに済んだが、偽装そのものはもはや破綻しかけている。

これでは真相が暴かれるのも時間の問題と危機感を抱いた主人公は、先制攻撃が最大の防御と信じ、数名の仲間と語らって、敵の機関銃の銃座があるトーチカを破壊しようとする。事態は差し迫っているとしてすぐさま行動に移ろうとする主人公たちに、彼らの直属の上官が、指揮官の承諾を得なくてはと言い出す。そんなものは待っていられないと、主人公たちは上官の危惧を無視して行動に移る。止めた上官もやむなくそれに従う。トーチカの手前には地雷原がある。主人公は先頭に立って、匍匐《ほふく》前進しながら、見つけた地雷に、後に続く者たちに知らせるための目印のナイフを刺しながらゆっくりと進む。しかし彼が見逃してしまった地雷に上官が引っかかって爆死、その音で襲来に気づいた敵は、攻撃を開始する。事態は最悪の展開を迎える。

その後主人公は、指揮官の承諾もなしに勝手に行動し、しかも犠牲者を出したとして、軍法会議にかけてやると指揮官に脅される。主人公の行動を、やむなくとはいえ許可した直属の上官が死んでしまったことも、主人公に不利に働く。この命令違反という主人公の行動にも、実は「偽装」に通じるものが見出せる。軍隊とは指揮系統が明確な組織であり、命令を発するのはあくまで指揮官や上官で、兵士はその命令に従うのみである。兵士は軍隊内ではあくまで命令に従うロボットのような存在でなければならないのだが、主人公は、そのような軍隊の中のあるべき兵士像を逸脱する。自らの意志で動き、上官を、ひいては軍という組織そのものの在り方を否定する。そこに権威に無批判に従う事大主義に対するシーゲルの反抗精神を見ることもできるが、今は兵士「らしさ」の逸脱という点に注目しよう。主人公は兵士としてのあるべき姿を超え出る。兵士らしさのイメージを裏切っている。本作は、敵中で敵を欺こうとする前半部と、（無謀な）攻勢に打って出る後半部に分かれるが、一見時間軸上の経過に添って語られているだけに見えるこの二つの部分は、しかし偽装という主題において繋がっている。敵の懐深くにあって、敵に自分たちが大勢であることを偽装する前半が聴覚イメージの操作による外見的ズレの産出であるのに対し、後半の兵士像の逸脱は内面的ズレの創出と言えるだろう。彼はロボットであるような兵士像を拒《こば》み、自らの意志で行動する。「あるべき姿」「らしさ」を強いてくる機構を、イメージの官僚制と呼ぶこともできるだろう（官僚制はシーゲルの最も嫌うところである）。主人公の行動は、このイメージの官僚制への抵抗である。偽のイメージの創出と、与えられたイメージからの逸脱。方向性は逆なのだが、あるべきイメージと実際の姿の間にギャップを生み出し、両者の差異を攪乱《かくらん》するという点で、前半の偽装作戦と、後半の主人公の行動は通じている。『突撃隊』という作品は、実像とイメージのズレという主題を一貫して語っている。

それにしても主人公が、軍法会議にかけられるという危険を冒してまであるべき兵士像を逸脱する動機は、実のところよく分からない。偽装作戦には淡々と従事してはいるものの、必ずしもその効果を確信しているわけでもなく、命じられたからやっているまでという態度をあからさまに示していて、またトーチカ破壊にしても、自軍の勝利のためという強い使命感や、敵への強烈な憎しみのようなものは窺《うかが》えない。主人公は終始ぶっきらぼう、無表情であり、感情を明確には示さない。しかし彼がラストで示す、自身の生命まで犠牲にして行なうトーチカ破壊の行動はほとんど理不尽なまでに根拠を欠き、だからこそ圧倒的である。主人公は、艦砲射撃や火炎放射器で空けられた道を進み、トーチカに爆薬を投げ入れるが失敗、戻る途中で撃たれてしまう。しかし前夜の攻撃の際、死んだ兵士が遺していった爆薬を見つけ、それを自らの体ごとトーチカに投げ入れて爆死するのである。自らの命を懸けてまでトーチカを破壊しようとする主人公の行動の強さ。しかしそれを後押ししているのが、敵への憎しみでも、任務への忠実さでも、まして自分が否定した「兵士らしさ」への回帰でもないことはこれまでの主人公の態度から明確である。では彼を自死に至らしめるまで突き動かしているものは何なのか。トーチカが、彼にとって敵の象徴、さらには戦争という不条理な状況の象徴であるとはいえるかもしれない。しかしそうした象徴性をシーゲルが許しているようにも思えない。シーゲルの映画はもっぱら具体の運動の軌跡であって、それをなにか抽象的な概念に昇華させるような心性を欠いている。ここでのトーチカは、人間にとって決して超えられない運命のようなものの隠喩であるよりは、あくまで破壊されるべき物質として、戦争の現実としてそこにある。

シーゲルはこのとき、燃え上がるトーチカを描くにあたって、スクリーンに映写したトーチカをズームで捉え直すという形を取っている。ブローアップしたかのようなザラついた画面。映っているトーチカも、内部から燃えてはいるが、完全に破壊されたとは言い難いように見える。命を懸けてすらトーチカは沈黙しなかった、その無残。とはいえこの未達成感もまた、人間の営為の徒労といった象徴性からはほど遠い。ズームアップも、噴きあがる炎も、まだ事態は終わっていないことを語っている。火を噴きあげているトーチカは、未だ運動の相の下にある。主人公の行動は確かに完全な成功ではなかったし、そこに戦争なるものの真の姿が明らかにされたわけでもない。とすればこの場面から何が残るのか。それは、主人公の前進の動きであり、彼の死後もその動きを模倣するかのようなカメラのズームである。トーチカの破壊という目標すらどうでもいい、ただ前進する動きのみがそこには現前している。そしてその前進とは、主人公にとって、自身を兵士なるものに押し込めようとする何かから逃れようとする前のめりの姿勢、逸脱の運動に他ならない。彼は、その運動に自身の生命までも懸けた。運動に自身を蕩尽《とうじん》（あるいは文字通り焼尽）する存在。シーゲル的存在とはそのようなものである（次章も参照）。

犯罪者たち

『突撃隊』の主人公は、命令に絶対服従という兵士のあるべき姿を逸脱している。このあるべき姿という固定観念を「イメージの官僚制」と呼んでおいたが、それを最も有効に利用しているのがシーゲル作品におけるギャングたちである。「シーゲルの世界は、社会、犯罪、法の三つの世界に明確に分類されており、登場人物たちにとっては他のグループの見た目を装うことは容易だ。たいていの場合犯罪者たちは一般社会のメンバーに自身を偽装するが、その際彼らは、身元を最大限保証してくれるような仮装を施す」（『ドン・シーゲル　アメリカン・シネマ』、一二四頁）。『殺人捜査線』のギャングはビジネスマンらしいスーツを着て、サイレンサーつきの拳銃をアタッシェケースに入れて持ち運ぶ。『殺人者たち』のギャングもまたスーツ姿で、彼らが追及するジョン・カサヴェテスやロナルド・レーガンらかつての強盗たちは、警官を偽装して強盗を働く。『殺し屋ネルソン』のネルソンを始めとする一味は、工員を装って工場の門を入り、また郵便局員を装って郵便局に侵入する。それらしい服装をしていれば、我々は彼らのアイデンティティを疑わない。「社会、犯罪、法」は見た目によって明確に区分され、その間の境界が崩れることは想定されていない。だからこそ偽装が有効なのである。これらの例は「イメージの官僚制」がいかに根強く我々の中に根づいているかを証し立てているのだが、奇妙なことに、一方でネルソンは「イメージ」なるものに強く反発を感じている存在でもある。ネルソンは自身の短軀と童顔にコンプレックスを抱いており、「ベイビー・フェイス」という通り名に苛立つ。本名のギリスからネルソン（情婦の苗字である）へと名前を変えたのも、自分の名前とイメージが癒着してしまうのを嫌ったからでもあるだろう。ネルソンが命名したのかどうかは判然としないが、ギャング仲間のジャック・イーラムは「ファッツォ」と呼ばれている。ファッツォとは太っちょといった意味であり、痩身のイーラムの見た目とは正反対の呼び名である。イメージを利用することに最も成功している存在が、実のところイメージへの反発を最も感じている。彼はイメージを逃れようとしているかの如《ごと》くであり、その意味では兵士らしさというイメージを逃れようとした『突撃隊』の主人公と同じ衝動に駆られているかに見える。この名前の持つ意義については改めて後述するが、ともあれシーゲル的主人公は、「イメージの官僚制」を利用する。イメージを偽装することによって、周囲のものに誤った認知をさせる。単に認知を誤らせるだけではない。その誤認を利用して彼は、他の登場人物に自分にとって都合のいい行動をさせる。偽装は操作につながる。

偽装から操作へ

シーゲルの長編第一作『ビッグ・ボウの殺人』に、すでにそれは見られる。逮捕した男が死刑執行された後に真犯人ではなかったと判明した主人公のスコットランド・ヤードの警部（シドニー・グリーンストリート）は、誤認逮捕の責任を取って辞任させられる。彼はその後、炭鉱主が殺される事件に遭遇、被害者と不仲だった国会議員が逮捕されると、その無実を証明するために奔走する。実のところ、炭鉱主を殺害した犯人は主人公である。誤認逮捕の元となった殺人事件の真犯人が炭鉱主であったことに気づいた主人公は、真犯人を殺すことで真の裁きを下すとともに、自分を無能と侮蔑した後任の警部に国会議員を誤認逮捕させ、自分と同じ名誉失墜を味わわせようとしていたわけだ。主人公は、炭鉱主殺害の際に、偽装を用いる。朝方、小心者の下宿管理人が向かいに住む主人公を呼びに行く。部屋には鍵がかかっていて、主人公が体当たりで扉を開けると、中で炭鉱主が死んでいる。早く警察を呼べと管理人を追いやるが、実はそのときまだ炭鉱主は死んでいない。管理人が警察を呼びに行った後で殺したわけだが、扉が開けられる前に被害者は殺されていたと管理人が認識するために、密室状況が成立してしまう。

偽装によって疑いを免れた主人公は、後任の警部が国会議員を逮捕するのを黙認する。当然その無実は晴らすつもりであるが、国会議員の無実の証明ができれば誤認逮捕で後任の警部を失墜させることは可能なので、それだけで済ませようとしていたのか、証人の不慮の死で無実の証明が叶わなかったために結果的に自分が犯人と自白せざるをえなくなってしまったのか分からない。ただし主人公の傍らには常に親友であるイラストレーター（ピーター・ローレ）がいて、その振る舞い（と見た目）が怪しいために、見る者は彼が犯人なのではないかというミスリーディングもされるわけだが、終わってみればイラストレーターは主人公が何をしているのか知っており、しかしそれを制止することもできず、ニヒルに飲んだくれているしかなかった、いわば主人公にとって良心のような存在であったと分かる。イラストレーターの存在が、いずれ主人公に自身の罪の清算を促したはずだとは思われるのだが、ともあれ主人公は、自分の犯行を偽装によって成立させるとともに隠蔽し、また最も疑わしい人間に疑いが向けられるままに放置して彼を後任警部に逮捕させ、この誤認逮捕を公然と暴き立てることで警部を失墜させるべく彼を操作している。偽装がそのまま操作であるような形でダイレクトにつながっていないきらいがあるが、シーゲルはその長編第一作ですでに、偽装と操作という生涯の主題を取り上げているわけである。周知の通り本作は推理小説の古典が原作であり、物語の構成自体は映画独自のものではない。それでも原作は密室トリックが有名な作品であるのに対し、ここではそれ以上に主人公の行動に焦点が当てられており、操作の主題がより明確にされている（ただし、原作は叙述トリックの作品でもあって、その叙述トリック部分を操作の主題と見なすことができないわけでもない。偽装と操作の主題はあくまで原作由来だということになるのだが、しかしこれから見ていくように、以後のシーゲル作品にもこの主題は明確に現れている)。

偽装の主題の現れ

偽装の主題はシーゲル作品の中に多々現れる。『仮面の報酬』のロバート・ミッチャムは、軍の金を横領したとして追われているが、真の犯人は彼を追っている上官であり、上官は追う側を偽装することで自分の罪を隠蔽している。『贅沢は素敵だ』では、ヴィヴェカ・リンドフォースは資本主義の誘惑にさらされるが、これは当局が彼女の共産主義への忠誠を試すための偽装である。『抜き射ち二挺拳銃』では、裏で強盗を働く一味の首領とその妹が町の有力者に偽装している。『裏切りの密輸船』では、武器密輸業者(エディ・アルバート)が観光客を装う。『グランド・キャニオンの対決』では、犯人が廃鉱から採掘した金を、肥料用のケーブルカーによって隠し運ぶのだが、これも偽装の一種だろう。『裏切りの密輸船』では、アルバートは抵当に入った主人公(オーディ・マーフィー)の釣り船を入手し、彼を金で縛って密航に利用する。『グランド・キャニオンの対決』で犯人は、飛行機が操縦できる廃鉱の持ち主の息子を犯行に加担させている。これらでは確かに犯人は共犯者をいいように扱っているが、強制的なものであって、自発的な形で動いてはいないのでシーゲル的な操作の主題には当てはまらないと見なすべきである。シーゲルの前期作品では、偽装はあっても、それが操作と結びついている例は多くない。

長編第一作『ビッグ・ボウの殺人』のような、偽装が操作の主題と合わせて現れる例が多くなってくるのは、シーゲルが自身の世界を確立する中期以降のことである。この時期に至ってシーゲルは自身の主題を意識し、自覚的に展開していったと見ることができるだろう。『犯罪組織』では、

第一章で既述の通り、犯人の男（労働組合の大物の部下だった）は自身を死んだものと偽装するのだが、その真相を探るために彼の親友である男（ロバート・カルプ）が町にやってくる。しかしそのことも犯人の計画のうちであり、労働組合の大物（エドモンド・オブライエン）の汚職の証拠である小切手を彼に買い取らせるための脅迫の手先に主人公を使おうとしていたのである。親友の死の偽装が、そのまま主人公の自発的な行動を引き起こしており、操作の主題に密接に絡み合っている。リメイク元のロバート・モンゴメリー『桃色の馬に乗れ』では主人公の親友は確かに死んだことになっており、彼が死んだと偽装するというのはシーゲル版独自のアイディアである。しかも、先に述べたようにシーゲルは編集段階で、その偽装を早々に明かすように変更している。さらに先述の通り、主人公がやってきたことで計画はうまくいったという趣旨の台詞を犯人たちが述べ、この偽装と主人公の操作とが一体であることが強調される。

『真昼の死闘』では、フランス支配下のメキシコで、ゲリラとして暗躍する売春婦（シャーリ・マクレーン）が修道女に偽装する。イーストウッドは強盗にレイプされかかっていた彼女を救う形で出会い、彼女と同じくゲリラに協力して（ただし彼の場合は金目当て）いたことから彼女と行動を共にする。彼は修道女らしくない彼女の行動に呆れたり感心したりしながら、あるいは彼女に命を救われたり、爆薬を仕掛けるために高所恐怖症の彼女を高架橋に上らせたりと、助け、助けられながら珍道中を繰り広げるのだが、彼は修道女としての彼女に一定の敬意を払い続ける。その後彼女は自身の正体を明かし、こういう格好をしていると皆が助けてくれるので便利だという趣旨のことを言う。イーストウッドもまたそうして騙され、協力させられた者の一人だったわけである。彼は自分が優位に立っており、彼女に協力させているように思っているが、実のところ協力させられているのは彼のほうであり、彼は操っているつもりで操られている。

『ダーティハリー』でイーストウッドは、誘拐された少女の身代金を、犯人の指示通り運ばされる。犯人の指示に従って電話ボックスから次の電話ボックスへと移動させられるハリーは、まさに操られているというにふさわしい。しかしここで操作は偽装とかみ合ってはいない。偽装と操作が絡み合っているのは、むしろ以下の場面だ。サソリ（アンディ・ロビンソン）をついに逮捕しながら、その逮捕に際して法的手続きを逸脱したために彼を釈放せざるを得ないハリーは、非番のときにはサソリにつきまとい、監視していることを彼に思い知らせる。それに業を煮やしたサソリは、屈強な黒人に自身を殴らせ、その膨れ上がった顔をメディアに晒して、ハリーに殴られたかのような偽装、これによってハリーは上司に叱責され、尾行を禁止される。ハリーの仕業《しわざ》であると告発する。それによってマスコミを介して彼の動きを封じる操作。偽装と操作がここでは一体である。

『白い肌の異常な夜』

シーゲル後期の作品にあっては、抜きがたく偽装と操作の主題が絡み合ってくる。まず『ダーティハリー』のひとつ前の作品になる『白い肌の異常な夜』。南北戦争時代、南部にある女性ばかりの閉ざされた寄宿学校に、負傷した北軍兵士（イーストウッド）が運び込まれる。中年から結婚適齢期、思春期、少女期と年代はさまざまながら、男性に対して免疫がなく、それぞれに欲求不満を抱えていることを見て取った彼は、監禁状態にありながら逆に彼女らを操っていく。まず対象となるのは、彼を発見した少女（パメリン・ファーディン）である。彼女はキノコ採りの最中に彼を発見するのだが、そこに南軍が通りかかり、あやうく見つかりそうになる。その際彼は、意識朦朧《もうろう》の状態の中で少女を自分のいる木陰に引き入れ、キスをする。これは黙らせるためでもあろうが、彼女を誘引し、気を持たせるためでもある。実際少女は彼が自分に好意を持っているものと思い込み、何

図51　『白い肌の異常な夜』語りと矛盾するイメージ

かにつけ彼を援助するようになる。この時点ではどこまで意識的な行動なのかも分からないため、偽装とまでは言いにくいのではあるが、その後の彼の行動を見るとそこにいささかの作為もないとは信じがたい。彼の行動が計算に基づく故意のものであることは次第に明らかになっていくが、なかでも明白なのは、当初彼に対して最も警戒心をあらわにしていた校長（ジェラルディン・ペイジ）に対する彼の言動である。校長は彼が運び込まれた直後に、北軍兵士である彼を匿うことに抵抗を示し、南軍が通りかかったら引き渡すため、門に合図のハンカチを結びつけようとする。しかしこの怪我では収容所に入れられたら死ぬかもしれないという危惧から、校長はいったん回復を待つことにする。次第に回復した彼は、彼女に自分の過去を語るのだが、それが虚偽であることが画面によって示されるのである。火に巻かれた敵兵を助けに行って撃たれたと彼は言うのだが、フラッシュバックで示された画面は、彼が木の上から狙撃している様を映し出す。あるいは、北軍が畑の作物を焼き払おうとしているのを阻止できず忸怩たる思いでいた旨を話している際のフラッシュバック画面も、彼が自ら畑に火を放っている姿である【図51】。先に述べたように、シーゲルにおいて語りは常に現在であり、ここで用いられているフラッシュバックは過去の叙述であるというより、彼が今現在嘘をついていることの明示である。彼はこうした嘘によって、自分が北軍兵士ではあっても、彼女ら南部の人間の敵ではないこと、悪い人間ではないことを偽装する。この偽装によって彼は校長の警戒心を解き、事態を自分に有利な方向に導こうとしているのであり、偽装と操作は一体である。一方校長自身も、彼の姿にかつて近親相姦の関係にあった兄を思いだしており、彼もまたその事実を知っている。校長の部屋に忍び込んで、彼女と兄が交わした手紙を密かに見ているのだ。彼は校長の秘めた欲望に気がついていて、兄の代わりに学校の経営に携わってほしいという校長の願いを聞き入れる。彼はさらに、寄宿学校の家政一般を担当する黒人女性にまで操作の手を伸ばし、逃がしてくれるなら行方不明になった彼女の婚約者を探してやると、自分の味方につけようとする。黒人女性とのやりとりからすれば、彼は逃げることも選択肢に入れているのであり、校長の申し出に従ってここに残る、あるいは以下に記すように戦争後学校の女教師と結婚するという選択肢はこれと相殺されて、彼が対象によって態度を変えている（偽装している）こと、それによって相手の感情を操っていることが暴かれる。

彼にとって最大の操作の対象は女教師（エリザベス・ハートマン）である。初め男は信用しないと言っていた彼女も、彼の世話を身近でするうちに次第に態度を軟化させ、戦争が終わったら迎えに来るという彼の言葉を信用するまでになる。彼女は彼の最大の庇護者となるだろう。しかし周到に操りの糸を張り巡らせた彼のつまずきの石となるのが、コケットな女子学生（ジョー・アン・ハリス）である。彼女は彼をあからさまに性的に誘引し、彼もついにそれに屈する。深夜の女子学生の部屋に彼がいて、ことに及んでいるところを発見し、彼を階段から突き落とすのは女教師である。彼が、最大の成果である彼女をほんの出来心によって失うことになるのはいかにも軽率であるが、ともあれこれによって彼は足を骨折し、切らねば助からないという校長の判断で、骨折した片足を切断されてしまう（校長がこの夜、彼が自分の寝室に忍んでくることを予期していたのであるからには、無論彼女のこの行為には嫉妬からの復讐の意味が込められている）。この片足切断が去勢の謂《い》いであることは言《げん》を俟《ま》

図52　『白い肌の異常な夜』受難する主人公＝キリスト

たない。切断の際、手を広げた形で固定された主人公が、まるで十字架上のキリストを思わせるところがあり、去勢とキリストの受難が重ねられている【図52】。先述の通り短編第一作『ベツレヘムの星』にも、馬小屋で赤ん坊を出産する旅の夫婦とそれを見守る宿泊客たちの構図が、壁にかけられたキリスト生誕を描く絵にそっくりという描写があった。ここにも実物とイメージの二重性が現れており、しかもそれは宗教性を帯びている。ここで主人公の北軍兵士は、キリストと同一視されているのだろうか。しかし『ベツレヘムの星』について、シーゲル自身これを「感情過多」と評している通り、そこではセンチメンタリズムが強調されていた（アカデミー賞まで受賞したのはそのセンチメンタリズムゆえだろう）。そのことを鑑みれば、この二作品における宗教的イメージは、主人公たちをキリストやマリアとして自然に受け取らせるというより、「偽」装であることのあからさまな提示であるように思われる。『ベツレヘムの星』の場合であれば、とある田舎の村での出産にキリスト生誕を見る善意へのいささか皮肉めいた視線が、本作の場合であれば、我欲から去勢という事態を招いた、キリストの自己犠牲とは正反対の、自己中心的な主人公への悪意が感じられる。確かに卒論に新約聖書を選択したシーゲルではあるが、シーゲルの宗教性をあまり厳密なものと受け止めるのはためらわれる。

それはともかく、『白い肌の異常な夜』では、この不幸はかえって主人公にとっては有利に働いたのかもしれない。確かに彼はこれによって一時自暴自棄に陥って周囲に暴力を振るい、暴君のように振る舞うのだが、女教師は裏切られたことへの失望を乗り越えて、彼への同情はむしろいっそう強固な愛に転化し、その真情にほだされた彼は、本気で彼女との結婚を望むに至る。しかし彼の荒れように恐れをなした校長を始めとする生徒たち（その際、最初に彼を救った少女のペットである亀を投げつけて殺してしまっている）は、彼の殺害を企図し、実行する。そのための毒キノコを採りに行ったのが冒頭の少女というわけで、最初に彼を救った彼女が最終的に彼を殺すという円環が完成するわけである。どうやら本気で女教師と生涯を共にする決意をした途端に殺されるのは皮肉である。偽るのをやめることが死につながる。この場合、策をもって操る者が策に溺れて失敗したということになるだろうが、しかし偽装と操作がシーゲル的主人公の身を護《まも》る手段であるからには、それをやめるのは危険極まりないことなのだ。

『突破口！』

『白い肌の異常な夜』では偽装は直接的には女子生徒を誘惑し、校長を信用させるための手段であり、そうして彼女らを自分の味方につけつつ操っていた。偽装と操作の間にはまだタイムラグがあり、またそれが成功するかどうかも相手の受け取り方に依《よ》っている。そこに不発の可能性も十分あり、従って偽装と操作は一体のものではあっても同じものとはいえない。それに対し、偽装がそのまま同時に操作となる形で、シーゲル作品の中でも最も緊密に二つの主題が結びついた例が『突破口！』である。

農薬散布業の男チャーリー・ヴァリック（ウォルター・マッソー）が資金繰りに困り、田舎の小銀行を襲撃して、金を奪い、逃亡に成功するが、車の運転を担当する共犯者の一人であった妻を死なせてしまう。持ち帰った金を確認すると思った以上の大金で、大喜びの共犯者（アンディ・ロビンソン、彼はヴァリックの会社の従業員である）と違って、かえって彼は不安に沈む。彼の危惧通り、これはマフィアの隠し金であり、マフィアはたちまち追っ手（ジョー・ドン・ベイカー）を差し向ける。主人公は、逃走のために使った車と、それと共に焼いた妻の死体が発見されたことを告げるＴＶニュースを見て、彼らが通っていた歯医者に忍び込み、妻のカルテを抜き去る。これは現場で発見された遺体とカルテ上の歯形の一致によって身元を特定されるの心配してのことであろうとは思うのだが、ここで見る者は、すでにそれ以前、逃走車を燃やす際に彼が、妻の指から結婚指輪を抜き取って自分の指にはめていたことを想起するかもしれない。その際は、妻への愛情を示す仕草かと思われた行為が、実はそこから身元が判明してしまうのを恐れての行動だったのではなかったかという疑いが浮かぶ。彼はさらに、自分のカルテを抜き去って共犯者のものと入れ替える。妻の指輪を思い出した観客でも、まだこの時点でその意味には気づかないだろう。単に主人公が用心深い人間であることを示す細部と受け取るだけである。

主人公は銃砲店に行き、裏の世界に通じた店主に偽造パスポート製造を依頼する。その顔写真を撮るため、女性写真家の元に向かう。札びらを切って見せたために依頼料をぼられる。ギャングとつながっていた銀行の重役（ジョン・ヴァーノン）が地方銀行の支店長と面会し（牛を放牧する農場の柵の上に座って一見フランクに話しかけながら、支店長を威圧的に上から見下ろす矛盾が怖い）、実はあんたの自作自演ではないのかと問いかけるというシークエンス（それを受けた支店長は呵責に耐えかねて後に自殺するので、これも操るという主題の一変奏である）を経て、追っ手が銃砲店にやってくるのが描かれる。逃げるなら偽パスポートで海外に高飛びだろうと見越してのことである。さらに彼はそこから女写真家の元へ行き、依頼者の住所と名前を簡単に手に入れる。見る者はここで追っ手の勘のよさに驚き、彼の有能さに感心する。追っ手はすぐさま主人公と共犯者の住むトレーラーハウスに向かい、共犯者を発見し、彼を拷問して問い質《ただ》す。実はそのとき主人公は、トレーラーハウスの入り口を見渡せる位置に伏せて様子をうかがっていた。たまたま追っ手が来るのを見かけて隠れたのか、その到来を見越していたのか。追っ手が去った後、トレーラーハウスに入ってみると共犯者は殺されている。

　主人公はダイナマイトと時限式発火装置を買い、農薬散布の飛行機でリノに向かう。リノにはマフィアとつながる銀行がある。飛行機に乗り込む際、彼の手首に腕時計がないのがさりげなく示される。リノで秘書を通じて銀行の重役と連絡をとった主人公は、金を返すので会ってほしいと告げる。待ち合わせ場所である空き地の側には廃車場があり、廃車の群れに紛れて追っ手の車が待機している。車でなく農薬散布の飛行機で空から現れた主人公は、呆れる重役と歓喜の体で抱き合う。戸惑う重役。それを見た追っ手は、重役と主人公が初めからグルだったと思い込み、車を急発進させ、重役を轢き殺して、飛行機で逃げようとする主人公を追う。ノロノロと蛇行しながら走る飛行機を追い、ついに追突させて飛行機を転倒させる。宙づりになった主人公の無様な姿をみて悦に入る追っ手は、金が廃車のトランクに入っていることを白状させる。追っ手がトランクを開けると、何らかのランプが灯る。トランクの中には共犯者の死体が押し込められている。追っ手の目を擬したカメラは、銀行の名入りの袋を抱いた共犯者の死体、彼の手首の腕時計（指にはごていねいに、死んだ妻の指輪もはめられているのが見える）、点るランプをすばやいモンタージュで映し出す。と、爆発音とともに叫び声をあげながら追っ手が文字通り吹き飛ばされる。その後、ベルトを外して飛行機からおもむろに身を剝がし、操縦席の中に隠し置いた金を引き出した主人公は、燃えるトランクにさらにいくらかの金をばらまき、自分のツナギもそこに投げ入れる。ツナギに書かれた主人公の名前「チャーリー・ヴァリック」が燃えていく。これはタイトルと同じ画面であると見る者が気づくとき、映画にエンドマークが打たれる。

いささか長々と描写してきたが、これも主人公と追っ手の動きを観客がどう見ていくか、その経緯を知ってもらうためである。結末を知ってから時系列を遡《さかのぼ》ると、主人公の行動がまさに偽装と操作であったことが明らかになる（そうした記憶の遡行を、タイトルと同じ最終画面は促しているだろう）。歯医者で妻のカルテを盗み、入れ替えるのは警察の追跡を免れるためであろうが、しかし偽装パスポートを作るあたりからすでに操作は始まっていたと我々は事後的に気づく。追っ手が銃砲店に現れるのを見て、我々は彼の追跡の正確さに驚く。彼の有能さすら感じる。しかし考えてみれば、尻に火のついた人間が高飛びしようとするのは自然であり、この線に沿って追っ手もその窓口に手をつけてみたまでのことである。主人公は追っ手のそうした思考を先回りして、自分の住所にたどり着くよう布石を置いていたのだ。写真屋に札びらを切ってみせたのも、そう思ってみると自分を強く印象づけるためのあえての行動だったと分かる。そうやって追っ手を自分たちの住まいにおびき寄せたわけだが、すると共犯者が殺されるのも見越していたのだろうか。その可能性は高い。共犯者は奪った金が多いのを見て無邪気に喜び、無思慮であることが明らかで、そこから犯行が漏洩することも十分あり得る弱い輪である。主人公が追っ手を使ってこれを始末することを考えるのは自然だ。非情ではあるが、それは妻の指輪を巡っても現れている。妻の指輪を抜き取っていたことは先に記した。彼の愛情を読み取れる些細な仕草は、些細であるからこそむしろ我々を感動させもしたのだが、一方で、もしかすると身元がバレることを恐れての抜き取りだったか、という程度の推測は可能だった。しかしさらに最後の場面で彼は、その指輪を共犯者の指にはめている。彼はそれによって、のちに発見されるだろう死体を自分のものと偽装するのである。ここで初めて我々は、彼が歯医者で自分のカルテと共犯者のそれを入れ替えたことの意味に気づく。この時点ですでに彼は、仲間の死体を自分のものと偽ることを考えていたわけである。指輪に彼の愛情の深さを見ていた我々もまた彼に欺かれていたわけだ。偽装＝操作の最たるものは、銀行の重役をおびき出し、始めからグルだったと思わせ、彼を殺させる件《くだり》である。重役に一人で来いと言いながら、しかし廃車場近くの空き地を指定し、廃車の中に追っ手が隠れるだろうこと、そこから監視するだろうことを見越した上での偽の抱擁。追っ手は彼らの関係を誤解し、重役を轢き殺す。ここでは偽装と操りが完全に一致して、表裏一体である。

指輪に関して、我々もまた主人公に騙されていると述べたが、しかしこれはこの映画全体について言えることではないか。この作品は、視点の操作によって自分の見せたいものしか我々に見せていない。確かに我々は追っ手が主人公の後を追う様子を見ながら、同時に主人公の行動も先立って目にしている。ただし我々は主人公の行動のすべてを見ている（見せられている）わけではない。例えば、トレーラーハウスから金を運び出してどこに隠したのか、また最も重要な道具であるダイナマイトと時限装置をどう使ったのか。これらは描かれておらず、我々にそれは知らされない。我々は主人公の行動と追っ手の行動を交互に見せられているために、俯瞰して全体を見ている気になるのだが、しかしその実追っ手の視点以上のものを見ているわけではないのである。観客が全体を俯瞰しているかのように偽装しながら、実は追っ手の視点に同化するよう促し、そのことで彼の驚きを観客のものとする。シーゲルは、我々に対しても偽装＝操作を施している。

その後の作品での偽装

偽装がそのまま他者を操ることであり、なおかつそれが観客をも巻き込んでいるという意味で『突破口！』は偽装＝操作の主題におけるシーゲルの最大の達成と言ってよい。その後のシーゲル作品もやはりこの主題の元に展開されているが、『突破口！』ほどの密度をもっているとはいえない。しかしそれらの中には主題の興味深い変奏が見出される作品もある。『突破口！』の次作『ドラブル』では、イギリスの諜報部員（マイケル・ケイン）が息子を誘拐され、身代金として諜報部が最近買いつけたダイヤの原石を要求される。なぜダイヤの件が誘拐犯＝テロ組織に知られているのか不審に思った諜報部は、主人公の身辺を密かに調査する。すると彼のアパートメントで、テロ組織のメンバーである女性（デルフィーヌ・セイリグ）と主人公が肉体関係にあることを示唆する写真が発見される。主人公はそのテロ組織をずっと追っていた。この写真によって主人公とテロ組織が通じていると考えた諜報部は身代金の支払いを拒否、主人公は組織を裏切らざるをえなくなり、ダイヤを盗み、誘拐犯との交渉に向かうわけである。

分かりやすく時系列を整理して書いているが、実は我々は冒頭で、テロ組織の行動を示されている。テロ組織の女性の家を主人公が、組織に入りたがっている前科者を装って訪ねるのだが、その際、体を寄せる形になった二人をひそかに外から写真に捉えている者がいる。その写真を撮っていたテロ組織の頭目（ジョン・ヴァーノン）とメンバーの女が、主人公のアパートメントに忍び込み、彼女が全裸となってベッドに横たわり、頭目がそのポラロイド写真を撮って、机の引き出しに隠す。これら一連の行動の意味はその場では分からない。これが犯人らのあらかじめ目論《もくろ》んでいた操作であることが分かるのは、主人公が諜報部を裏切った時点である。ダイヤの情報の漏洩と写真の存在が諜報部に主人公を疑わせ、身代金としてダイヤを差し出すことを拒否させる。すると主人公は自らダイヤを奪ってテロ組織に届けざるを得なくなる。主人公は有能なスパイであり、自身の持てる技能のすべてを使ってダイヤを盗み出すだろう。子供の身代金としてダイヤを差し出すか差し出さないか分からない諜報部の判断にまかせるより、そして受け渡しのリスクを負うより、有能なスパイに自ら行動させたほうがよほど確実であるというわけだ。

確かにここで偽装は操作につながっているが、しかし表裏一体というほど密接ではない。その関係はいささか迂遠であり、偽装が必ず操作につながるという保証はない。身代金の額がほどほどであったら諜報部も金を出し渋りはしなかったかもしれないし、偽装によって誘拐犯一味と疑われたからといって主人公が組織を離脱することはなかったかもしれない。ただし、我々が本作を見ている間、そんな疑念はまったく浮かばない。ここでも『突破口！』同様の視点の狭窄の戦略があるからだ。犯人側と主人公側の視点の交錯があり、しかも犯人側の行動を予め知らされているため、事態を俯瞰しているかに感じるのだが、しかしその実犯人の意図は主人公の行動によって初めて理解できる。結局は主人公の視点に我々は同化させられており、操作される側のリアクションを通して事態の変化を受け取り、理解してゆくのだ。主人公は犯人によって操作されているのだが、観客もまた主人公に同化させられることで、主人公と同様に操作されている。シーゲルはここでも観客を操作している。

ジョン・ウェインの遺作である西部劇『ラスト・シューティスト』を経ての『テレフォン』は、シーゲルの中でも偽装＝操作の主題が最もあからさまに物語内容として打ち出されている作品だ。冷戦期にアメリカ国内に潜伏した多数のソ連破壊工作員。アイデンティティを偽装し、完全にアメリカ市民として地域に溶け込んだ彼らは、聞いた詩の一節によって破壊行動を起動する。彼らを操作するには、電話一本あればいい。彼らは洗脳されており、自分が工作員であることすら記憶していない。偽装といっても、自身が偽装していることも知らないのであり、彼らの偽装の事実が明らかになるには起動（操作）を待つしかない。操作されて初めて偽装が明らかになる。操作と偽装はこの意味で表裏一体である。ただし偽装は、自分が工作員である事実すら忘れることで記憶工作員の潜伏が完了しているという意味でも、また作戦自体がデタントによって消滅しているという意味でも、映画が始まった時点ですでに終わっている。操作が発動しなければ、この偽装自体明らかにはならなかったわけで、映画は操作の発動によって偽装が我々に、そしてアメリカ側に明らかになっていく過程を描く。偽装があった後に操作があるのは確かだが、その時間差が非常に大きいこと、また操作がなければ偽装が知られることがない、操作によって初めて偽装が知られるという形で時間的な転倒があること。そのひねり、間接性によって本作は、偽装＝操作の主題の一変奏という位置づけになる。

計画自体は冷戦期に発案、実行されたものであり、ソ連側ですら、この計画の存在を知っている者はごく少数に限られている。操作さえ発動しなかったら暴かれることのなかった偽装がそれでも明らかになるのは、この時間錯誤的作戦を起動させた者がいたからで、米ソのデタントを快く思っていない、記録文書の管理係であった犯人（ドナルド・プレザンス）は、職務柄計画の存在を知り、工作員とその連絡先を記したメモを盗み出したのである。彼はこの計画の発動によって、再び米ソが反目しあう状況を望んでいる。しかし攻撃されているアメリカ側にすら、その意図が分からない。破壊された施設は、冷戦期以降その重要性を失っていたものだからだ。犯人はできるだけ多くの工作員を起動し、アメリカ側に計画の存在を気づかせようとし、ソ連側はそれをなるべく早く阻止して、計画を忘却の中に埋没させようとする。従って映画は、犯人の動きとそれを阻止しようとするソ連軍人である主人公（チャールズ・ブロンソン）の動きを追うと同時に、彼ら二人を追跡するアメリカ側の動きを追う三つ巴《どもえ》の展開となる。

では、ここでは視点の操作はどうなっているのか。まず我々は、ソ連の軍部があるアパートを急襲する様を見る。誰かが逃亡したらしいが、それが誰か、どんな意味を持つのか我々には分からない。アメリカ側に移った視点は、自動車修理工が電話を受けて表情を失い、破壊行動を起こし始める姿を見せる。そしてその様子を確認しているらしい犯人の存在。修理工を始めとする男女が、アメリカの軍事施設を、あるいは自爆テロの形で、あるいはひそかに張り巡らされた爆発網を発火させることで破壊する様を確認して、犯人は悦に入る。この二者にどんな関係があるのか、当初は分からなかった我々だが、断片的に与えられる場面から、破壊工作の構図を次第に理解する。ソ連軍が主人公を呼び出して、彼の使命を伝えるところでそれがはっきりと示されて以後、視点は主人公にほぼ固定される。これは操作と偽装の関係が明らかになり、偽装（つまり作戦）の意味が我々にも理解されて、そのポテンシャルが尽きる時点でもある。後はいかに主人公が犯人に追いつくのか、アメリカ側がいつ全体像を察知するのかに我々の関心は移行する。犯人、主人公、アメリカ側（CIAのコンピュータを駆使する女性）の三者を視点が行き来はするが、それによって視点が限定され、情報が隠されたりすることもないので、映画自身による観客への情報操作は生じない。

ただし、犯人の行動には実は規則性があり、それを探り出すことが事態解決への鍵となる。彼は破壊活動を行う地名の頭文字を連ねることで、アメリカの地図に自分の名前を書こうとしているのである。ここに偽装＝操りの主題が再浮上する。人を動かすことで犯人は過去の計画を再起動し、それによって米ソの反目を再び現出させようとしているのだが、また一方でそれは政治的目論見の陰に隠れた（偽装された）自己顕示でもある。しかしこれは主人公に悟られ、それが犯人の命取りとなる。主人公は犯人の次の目標に先回りし、工作員を排除する。と同時に、そこに現れた犯人を殺害し、事態を終結させる。操ることは、その意図が発覚してしまえば先読みされてしまうことに通じ、むしろ操るものを追い込む危険に変わる。あるいはミイラ取りがミイラになるということもある。偽装＝操作は実は危険な行為でもあるのだが、実際に偽装＝操作の危険にまで触れた例はシーゲルにはあまり見られない。

『ラフ・カット』と『ジンクス！あいつのツキをぶっとばせ！』

再びイギリスで撮られた『ラフ・カット』にも偽装＝操作のヴァリアントが見られる。名うての宝石泥棒（バート・レイノルズ）がイギリスからオランダに運び出されるダイヤを巧みな偽装によって強奪する。その手口は派手なものだ。輸送に使われる飛行機とまったく同じ外装の飛行機を飛ばし、本物の飛行機のすぐ下につけ、本部からの無線を装って着陸地を変更させる。偽物の飛行機がその代わりに本来の飛行場に着陸し、偽物のダイヤを渡す。一方本物のダイヤを積んだ飛行機が着陸した飛行場では、主人公らが待ち受け、ダイヤを受け取って逃亡する。二つの飛行機を途中で入れ替えるという大がかりな作戦は成功したかに見える。避暑地でくつろぐ主人公は、戦利品の一つであるダイヤのネックレスを愛でる共犯者の女性（レスリー＝アン・ダウン）に、それは偽物だとこともなげに言う。そこに主人公の宿敵であるはずの、失態を新聞に書き立てられて辞職を余儀なくされた警部（デヴィッド・ニーヴン）が現れ、ダイヤの入ったカバンを主人公に渡す。イギリスから運び出す以前に警部がすり替えておいたのである。あの大げさな偽の輸送機を用いた策略で奪い取った宝石は、初めから偽物だった。しかし警部と主人公は、決して示し合わせていたわけではなかった。共犯者である女性は、実はレイノルズの元に送り込まれた警部のスパイであるが、といって彼女を連絡役にして共謀していたわけでもない。彼らは一切連絡を取り合っておらず、しかし以心伝心、相手がどう動くのかを読み合って、最終的に合流したというわけである。主人公と警部はそれぞれ偽装しており、そしてお互いを操ってはいるのだが、相互にそのことを知っているので、彼らの間では偽装＝操作は成り立たない。それが成り立つのは、主人公と行動をともにしながら、しかし全体像を知らされてはいなかった女性に対してであり、また彼女を自身の視点として採用する我々に対してである。我々は女性と同様に主人公の行動のみを知っており、警部はあくまで敵であり、その裏をかくべき存在だと考えている。警部が共犯者だとは知る由《よし》もない。ここでは、『突破口！』のように追う者と追われる者の両方を描くという配慮すら見られない（時折警部の描写はあるが、あまり本質的なものではない）。そのためある意味不親切というか、結末に唐突な印象は拭えないにせよ、それだけに意外性は『突破口！』以上かもしれない。片方しか描かないのは後から考えれば不公平なのだが、その分主人公たちの計画と実行の描写は、国際的な舞台設定や、二台の飛行機の空中での入れ替え場面など派手なものであり、不公平が目立たなくなっている。ともあれここでは偽装＝操作が主人公一人によって行われているのではなく二者によって、しかもそれが何の意思疎通もなく行われているという点で特異である。先述した通り、この結末部分はシーゲルが撮ったものかどうか不明だが（ただしシーゲル自身が撮ったとされる三パターンのエンディングの中に同じ結末はある）、しかし偽装＝操作の確かな一ヴァリエーションとなっている。

シーゲルの最後の作品『ジンクス！あいつのツキをぶっとばせ！』にも、操作の主題は現れている。主人公の歌手（ベット・ミドラー）は、夫であるプロのギャンブラー（リップ・トーン）に虐待されているのだが、彼はなぜかあるディーラー（ケン・ウォール）に対しては必ず勝つジンクスがあり、彼をカモにしている。ディーラーはギャンブラーの持ち物を奪うことでジンクスを破れると考え、主人公を寝取る。主人公はディーラーに夫の殺害を持ちかける。この殺人は成功し、ジンクスは消滅したかに思われるが、ギャンブラーは主人公に遺言を遺していた。主人公はそれに従ってストリップ劇場、車の博物館、ポルノショップ、廃鉱の坑道等々へと導かれる。彼女はこの過程を通して、死んだ夫のジンクスを手に入れ、ディーラーの前に現れて、彼から大金を勝ち取る。ディーラーはうんざりするが、主人公はこれから二人で丸儲けだと意気軒昂というところで映画は終わる。主人公がジンクスを獲得するのは、彼女が行かされた場所にいた人物のイニシャルを並べ替えて現れたヨナという符牒にたどり着いたからなのだが（死んだギャンブラーは、ディーラーに対するヨナだと自分を表現していた。ヨナは旧約聖書に記述される預言者で、魚に呑み込まれたが三日後に吐き出された。いったん消えた後に復活するという意味で、ジンクスとヨナがつながっているのだろう）、しかしこうした細部は確かに操作ではあっても、取ってつけたようであり、また表層的であまり意味がないという印象を免れないのも確かだ（ここで数人の名前から現れるヨナもまた名前であり、また死んだ男が自称していたあだ名であるからには、ここには名前、あだ名のモチーフが現れている。あだ名のモチーフについては本章で後述）。ただ、主人公にジンクスを戻すことで結末にしようとし、その方策を考えた際に、ミドラーを操作していろいろなところに行かせるというアイディアに頼ったのは、それだけシーゲルにとってこれが親しい主題だったことを物語ってはいるだろう。

シーゲルとヒッチコック

敵地にあって、敵の目をごまかす（『突撃隊』）。敵の似姿となって自分の目論見を成就させる（『ボディ・スナッチャー／恐怖の街』）。世間の人が抱いているイメージによって、自分の悪意ある目的を押し隠す（『殺し屋ネルソン』、『殺人捜査線』、『殺人者たち』）。相手に偽のイメージを与えて、自分の思い通りに操る（『突破口！』）。偽装は、見た目を変えることで相手に誤解を与え、相手を自分の思い通りに動かす策略である。基本的にこれは主体的な行為であって、仕掛ける側が優位に立つための戦略である。仕掛ける側が敗北するとすれば、それは仕掛けが相手に見切られた場合に限られる（『突撃隊』、『テレフォン』）。自分が先手を取っているという優位性が揺らぐとき、彼らは敗北する。彼らは従って、勝ち続けるために先手を取り続けなければならない。これもまた困難な道である。彼らは人の読みの先へ先へと走り続けねばならない。これはいかにもシーゲル的な姿勢なのだが、それについては後続の章で記述する。

偽装＝操作はイメージを能動的に用いる方策であるが、イメージによって受動的に動かされる存在をほとんど生涯に亘って描き続けた作家がいる。ヒッチコックである。その意味でヒッチコックは、シーゲルの対極にあるといってよい。出世作となった『下宿人』(27)から最後の作品となった『ファミリー・プロット』(76)に至るまで、彼は真犯人と間違われる主人公を描いてきた。最たる例は『間違えられた男』(56)だろう。主人公のバンドマンは強盗に間違えられて逮捕され、そのことで生活を、家庭を決定的に破壊される。この場合、犯人は彼によく似た風貌の持ち主であるが、取り違えには、必ずしもイメージの類似が必要なわけではない(『下宿人』も、『ファミリー・プロット』も、犯人との視覚的類似はなく、周囲の人間の疑惑が彼らを追い詰めていくだけだ)。『北北西に進路を取れ』の主人公にしても、敵に政府のスパイと間違えられるが、その政府のスパイ自体存在しない架空のものである。いない者に間違えられてしまうわけなのだから、そこには類似もなにもない。いない者との類似という点で言えば、その究極の形は『めまい』(58)ということになる。そこでは精神的に不安定な女性の身を守るよう依頼された元刑事が、その女性に恋するようになり、しかし彼女を守り切れず自殺させてしまう。ところが、その存在自体が偽物で、女性の夫の愛人であった女が犯人の本当の妻役を演じていた。その後、元のアイデンティティに戻った彼女が、主人公と偶然出くわしてしまったことから事態は異様な方向に向かう。彼女も主人公を愛するようになっており、その感情に逆らえず彼と交際を始めるのだが、主人公は彼女を自分が死なせてしまった女性の似姿に作り変えていくのである。その妻自体、彼女の演じていたイメージであったわけだから、彼女は自分そのものに近づけられていくことになる。彼女自身ではないにもかかわらず、彼女自身でもあるという矛盾を抱えたイメージ。死んだ妻のイメージは確かに彼女による偽装であるが、しかしそれはもはや彼女自身のコントロールの利かないものになっている。それは主人公が死んだ女に対して持つイメージであり、主人公という他者性を介し、その刻印を帯びたイメージだからである。

ヒッチコックの「イメージ」は、常に他者性の支配下にある。似姿である必要がない、イメージに対するオリジナルすら必要ないのは、それが他者の抱くイメージであるからだ。イメージ（似姿）が生じるには、オリジナル、イメージ（似姿）、それを似ていると認める第三者（他者）の三項が必要であるかに見えるが、実のところ他者がいればイメージは生じる。イメージ（似姿）がある以上、オリジナルがあるはずだと思い込む者がいればいい。ただしその場合、あくまでそれがイメージ（似姿）、つまり偽物だと思う必要がある。『めまい』においても、後に現れた女性を本物とは違う似た女性と思い込んでいるからこそ、主人公は彼女をオリジナルに近づけようとする。しかし「オリジナル」は、彼が作り出した想像物に過ぎない。ヒッチコックにおける取り違えは、ほぼこのような機制によって生じている。いわゆるマクガフィンとは、この不在のオリジナル・イメージのことを言っている。無論、それが不在のままでなく何らかの形で実在する場合もある（『汚名』（46）におけるウラン鉱など）が、概してその実態は何ものでもない（実態不明の国家機密など）。思い込まれた犯人に対して、真犯人がいる場合もある。しかしヒッチコックが描こうとするのは、それが本物であるか偽物であるかという真偽の問題であるよりは、マクガフィンという空白を巡る人々の（欲望の）運動である。与り知らぬところで他者によって生み出されたイメージによって、主体の運命が変えられていく、そのような受動性の、あえて言えば悲劇的なありようがヒッチコックの映画なのである（原罪＝オリジナル・シン。自分が与り知らぬところですでに有罪とされた存在というカトリックの人間観ともそれは通じる。ヒッチコックのカトリック性を論じる根拠はここにあるだろう）。

こうしたヒッチコックの、他者性を帯び、受動的で、主体自身にはいかんともしがたい厄介さを帯びたイメージに対して、シーゲルの偽装において主人公が用いるイメージは、能動的で戦略的なものである。他者によって生み出される思い込みをシーゲル的主人公は利用し、相手を自分の意図した方向に誘導する。シーゲルにとってイメージは固定的なものであり、曖昧さの余地はない。郵便局の制服を着ていれば郵便局員、作業着を着ていれば工員、アタッシェケースを持っていれば勤め人である。イメージがあれば、そこに実体があるだろうと誰もが思う。主人公はそれを裏切るのだが、しかし主人公自身はそれに裏切られることがない。彼らが敗北するとしたら、それは彼らの偽装を見破られたとき、彼らの導こうとするところを先読みされた場合だが、これはシーゲルには限りなく稀なものである。それでもシーゲルにとって自己制御できない他者性のイメージは存在するのだが、それも必ずしもシーゲル的人物を危機に陥れるようなものではない（後述）。ともあれ既述の通り、シーゲルはヒッチコックを意識している節があるが、そのありようは対極的なものだ。シーゲル的主人公はイメージを能動的に使用して登場人物を操り、ヒッチコック的主人公はイメージによって受動的に突き動かされる。いずれにせよこの二人の作家が、イメージという似姿、実物を欠いた空白が人を動かすという映画の権能に最も意識的な作家であることは確かだ。

彼らの映画がどこかメタ映画であるかのような様相を呈するのも、彼らがこのイメージの力に意識的であることが関係しているのは明らかだろう。映画のイメージ自体、その記録性において本物の刻印を帯びながら、しかしあくまで物そのものではない見かけに過ぎないという二重性が張りついており、映画はその二重性を自身の表現の幅として利用することができる。本物のような見かけを示す（シーゲルに多い）。見かけだけの偽物のように見えて本物である（うさんくさい男が本当にヒロインを愛していたヒッチコックの『断崖』（41）、怪しいがただの小心者に見えるモーテルの主人が本物の狂人だった『サイコ』（60））。本物があるかに見えて見かけしかない（ヒッチコックに多い）。そうしたイメージの二重性、権能自体が彼らの映画の根幹的主題を形作っているという意味で、彼らの映画はメタ的である。また、二人の映画においては、映画の主人公と観客が等置されるという点もメタ的である。観客は主人公の視点に置かれ、彼の見聞きするものを知覚する。ヒッチコックの犯罪巻き込まれ型の物語は、ほとんどがその話法を取っている。巻き込まれた主人公の視点という制限が事態の完全な了解を妨げ、彼らの持つ不安が観客のそれと重なる。場合によっては客観的描写として観客に視点人物以上の情報が与えられ、彼らが誤った方向に進むことへの危惧がサスペンスを生んだりもする。また、登場人物が観客を模す場合もある。例えば『裏窓』の主人公は、まるでスクリーンの矩形の中の物語を見る観客のように、向かいのアパートの窓から見える生活風景に物語を読み込み、殺人事件を感知する。『殺人者たち』では、主人公たちは殺害の標的がなぜやすやすと殺されたのかを探るが、その探求は我々観客の代理である。リメイク元のシオドマク版でも、保険調査員が観客の代理として謎を探求するのだが、彼は事態の外部に超越した存在であって、その点ではむしろ観客の立場により近いかもしれない。だとしても『殺人者たち』でギャングは、過去の事態を外部から探求する存在であるばかりでなく、現在において事態を動かし、その内部にいる登場人物でもあって、外部が内部に陥入するメタ的構造をより明確に示している。

『突破口！』では既述の通り、観客が見た主人公のあとを追いかけるようにして、追っ手がその行程を辿る。『テレフォン』では、少なくともアメリカ側は、観客と同様の情報の中から真相を探らねばならず、『ラフ・カット』のヒロインは我々観客と同様に、主人公に騙される。メタ映画である彼らの映画においては、観客は登場人物を模倣し、登場人物は観客を模倣する。映画を見る行為の構造が、そのまま映画の物語を作り上げる。

映画は（映画に限らず物語を語る芸術は）、多かれ少なかれ鑑賞者に与える情報をコントロールすることでその認知や感情を操るが、ヒッチコックとシーゲルは、イメージの持つ二重性を物語内容とし、イメージを読み取る我々観客の行為自体を、主人公に重ねて入れ子状態にした極めてメタ的な作家としてアメリカ映画でも稀有な存在である。しかし一方で、その受動性（他者性）と能動性（主体性）において正反対である。ヒッチコックと比較することで、シーゲルの特性はより明確に見えてくる。

イメージの他者性＝あだ名

ヒッチコックにおけるイメージは他者性を帯びて受動的、シーゲルのイメージは能動的で主体的と述べたが、ではシーゲルのイメージに他者性はないのかというとそんなこともない。他者性が現れる例はシーゲルにも存在する。それが名前／あだ名のモチーフであることはすでに少し触れた。改めてシーゲルにおける名前／あだ名の表れをまとめておく。殺し屋ネルソンは、自分の名前を恋人の名前に変える。また自身の仲間にファッツォというあだ名をつける。ここには、自分とその呼称が一致すること（ベイビー・フェイスと呼ばれること）への嫌悪が見られる。『テレフォン』において、自分の名前をでかでかとアメリカの国土に書き込もうとする犯人とは正反対である。『マンハッタン無宿』では、ニューヨークの警部（リー・J・コッブ）は、アリゾナから来た主人公をその保安官ルックからテキサスとあだ名する。主人公はそのつど、アリゾナだと訂正するものの、警部は聞く耳を持たない。しかし一連の経緯を経て、主人公を認めた警部は、彼が去るその際にようやくアリゾナと呼ぶ。この呼称の変更が、警部の主人公への承認を示すことは明らかである。同じくイーストウッド主演の『アルカトラズからの脱出』でも、囚人仲間の実力者である黒人から、始めは馬鹿にする意図で呼ばれていた「坊や」という呼称が、脱獄をいよいよ決行することになり、これでお別れという場面では親しみの徴として放たれる。『ダーティハリー』もあだ名が題名になっており、その「ダーティ」の意味についてバディが、やり口が汚いという意味だと思っていたが、汚れ仕事を引き受けさせられるからなのだと分かったという旨の発言をする。この変化も、バディがハリーの置かれた立場を理解したことの証である。

ネルソンのように、自分の名前やあだ名が気に入らず変えようとする場合、『テレフォン』の犯人のように自分の名前を誇示しようとする場合、また呼称が変わることがその人の認知につながる場合と、さまざまなケースがあるが、いずれにせよ名前ないしあだ名もイメージの問題であることは間違いない。イメージといっても、それはもっぱら他人が与えるものであり、決して本人の意のままになるものではない。ネルソンにしても、苗字を変えることはできても、他人が与えたベイビー・フェイスというあだ名は変えようがなかった。「イメージの官僚制」とはイメージの固定化、押しつけへの反発、批判でもあるが、しかしイメージ自体は他人の中に生じるものであるからには、その対象である本人にもいかんともしがたいものである。シーゲル的主人公は、固定化するイメージに対して反逆を試みる。イメージを操り、それによって人を動かそうとする偽装＝操作の主題は、主体的な存在としてのシーゲル的人物ゆえに生じるものだろう。しかし彼らにすら名前、あだ名を自分の思い通りにすることはできない。そもそも彼らの偽装＝操作にしても、一般人が持っている固定的イメージやそれに基づく推量を見越して行われるのだから、イメージに依存したものである。とするならば、彼らはイメージを利用すると同時に、それに裏切られることもありうる。前者の場合に偽装＝操作の主題が現れ、後者の場合に名前／あだ名のモチーフが現れると言えるだろう。名前／あだ名のモチーフは、シーゲル的主人公の主体性に対して、彼には制御不可能な他者性が突きつけられることによって、シーゲル的世界が機能不全に陥る臨界点を示している。ただしシーゲル作品において、主人公たちはそうした他者性を帯びたあだ名によって存在を脅かされるまでには至らない。ネルソンは「ベイビー・フェイス」と呼ばれたからといってそれで破滅するわけではないし、多くの場合においてあだ名は好意の徴に変化して終わる。名前のモチーフはシーゲルの作品のところどころに現れてはいるが、シーゲル自身このモチーフの可能性を十全に展開しているとはいえないだろうし、それはこれがシーゲル世界を崩しかねない脆い点であるからにはやむを得ないことである。

最も恐るべき他者イメージ

シーゲル作品で受動的で他者性を帯びているイメージは、名前／あだ名ばかりではない。『ボディ・スナッチャー／恐怖の街』は、シーゲルにおいて最も恐るべき他者のイメージを示している。そこで登場人物たちは、ほとんどの場合能動的なシーゲル的人物と逆に、その当初から受動的立場に置かれ、終始劣勢にある。この場合、偽装するのはエイリアンたちであり、視点人物である主人公を含む人間たちは、乗っ取られ、操作される側であるから受動的なのは当然だが、映画はその受動性をさまざまな形で強調する。映画が始まった時点でエイリアンの侵略は進んでしまっており、それに気づいた主人公たちはすでにポッドたちに囲まれている。主人公たちは侵略を阻止するどころか、彼らをもポッドと化そうとして追い詰めてくるエイリアンから逃れることに必死にならざるを得ない。加えて、地下室や温室など、気づかぬうちに本人の近傍に置かれたポッドが、眠っている間に本人と入れ替わるわけだが、それに対しては、ポッドを見つけて破壊するという対処法が必ずしも有効ではない。その後の場面で明らかになる通り、ポッドは工場で生産され、無数に町に運び込まれており、始めは見つけると焼き払って対処していた主人公たちも、いつどこにポッドが置かれるか分からない状況では、そのような方策では対応しきれないと悟るのである。結局眠らないでいることが最善の策であるわけだが、しかし人間にとって眠らないことは限りなく困難で、眠りという自身に制御不可能なものに生命が懸けられているという状況も、主人公の受動性を強調する。

図53 『ボディ・スナッチャー／恐怖の街』ポッドの存在で風景の意味が一変する

無数のポッドが町に運び込まれるその場面は、映画の中でも最も戦慄的なイメージを示している。乗っ取られていない存在が、ついに主人公とその恋人（ダナ・ウィンター）のみになったとき、ポッドたちから逃れ、自分のオフィスに隠れて夜を明かした主人公たちは、窓から外をうかがい見る。そこは街の中心部のロータリーで、車や人が行きかうごく日常的な日曜の朝の光景である。ただ、朝から妙に人が多い感じはする。そこに農場からのトラックがやってくる。野菜の搬入の光景に見える。しかしその幌が上げられると、荷台にぎっしりと積まれているのはポッドを培養する植物である。トラックは次々と到着し、続々と増えてくる人々が、並んで植物を受け取っていく。拡声器が、人々を整理している。ごく日常的な風景なのに、ポッドという一点だけでこの風景の意味が変わる【図53】。

まるでシュールレアリスム、例えばマグリットの絵画を想起させる。真昼の天蓋の下、逆光となった伸びる木々が影を作り、その暗い根元に蹲《うずくま》るようにしてある邸宅の前の街灯が灯る様子はまるで夜の風景という「光の帝国」。真昼と夜が一枚の同じ絵の中に同居する矛盾が見る者に幻惑をもたらす。あるいは、ミシェル・フーコーの分析で有名な「これはパイプではない」。どう見てもパイプの絵の下部に、「これはパイプではない」という文字が書かれている。目に見える通りのイメージを、絵画の中の一点がひっくり返す。我々が現実だと思っている光景、その中に一点違和を覚えさせるものが置かれている。その一点の違和が、日常に亀裂を入れ、そこから無意識が溢れ出す。我々が理性によって現実と見なしているものの背後に広がる無意識の領域を、その一点が指し示す。シュールレアリスムは、雑駁《ざっぱく》に言えば現実にそうした転倒的な一点の亀裂を入れる行為の謂いであるが、本作のこの場面で行われていることもまさにそれである。シーゲルのモンタージュについてバロックと述べた。それはシュールレアリスムの中でも、異質の二つのイメージを衝突させるコラージュのようなものだったが、ここではそうした操作もなく、一つのイメージがそのものでバロックを感じさせている。

さらにいっそう戦慄的なショットがその後にある。オフィスからも追い出され、町はずれの山の上の炭鉱跡に逃げ込む二人は、通路に敷かれた木材の下に人が隠れることのできる溝を見つける。そこに隠れて追っ手を何とかやり過ごした二人は、改めて互いの気持ちを確認するように口づけをかわすのだが、しかし主人公はふと違和を感じる。恋人の顔からは表情が失われている。彼女はすでにポッドと化していたのだ【図54】。ポッドは寄生宿主が眠った隙に入れ替わる。彼女は溝の中に横たわった際、一瞬のまどろみの中でポッドに乗っ取られていたのである。笑みを浮かべた女の顔そのものは、これまでとまったく違ってはいない。しかしその中身はすでに別物なのだ。同じであることと異なることの同居。そこには、先のショットにあったような違和（トラックに積まれた植物）

すらない。女の顔が、そのままで異物なのだ。ここに、シーゲルにとって、世界がそのままでバロックでビザールであるという認識の究極の表現を見ることができる。そのためには、モンタージュといった技法も、アングルや望遠レンズによる画面の歪みも必要としない。クローズアップがニュートラルに女の顔を捉えるだけなのだが、見る者の捉え方が変わるだけで、そのイメージは異物に変わる。

本人そのものでありながら他者であるというこの女のイメージは、ヒッチコックの『めまい』における、他者（死んだ女のイメージ）でありながら自分でもあるというキム・ノヴァクのイメージと正反対である。前者では、存在は他者（エイリアン）なのにイメージは本人、後者では、イメージは他者なのに存在は本人ということになる。逆立してはいるが、いずれにせよ存在とイメージの間にずれが生じている。そしてそのずれを生み出しているのが、それを見ている主人公であるという点でもこの二作品は共通している。既述の通り『めまい』では、今生きて

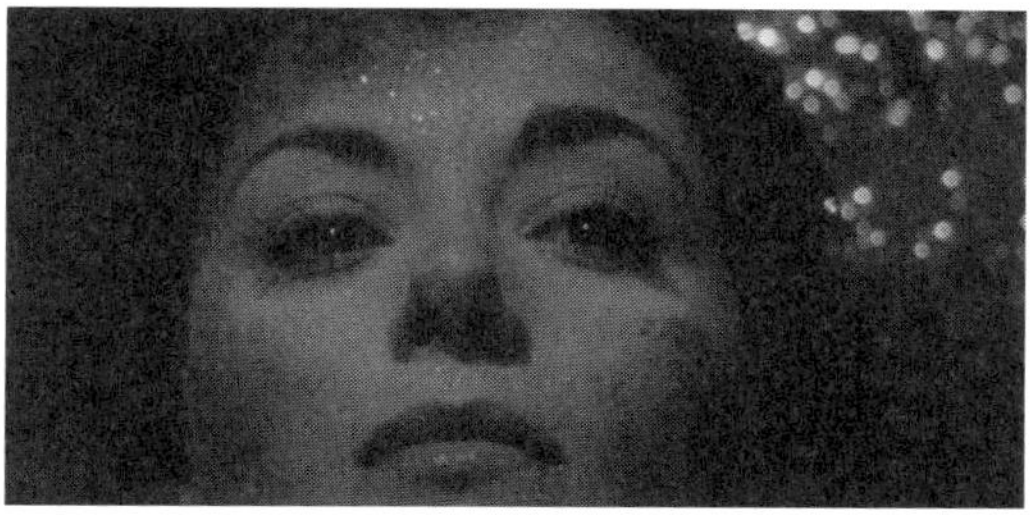

図54　『ボディ・スナッチャー／恐怖の街』ポッドと化した女

図55　『ボディ・スナッチャー／恐怖の街』主人公の表情によって、女のポッドへの変化が生み出される

いるヒロインのうちに死んだ女の面影を見ている元刑事の存在こそがこのずれを生み出しており、一方本作でも、今現に見えている女のイメージの背後に、エイリアンと化した存在を感じ取った主人公こそが、このずれを感じ取っている【図55】（先ほど記述した女の顔のクロースアップは、何かを感じ取った主人公のクロースアップとカットでつながれる。主人公のクロースアップが存在せず、女のクロースアップだけであれば、彼女の変化は感じ取れない）。前者では主人公の欲望が、後者では恐怖が、存在とイメージの葛藤を生み出している。主観こそがイメージを生み、イメージを介してそこに不在の何ものかを生み出してしまう（ただし『めまい』では主人公がいなくなれば、あるいは主人公の欲望が消失すればイメージも消え去るが、『ボディ・スナッチャー』では主人公がいなくなっても、あるいはその恐怖が消失しても、イメージ――ヒロインの姿をしたエイリアン――は消えるわけではない。その点、実体的根拠を欠いたヒッチコックのほうが先鋭的であるということはできよう）。

違うものを同じと見なす（『めまい』）、同じものを違うとみなす（『ボディ・スナッチャー』）。いずれにせよ、同一性と差異が攪乱されるこうした事態は、イメージによってできあがる映画にとっては等しく危機的な状況である。どれが本物でどれが偽物であるか区別がつかないのでは、何を信じたらいいのか。シーゲルが、スタジオの改変を受け入れる前のエンディングで示唆していたのはそういう事態だろう。そこでは主人公が高速道路の車列に飛び出し、町の外から来た車に危険を訴えてカメラ目線で「次はお前だ」と叫んでいた。映画という偽物と、それを見ている我々観客の現実の境目を揺るがすこと。これもメタ的な演出の一つと言えよう。イメージと現実の一致を想定して疑わない「イメージの官僚制」に対する、これも攪乱行為の一つである。イメージと現実の間には、無数のグラデーションがあり、その間の伸縮を描くことこそ映画であるとシーゲルは感得していた。それは、本章で詳述した偽装＝操作の主題の展開を見れば明らかであろう。

第七章　追跡

シーゲル映画が向かう先

唐突な始まりと終わり

シーゲルはいくつかの例外はあるものの、生涯に亘って犯罪映画、アクション映画を撮り続けた。その中で際立つ物語の類型として「追跡」劇が挙げられる。逃げる相手を追う(『仮面の報酬』、『太陽の流れ者』、『刑事マディガン』、『マンハッタン無宿』、『突破口!』、『テレフォン』)、何らかの事物や人物を探し求める(『中国決死行』、『スパニッシュ・アフェア』、『殺人捜査線』、『殺人者たち』、『ドラブル』、『ラフ・カット』、『ジンクス!あいつのツキをぶっとばせ!』)。これらは物理的な移動を含むものだが、犯人や証拠品の追及など物理的な移動が含まれない探求(『ビッグ・ボウの殺人』、『暗黒の鉄格子』、『抜き射ち二挺拳銃』、『地獄の掟』、『グランド・キャニオンの対決』、『犯罪組織』、『ダーティハリー』)も含めれば、その数はさらに多くなる。こうした追跡劇の最も早い例は、長編第三作目の『仮面の報酬』である。この作品にはシーゲル的追跡劇の特徴がいくつか如実に表れている。

主人公(ロバート・ミッチャム)は船でメキシコに着いたところだ。船室で下船の身支度をしていると、突然男が乗り込んで来て格闘になる。相手を昏倒させた彼は、その男(ウィリアム・ベンディクス）の財布を奪って船を降りる。ミッチャムはある男（パトリック・ノウルズ）を追っているのだが、同じくノウルズに貸した金を返せと迫る女（ジェーン・グリア）も彼に逃げられ、二人は協力してノウルズを追うことになる。さらにベンディクスも彼らを追うことになり、ノウルズをミッチャムとグリアが追い、それをベンディックスが追うという三つ巴の追跡劇となる。彼らは追いつ追われつ、追いついたり、出し抜いたり、妨害したり、工事現場の地元の人々を騙したりしながら追跡劇を繰り広げるが、その中で、男たちはみな軍人であり、ミッチャムが軍の金を盗んだとして上官であるベンディックスに追われているものの、ミッチャムは金を盗んだのはノウルズだとして彼を追っているらしいことが分かってくる。さらに彼らの追跡劇に不審を抱いたメキシコ警察も彼らを監視することとなり、追跡劇はさらに複雑なものとなる。最終的にノウルズは盗んだ金を引き取る故買屋の元に到着、ミッチャムらも追いついて銃撃戦となり、しかし捕らわれる。そこにベンディクスも追いついてくる。最終目的地に三者とも到着という展開は順当過ぎて曲がないのだが、ともあれそこで、公金強奪の主犯はベンディックスであり、ミッチャムはその犯人に仕立て上げられていた事実が判明する。そこにメキシコ警察が突入して全員逮捕される。警察は真実をすでに知っており、ミッチャムとグリアは釈放されることになる。

まず映画の冒頭、二人が誰であり、どういう関係なのかを示す描写もなく、いきなりアクションが開始される。このように脈絡を欠いた唐突なアクションで開始される作品がシーゲルには多いことはすでに記した。これは、物語の中心となる事件が起きた背景を説明する必要はないとシーゲルが考えているということだ。『仮面の報酬』であれば、いきなり起こる格闘は、男が主人公ミッチャムに何か遺恨でも抱えているからなのだろうと察せられるし、それがいかなるものなのかはそのうち観客にも分かるだろう。映画が何らかの葛藤を描くものであるとして、シーゲルにとってはその葛藤の原因はあまり重要ではなく、葛藤によって生じる紆余曲折や、その終結としてのアクションが映画の本体なのだからそれさえあればいい。『殺人捜査線』における麻薬、『殺し屋たち』における死んだレーサーの過去、また『突破口!』でマフィアが追う金などが、登場人物たちの追跡の目的として設定されてはいるが、これらに映画が真の関心を寄せているとは思われない。『仮面の報酬』にしても、すべてを起動していたのはベンディックスによって横領された金であったと最終的に判明するとはいえ、それが分かるのは劇の最後であり、映画そのものは終始追跡劇しか映してはいない。映画の本体は主人公たちの行動自体であって、麻薬であれ金であれ、物語を惹起する対象そのものにはあまり意味がないのだ。このように、映画を起動させ、それを巡って物語が展開しながらも、それ自体にはあまり意味がない仕掛けのことをヒッチコックはマクガフィンと呼んでいた。シーゲルにおける追跡対象もまた、マクガフィンと言って差し支えないものだ。ここでもシーゲルとヒッチコックの類似性は指摘できよう。

シーゲルのアクションがいきなり始まるかに見えるのは、原因が判明してもそれがおざなりなものであり、観客を納得させる、あるいはそれによって主人公への同情や共感をかき立てることがないからである。映画の終わりにおいてもシーゲル作品はぶつ切りであることが多く、観客を取り残すような印象があるが、その余情のなさも同じことだろう。要するにシーゲルは、観客を納得の領域に安住させようとしないのだ。追跡劇というアクションさえあればいいので、それが何によって引き起こされようとかまわないし、また追跡が終われば映画は終わりでよい。『仮面の報酬』にあっても、追跡劇が映画の大半を占め、追う者が追われる者に追いつくと、一応事件の全容が解明され、対決があって大団円を迎えるが、どこかバタバタとした印象がぬぐえない(『仮面の報酬』はまだ主人公とヒロインの今後をうかがわせる締めらしい締めがつくが、『グランド・キャニオンの対決』のようにそれすらない例もある）。無論、理由をつけないこと自体に、例えば「実存は意味に先立つ」というような意味を見出そうとする態度もシーゲルの取るところではないので、それなりに理解可能な理由はつけるにしても、その理由に重要性を付与することはしないのである。シーゲルにとって重要なのは、アクションを起動すること、そしていったん起動したアクションが論理的な帰結を持つまで進み続けることである。そして結末にしても、終止符が打たれればいいのであって、その結果に、犯罪は引き合わないというような教訓をもたせることもしないし、また事件後の人物と共に観客がしみじみ全体を振り返るような暇さえ与えない。

このように本体であるアクションしか描かないという態度は、ハリウッド古典的な効率性の要請から来るものだとひとまずは言える。最低限のことだけを語り、それ以外の部分については観客の想像にまかせ、また観客の想像を可能な限り促すような簡潔な説話、画面構成を行う。シーゲルの初期から中期の作品はおおむね九十分を切っており、傑作とみなしうる作品（『第十一号監房の暴動』、『ボディ・スナッチャー／恐怖の街』、『殺し屋ネルソン』、『殺人捜査線』）はすべて八十分台である。これは、描くものを主たる出来事に限定し、その前後の時間を切り捨てていることによる。それらは観客が想像すればよいのであり、想像の余地があるだけに、観客の脳裏の残像は長くなる。見たときにはその意味がつかみきれなかった細部も、想起の中でそれが収まるべき位置が判明することで新たな感動を呼ぶ。無駄な細部はない。確かにシーゲル自身が製作も担当するようになった後期の作品は長くなる傾向があり、彼の変質を窺わせる。それでも例えば『突破口！』のような長い作品にあっても、妻の指輪、強盗の相棒の歯のレントゲン写真の扱いなど、描写そのものはあくまでも簡潔でありながら、観客の目がそれを捉え、観客の想像力が意味を探り、その後の展開を待ってようやく含意が浮かび上がってくるという意味ではやはり映画の作りは効率的なのである。簡潔であるだけに、またそのタイムラグゆえに、含意が明らかになった際の驚きは大きいのであり、最小限の描写で最大限の効果という効率性の視点は、後期に至るまで失われていない。

しかし一方でシーゲルの映画を見ていて、きれいにまとまった作品という印象を受けないこともまた確かなのだ。シーゲル作品の体験は、映画館を出て、ああ面白い映画を見たと心地よい余韻を反芻するという古典期的「いい映画」のそれとはいささか違っている。とすれば、シーゲルの作品が古典期的な映画ではないのかといえばそうでもないところが厄介である。シーゲルの作品は、あくまでハリウッド古典期的な方法論、美学に基づいて作られている。語るべきことを語ってはいる、過不足は確かにない。しかし始まりの唐突さ、終わりのそっけなさに、どこか物足りない気がするのも確かなのであり、それがシーゲルの映画が癖になる理由、また何度でも見たくなる理由でもあるだろう。我々は、映画を見終えたあとでもその物足りなさに引っ掛かり続ける。これを欠如と言うべきか、過剰と言うべきか。

タイムリミット

シーゲルの映画は唐突であり、そっけない。短い中に必要なものが詰め込まれており効率的であるということだが、それは時間の操作において「速い」ということである。それに関連して挙げておきたい特徴が、タイムリミットだ。シーゲル作品では、主人公の行動にタイムリミットが設けられていることも多い。一日で仕事を終えねばならないという制限を課された『殺人捜査線』の二人のギャングや、死という最終的な時間の制限を設けられたガンマンが主人公の『ラスト・シューティスト』は無論のこと、夫が殺人容疑で逮捕され、その無実を晴らそうとする『暗黒の鉄格子』は、必ずしもタイムリミットが課せられているわけではないのだが、原題が*Count the hours!*で、いよいよ無実の証明が不可能になっていき、時を追うごとに行き詰まっていく事態の閉塞感がタイムリミット的な効果を上げている。『刑事マディガン』でも、必ずしもタイムリミットはないものの、容疑者逃亡事件が発生した日から、「土曜日」「日曜日」と曜日が示され、逃亡犯が野放しになっている時間の経過が意識されることで、早く彼を見つけねばという切迫感を醸成する。『第十一号監房の暴動』では、監獄の内部が日に日にすさんでゆく状況が、耐忍の限界が近づいていることを暗示する。同じく監獄映画『アルカトラズからの脱出』では、これは観客のみに知らされる事実だが、何かを感じ取った署長が主人公の監房の移動を命じることになる。その日時は主人公たちが脱獄実行日と決めた翌日で、これもタイムリミットの印象を与える。『暴力の季節』では、自分を馬鹿にした（と主人公が思う）隣人を襲撃することに決めた夜中の定刻に至るまでの時間を悶々と過ごす少年たちが描かれる。ただしこの場合は時間が迫ってくることの切迫感以上に、本当にやるのかあるいはやめるのかの逡巡、その定刻までの手持ち無沙汰という、シーゲルには珍しい、宙づりの状況、弛緩した時間が描かれている。このようにシーゲルの作品にはタイムリミットが設けられているものがあるのだが、しかしこのタイムリミットに関して、通常のタイムリミットの意図するところと、シーゲルのその使用には齟齬があるように思えるのだ。そしてその齟齬もまた、シーゲル作品の唐突さ、そっけなさに通じている。どういうことか。

通常、映画におけるタイムリミットは、その時間に起きるべき出来事の予想を促し、それと現在の状況を照らし合わせることで、見る者に危機感を与える。その予想の作業においては、未来に起こるべき出来事のイメージが、仮想的な形で今現在に引き寄せられ、重ねられて、線的な時間は歪み、撓《たわ》む。サスペンスというのは、そうした二重の時間によって生まれてくるものだ。もしこれが失敗したら、もしこれが知られたら、という仮想の事態と現状の重ね合わせにおいてサスペンスは生じる。実のところタイムリミットにおいて時間は直線的に進んではおらず、現在は常に仮想の時間との比較の相の下にあり、複線化されている。その複線の絡まり具合、紆余曲折、それによって生じるサスペンスこそがタイムリミットを設定する意味である。これに対しシーゲルにおいてタイムリミットは、確かに切迫感を生むものではあっても、必ずしもサスペンスを生んではいないように見える。時間の速度を意識させるものではあっても、別の未来のありようを想像させるような働きはしていないのである。シーゲルの映画にあって時間は一本、しかも直線的なのだ。

例えば、死という紛れもないタイムリミットを設定した『ラスト・シューティスト』の場合、タイムリミットまでに主人公がすべきことをなしうるのか否かというサスペンスはほとんど生じていない。それは、主人公が死ぬまでに成し遂げようとしていること（町の厄介者を片づける）が我々にまったく知らされておらず、予測不可能であるためだ。そもそも主人公自身が死までの猶予で何をするべきか分かっておらず、町で暮らす中でだんだんそれを思い定めるので、予めすべきことが決まっているわけではない。すべきことがないのだから、それがうまく行くのか行かないのか、主人公の行動を阻害する何かが起こったらどうしようというサスペンスが生じる余地がない。あるべき未来と現在が重ね合わされることがなく、その二つの落差がサスペンスを生むことはないのである。映画はただ死を迎えようとする主人公の日常を淡々と、直線的に、叙述してゆくのみだ。その点、例えばガンマンが復讐の相手を探してある町に来たというような、西部劇の定型とはまったく異なっている。その場合であれば、主人公の行動の進行に対し、相手の行動も事態に重要な関わりを持ってくる。自分を狙っていると知った相手がどう反応してくるかが、主人公の行動にフィードバックされることになる。事態はどうしても輻輳《ふくそう》化《か》する。それに対しシーゲル映画はあくまで直線的であり、時間の褶曲《しゅうきょく》は存在しない。『殺人者たち』のギャングはことあるごとに俺たちには時間がないと言うが、これはタイムリミットの意識というよりは、あくまで時間の直線性を意識させ、また時間の加速によって切迫感を醸成するとともに、直線性を強調することに眼目があると見るべきである。

また、通常タイムリミットを設定する映画には思いがけない偶発事がつきものである。思いがけず邪魔が入り、思った通りに事態が進行しない。あるいは逆に、予想もしなかった僥倖《ぎょうこう》によって、死地を逃れる。シーゲルにあっても、そうした事態は生じている。『殺人捜査線』では、日本人形に仕込まれていた麻薬を少女が発見し、白粉《おしろい》だと思って使ってしまっており、命じられた分量に回収量が達しない。これによってギャングたちは、少女とその母親を拉致してボスに説明させるという軌道修正を強いられ、それが結果的に彼らを死地に追いやる。あるいは『暴力の季節』では、弛緩と焦燥の末にようやく訪れた実行のときに、弟の邪魔が入り、隣人襲撃は失敗に終わる。ただし、そうした思いがけない偶発事に見舞われた主人公が、いかにそれを軌道修正するか、あるいはまったく別の道を取るかして、新たな展開を模索するといった方向に進むことがほとんどのシーゲル作品にはないのである。いったん主人公たちの目指すものが確定され、路線が決定されれば、それに向かって一直線であり、後はそれが成功するか失敗するかしかなく、予想もしなかった事態によって路線が複数に分岐するということはない。『暴力の季節』にしても、弟の邪魔によって襲撃は失敗したまま、ほぼそこで映画は終わる。思いがけない邪魔はあるが、それに対する軌道修正がないままに物語は終結するので、映画は実行時間を待つ現在時の描写に終始している。『刑事マディガン』にしても、主人公が逃亡犯を追うという主筋が設定されると、それ自体は直線的に進行し、主人公が逃亡犯に追いつくのか否かが問題となるのだが、例えば主人公が逃亡犯にニアミスし、それによって逃亡犯の行動が変化し、いっそう追いにくくなり、方向転換を強いられるといったような分岐は生じることがなく、ついに遭遇する瞬間が、映画の終わりになる。映画の大半は、主人公たちが逃亡犯を追う過程（と、本部長ら警察上層部の描写）で占められる。『アルカトラズからの脱出』での見る者にだけ知らされる引っ越しの命令も、確かに我々の肝を冷やすが、主人公の計画がそれで修正を余儀なくされるわけではない。

シーゲルには「もし」や、「かもしれない」は存在しない。シーゲルの映画は、物語の中心となる行動が成功するか失敗するかの二者択一であり、それ以外の思いがけない展開はありえない（そして初期、中期では失敗することが多く、後期では成功することが多い）。シーゲルの映画の骨格は、ごく単純なものなのだ。主人公は勝つか、負けるか。やるべきことを成し遂げうるか否か。追いつけるか、逃すか。映画はその一点に懸けられており、どうなるのかという疑いや、疑心暗鬼はない。基本的にシーゲル的人物は自身に対して疑いを持たない。自分の目的に向かって突き進むだけだ。走り続けている間、彼は自分が勝つのか負けるのか気にしてはいない。ただ走り続けるのみである。シーゲルの映画を見ている我々の関心は、主人公の行動が成功するのか否か、とりわけ本章で記述している追跡劇の場合、相手に追いつけるのか否かという一事、対象との距離の伸縮に絞られる。予想される事態はごく単純であり、主人公と対象の距離の伸縮によって我々の感情は確かに動かされるものの、どう事態が転んでしまうのかに関して不安（サスペンス）を抱くことも、意外な地点に誘導されることもない。そもそも、高速度の車で追跡する場面を想像してみればよい。追跡している相手に引き離されるかもしれないし、追突しそうになるほど接近するかもしれない。赤信号を突っ切れば、横から走ってくる車に激突されるかもしれないし、何かをよけようとして通行人を轢きそうになるかもしれない。しかし、都市部を走っていて横から兎が飛び出すことは決してないし、また目の前に宇宙船が降りてくることもありえない。路上を走っている以上、観客の予想するところはあくまで限定されている。限定された選択肢へ導かれる。その意味で、こうした追跡劇における観客の感情操作は、前章で述べた「操作」に通じるものである。そこでもシーゲルは、視点の限定などを用いて見るべきものを観客に示し、その想像力を先導していた。

こうした視点の限定も、時間の直線性と関係するだろう。シーゲル映画にあって事態は主人公の視点のみから語られる。『殺人捜査線』では刑事とギャングたちの視点から語られるが、そこでは視点は交互に描かれるというよりは、刑事たちからギャングたちに交代するのであって、ギャングに交代してから後は、映画は彼らの行動をのみ追って、刑事たちがいかに彼らに肉薄してゆくかという視点は置き去られる。後期ではその限りではないという反論もありうるだろう。確かに『突破口！』でも『テレフォン』でも『ドラブル』でも、追う側と追われる側に視点は交互に交代するかに見える。これがシーゲル後期に集中しているということは、複数の視点を導入可能なだけ上映時間が確保された、六〇年代以降の映画界の状況が関与しているのは紛れもないのだが、しかしこれらの作品にあってさえ、視点はあくまで限定されていると見ることができる。ただしこの場合の視点とは、見る側の我々の視点である。前章で述べた通り、これらの作品はすべて操作の主題を扱うものである。かたや操る側、かたや操られる側、一方は他方の意向に従って動かされるのであり、我々はその操作がいかに機能してゆくのかを断片的に見せられながら、操る側が布石を置き、操られる側がそれに従って動いてゆく様を目の当たりにする。確かに二方向から描かれているとしても、それは視点が分裂していることを意味しない。その二つの視点から描かれた出来事は、組み合わされることで一つの方向性を示してゆくのであり、それを見て取るのは一個の視点、つまり我々観客の視点である。そうした意味で我々観客自体が操られているのだが、その際、視点が複数に分かれているかに見えても、それはあくまでもう一つの視点、観客自身の存在を想定してのこと、また観客の意識が一つの物語を編み始めるのを期してのことであって、シーゲルの映画が直線的であることは変わらないのである。

シーゲルに群像劇がないこともまた、視点の限定の傍証となるだろう。複数の人物が自分の視点で語ることで事態に奥行きを与えたり、真実の不可知を暗示したりすることはない。シーゲル的物語は直線で進み、死ぬか生きるか、その二者択一へ向かってひた走るのであり、事態の停滞、曖昧化の道を取ることはない（シーゲルにとって例外的な群像劇が『刑事マディガン』であると言えるかもしれない。下っ端の刑事ウィドマークと、警察の高級官僚ヘンリー・フォンダの二人を対照的な存在として設定し、それぞれの視点から警察という組織を複層的に描いている。ただしこうした二重視点は原作由来のものであり、しかも多視点といっても二つに過ぎない。官僚制への批判という主題の系列がシーゲルにあるのは確かであり、『刑事マディガン』はそれが明確に現れた一例である。その重要性は今は措き、こと主軸である刑事の追跡劇に関する限りは、あくまで追う／追われるの一直線であり、かつ輻輳性を排して、追いついたら終わりという直截なものであることを確認しておく）。

非ノワールとしての『殺人者たち』

時制に関して、シーゲルはもっぱら現在時で通し、フラッシュバックなどの時間操作を用いないと述べた。その唯一の例外が『殺人者たち』である。ヘミングウェイの原作は以下の通り。ある町のダイナーに二人の男が訪れる。彼らは殺し屋で、ダイナーの主人を脅し、たまたまいた客と黒人の料理人を縛り上げ、そこに夕食に訪れるはずの男を待つ。しかし男は訪れず、二人はそのまま去る。縄を解いた客が、来るはずだった男に殺し屋が来たことを知らせるが、彼はそれを聞いても逃げようとしない。ダイナーの主人は、男が誰かを裏切ったのだろうと言う。外面的な出来事だけを記述し、一切の内面叙述を欠いているため、なぜ男が殺されるのかも、なぜ男が逃げないのかも分からぬまま、我々はただ不可解な事実を突きつけられるのみである。ヘミングウェイが自身の方法論を明確に見出した最初の作品で、彼の代表作の一つ、ハードボイルドの源流とも目される作品だ。これを脚色してフィルム・ノワールの代表作の一つとしたのがシオドマク監督『殺人者』である。脚本はアンソニー・ヴェイラー（ウェルズ『オーソン・ウェルズＩＮストレンジャー』〔46〕、ヒューストン『イグアナの夜』〔64〕などの脚本を手掛ける）、クレジットなしだが、ジョン・ヒューストンとリチャード・ブルックスが参加している。『殺人者』がフィルム・ノワールの典型として遇されるに至った一因として、フラッシュバック形式を取ったことがある。逃げようとしない男（バート・ランカスター）は、冒頭で二人の殺し屋に殺されるが、その死に不審を抱いた保険調査員（これもフィルム・ノワールに典型的な存在である。しかも、死者が自身の死の原因を語るというフラッシュバックを使用した典型的フィルム・ノワールであるルドルフ・マテ『都会の牙』〔50〕に主演した、エドモンド・オブライエンが演じている）の調査の過程で、ランカスターの過去が徐々に明らかにされていく。将来を期待されたボクサーだった彼は、ギャングの情婦（エヴァ・ガードナー）によって悪の道に引き入れられ、ギャングの一味として銀行強盗を働き、その金を独り占めして逃げる。女と逃げるためだったが、女は彼を裏切って金を奪い、さらに主人公は彼女に殺されかける。その絶望から主人公は、田舎町に逼塞《ひっそく》していたのだった。調査員が会う証人の言葉から、断片的に提示される過去がつなぎ合わされ、男の哀しい人生が浮かび上がる。ここでのガードナーの造形もまた、本作をフィルム・ノワールの傑作としている根拠の一つである。美しく、蠱惑的《こわくてき》で、主人公の道を踏み誤らせながら、しかも非情に彼を見捨てるガードナーは、いわゆるファム・ファタルの典型としてフィルム・ノワール史上に残るものとなった。

シーゲル版の『殺人者たち』も、物語の根幹はシオドマク版を踏襲している。しかし画面や人物造形自体はまったく異なる。モノクロとカラーの違いだけではない。シオドマクの作品がモノクロで、深い闇が画面を覆い、男の人生を陰鬱に染め上げると同時に、光が闇を鋭角に切り裂いて、それを受ける女の玲瓏な美しさを際立たせるのに対し、シーゲル作品のカラーは、リアリズムというよりはどこか非現実的な夢魔めいた雰囲気を醸し出し、全編を狂気のおとぎ話のようなものにしている（殺し屋たち、特に、常に筋肉を鍛え、嘲弄的な言動が狂気じみているクルー・ギャラガーの存在がその印象を強めている）。女性の印象の違いも大きい。神秘的で内面を一切窺わせず、もしかすると本心で男に惚れているかもしれないと思わせるような曖昧さがかえって蠱惑的な堂々たるファム・ファタルぶりのエヴァ・ガードナーに対し、本作でギャングの情婦を演じたアンジー・ディキンソンは、ファム・ファタルというよりやはり端的に、人を人とも思っていない悪女というほうがふさわしいありようである。それ以上に重要な変化をもたらしているのが、探偵役を保険調査員から殺し屋自身へ変更したことである。保険調査員は事件の後に現れて真相を明らかにするのだが、全貌が明らかになった時点ですべては終わってしまっており、そのいかんともしがたい事後性が、死んだ男の人生をいよいよ取り返しのつかない痛ましいものとし、見る者の心を打つ。一方シーゲル版では、男を殺した殺し屋たち自身が探偵になる。殺し屋たちは、ターゲットが何の抵抗もなく殺されたことには何か裏があるに違いないと考え、男の過去を探る。その中で、ギャングの一味に引き入れられて強盗に加わったレーサー崩れの男が、奪った金を持ち逃げしていたことを知る。ではその金はどこにあるのか。殺し屋たちはその金を目的にするのである。つまり、シオドマク版で探偵が探るのは男の過去であり、それによって映画の主な時制が過去に定められるのに対し、シーゲル版で探偵が探るのは現在金がどこにあるのかで、フラッシュバックによって明かされる真実によって行動の方向を定めていくギャングたちの現在にこそ、映画の主たる時制が定められているということになる。ここでも、シーゲルの説話が現在に始まり現在に終わる直線構造であることが見て取れるのである。

　フラッシュバックはフィルム・ノワールに好んで使用される技法だが、それにまつわる宿命論が、フィルム・ノワールの陰鬱な世界観を決定づけている。そこでは現在は、完全な現在ではなく、過去に浸潤されている。もとより時間というものは過去が現在に残存し、現在は未来を先取りするという形で入れ子になっているものだろうが、フィルム・ノワールの場合は、現在は決定的に過去によって支配されている。袋小路の現在。それに対し、シーゲルの現在は常に開かれている。むろんシーゲルにあっても、過去が現在のありようを限定している。オルタナティヴも思いがけない展開も存在せず、進むべき道は二者択一に絞られている。タイムリミットもまた、終わりの時間を明示し、未来を閉ざしているかに見える。しかしシーゲル的主人公は、限られた選択肢であれ、というか限られているからこそその一方に賭けて遮二無二《しゃにむに》未来へと突き進むのであり、その意味で彼らの現在は、細く、しかし強く未来へと続いている。シーゲルにも宿命論はあるだろうが、しかしそうした宿命論を無化するほどに、シーゲル的主人公の前のめりの姿勢は強い。未来への前傾姿勢においてシーゲル的主人公は、フィルム・ノワールの世界から遠ざかる。

『殺人者たち』のラスト、仲間をとうに失った二人組の片割れリー・マーヴィンは、敵から奪った金の詰まったアタッシェケースを抱え、拳銃を握りしめながら敵の邸宅を出る。腹を撃たれてすでに瀕死状態の彼は、足元もおぼつかないが、それでも転んでは立ち上がって、前のめりに進み続ける。折からパトカーがこちらに向けて緩やかに走ってくるのを見たマーヴィンは、前傾姿勢で拳銃をそちらに向けるが、突き出した拳銃の重さに耐えきれないかのように身を翻して倒れる。アタッシェケースが開き、金が宙を舞う。カメラはクレーンに切り替わり、倒れたマーヴィンを地面に押しつぶすかのように後退して映画は終結する。未来は閉ざされた。しかし死を免れない状態でなお敵に拳銃を向ける姿勢が、我々の中に何かを遺す。それはフィルム・ノワールの、過去によって決定された現在の痛ましい終わりではなく、いわばトカゲの切られた尻尾がまだ動いているのを見ているかのような感覚、死すら超えた生のあがき、未来へと残像を引きずる現在である。過去によって決定づけられた世界を描く『殺人者』と、過去を描くことが現在の主人公たちを動機づけている点で、現在を主たる時制とする『殺人者たち』。かくして『殺人者たち』は、その骨格をほとんど同じくしながらも、フィルム・ノワールの典型『殺人者』と似て非なる作品となっている。

白か黒か

『殺人者たち』はフィルム・ノワールの傑作のリメイクでありながら、その時制への対応においてフィルム・ノワールから遠い作品になっている。シーゲルは反ノワール的な作家なのではないかというのは、本書における最重要の問いの一つであった。『殺人者たち』はその有力な傍証となりえているように思えるが、ではシーゲルの他の作品はどうなのか。シーゲル作品の中で最もフィルム・ノワールに近づいているのは、刑事が悪にまみれて自分を失ってゆく『地獄の掟』だが、これは既述の通り主人公の受動性において（そして製作者夫婦に手綱を握られた映画製作現場におけるシーゲルの受動性において）シーゲルにとっては例外的な（不本意な）作品であった。また、最も典型的なフィルム・ノワールである作品『殺人者たち』が、最もシーゲル的でない作品になってしまっている事実。それをシーゲルがノワール的な世界からむしろ遠いことの証左として見ることができよう。

シーゲル作品の中でフィルム・ノワールに数えられるもう一つの重要作品である『ボディ・スナ

ッチャー／恐怖の街』では、主人公の周囲の人間が次々にエイリアンに乗っ取られ、主人公たちは追い詰められて閉塞的な状況に追い込まれる。誰を信じていいのか分からない疑心暗鬼に満ちた世界は、まさにフィルム・ノワール的である。見た目がまったく変わらないというのも疑心暗鬼をさらに強化しており、だからこそごく日常的な光景や行為の中に一瞬入る破れ目が、見た目とはまったく逆の事態を明らかにしていっそう戦慄的なものに感じられる。しかし、ではここでエイリアンと地球人の間にフィルム・ノワール的な事態が生じているのかどうか改めて問うことは可能だろう。先に、シーゲルの映画の構造は単純だと述べた。主人公は勝つか負けるか、成功するか失敗するかである。『ボディ・スナッチャー』においても事は同様で、主人公がポッドとの戦いに勝つか負けるか、そこに映画は懸けられている。主人公たちが町の異変に気づき、ポッドの戦略をつぶさに知っていくのだが、その速度を上回ってポッドの侵攻は進んでいる。主人公と行動を共にしていた者たちまでがポッドに変わり、ついに主人公の恋人までもが乗っ取られる。徐々に狭められていく反撃の道と、ポッドの侵略のせめぎあい。そこに切迫感はあっても、フィルム・ノワール的な暗鬱な自己不信は見られない。ポッドの設定にしても同様で、これを悪とするなら、悪は絶対的な悪のままであり、そこに一切の共感の余地はないものと感じられている。主人公は決してポッドになりたくはないし、ポッドになった者たちの言い分を理解しようとはしない。ポッドになった隣人は、感情を失うことは悪いことのように君は言うがそれは違う、愛や欲望、野心がなければ人生は素朴なものになる、と主人公に言うが、主人公は決してそのような言い分を受け入れない。とりわけ重要なことに、このように変容してしまった世界に対して、変わったのはあくまで世界のほうであるとの確信を主人公は疑うことはなく、例えば『影なき狙撃者』など洗脳ものやフィリップ・K・ディックの諸作におけるように、もしかしたら自分のほうこそ狂気に陥っているのではないかという疑心暗鬼は彼の頭に浮かばない。善と悪の間が曖昧な領域などなく、絶対的な二項対立があくまで崩されることのないのがシーゲルなのである。

また、これも時にフィルム・ノワールに含められることのある『ダーティハリー』でも同様である。ハリーとサソリは決して相容れることのない敵同士であり、この二者が自分の存在をかけて相手を滅ぼそうとする戦いの描写に映画の全編は費やされている。これをイーストウッドが撮った『タイトロープ』（84）と比べてみるならば、その違いは明白だろう。そこでは売春婦の連続殺人を刑事が捜査するのだが、風俗業界を捜査する過程で、彼自身が犯人の犯行を模倣する形で売春婦と関係を持ってしまう。するとその売春婦が殺され、刑事は、あるいは自分が犯人ではないのかという妄想じみた疑いに取りつかれるようになる。正義を追求するはずの刑事が、自分が悪なのではないかと疑心暗鬼に陥る。正義と悪の境界が揺らぐ。

フィルム・ノワールには悪徳刑事も多々登場する。最も顕著なのは、オーソン・ウェルズ『黒い罠』（58）でウェルズ本人が演じた刑事であろう。彼は宿敵に罪を被せるべく証拠を捏造《ねつぞう》し、そのことを親友の刑事に暴かれて失脚するが、しかし彼が犯人に仕立て上げた者こそ事件の真犯人だったと判明する。悪と思われていた主人公が、実は真実を見抜いていたという逆説。あるいはフリッツ・ラングの『復讐は俺にまかせろ』では、妻子をギャングに殺された刑事が、恨みのあまり非道の道へ突き進む。アンソニー・マンの『Tメン』では、潜入捜査するTメンが、自分の正体を明かさないために、同じ潜入捜査員の仲間を見殺しにせざるを得なくなる。オットー・プレミンジャー『歩道の終わる所』（50）では、捜査の過程で重要参考人を殺してしまった刑事が、それを隠蔽し、さらに殺した男の妻と恋に落ちてしまう。これらはすべてフィルム・ノワール史上の傑作であるが、いずれにおいても善悪の境界は濁り、主人公は白とも黒ともつかない灰色の領域を自分の居場所とせざるを得ない。フィルム・ノワールとはそのような曖昧な境域にある映画なのだが、翻ってシーゲルの場合はどうか。そうした場にある存在は、『地獄の掟』の悪徳刑事ばかりで、『ボディ・スナッチャー』にしても、主人公は確かに追い詰められながら、その意識において人間であることを決して諦めてはいない。シーゲル的主人公は決して自己不信に陥ることはなく、彼が絶望するとしたら、あくまで周囲のほうが間違っているから、それを彼一人の力ではいかんともしがたいからである（『ダーティハリー』のラストの絶望は、決して自分の正義を認めない、不十分過ぎる法によって規制された社会に対する絶望である）。シーゲル的世界はあくまで白か黒かである。最終的に決着がつき、それによって主人公が敗北や破滅に至るとしても、彼の境位は断じて曖昧に濁ることはなく、白は白のまま、黒は黒のままで自らを亡《ほろ》ぼすほうを選ぶのである。

画面としての反＝ノワール

シーゲルにあってはフラッシュバックが、ノワール的な世界観の表現として用いられていない。それはフラッシュバックの導入の仕方にも現れている。画面のぼやけ、モノローグの語りが通常フラッシュバック開始の指標となるが、『殺人者たち』では、多少回想する人物の顔にカメラが寄る程度で、フラッシュバックの導入は余情を欠いて直截である。フラッシュバックに限らず、総じてシーゲル作品のつなぎは直接的である。『殺人者たち』において、例えばギャングらが盲人学校教師の元レーサーを殺害したシークエンスの直後、画面は高速で横切る列車のショットに変わる。その急激さはまるで、見る者の横っ面を張るようだ。あるいは過去の現金輸送車強盗事件の描写の中で、元レーサーとボスが予行演習を繰り返す様や、ボスの情婦を巡って二人が争い合う様子を描写した後、カットが変わるといきなり強盗の当日になっているあたりの速さもいかにもシーゲル的だ。

通常、こうした時間経過の際にオーヴァーラップがしばしば用いられる。そしてそれはモンタージュ部門を経験したシーゲルの得意分野であるはずだが、彼は監督になって以降、ごく例外的な場合を除き、オーヴァーラップを使用しない。一つの画面から次の画面のつなぎの直接性に加え、シークエンスどうしのつなぎも直接的である。映画はもっぱら、人物の行動を追う形で語られていく。『突破口！』の語り口を思い出してもらえれば分かるが、主人公にしても、彼を追うギャングの追っ手にしても、彼らの行動を淡々と描いてゆくばかりで、彼らの行動の意図を台詞で説明したりはしない。その間に生じる意味を想像させること、布石を辿らせ、見る者を操ることが目的なのだから、つなぎの直截性はシーゲル的主題の大きな構成要素ですらある。

画面もまた直接的である。アラン・ローヴェルはシーゲル的な視覚の特徴として、アクションを正面から、クロースないしミディアム・ショットで捉えることを挙げている（『ドン・シーゲル アメリカン・シネマ』、二七頁）。ローヴェルは、こうしたショットによってシーゲルは人物を社会的コンテクストの中に位置づけるとしている（人物を客観的に捉えるという意味だろう）が、これには撮影の効率性という意味もある。ロングはともかく、クロースアップなどは照明の準備等に手間がかかる。ミディアムで処理し、同じ画面の中にアクションを担う二者を納めてしまうことによって撮影は早く済む（例えば『殺し屋ネルソン』のラスト、ネルソンの情婦がガソリンスタンドでＦＢＩに見とがめられる場面は、ＦＢＩの車が奥にあり、手前に情婦の車が入ってくるところに始まり、彼女が何かを感じた様子で車を出すと奥の男たちが慌てだし、それで見る者は初めて奥にあった車の連中がＦＢＩと気づくという具合に進行する。この間カメラは据えっぱなしである）。

「正面から」ということは、傾いたショットは少ないということである。これもフィルム・ノワール的な画面からは遠い。フィルム・ノワールは画面を傾けたり、人物を縦や斜めに配したりして人

図56 『殺人者たち』ホテルを出る三人を捉える俯瞰。この後襲う銃弾の動きを模したズームとなる

物間の関係の歪みを表現する。むろんシーゲルにも俯瞰の画面がないわけではないが、そこでのカメラ位置が持つ意味は、フィルム・ノワールにおけるような人間関係の表象とは異なっている。例えば『殺人者たち』の中の、殺し屋らがボスの情婦を拷問し、金はボスが持っていると知ったのち、ホテルを出た二人が何者かにいきなり狙撃される場面【図56】。拷問のシーンでの人物を接写気味で捉える画面の連続に慣れた目に、突然俯瞰となった画面はショックとなる。ホテルの出口を出た殺し屋の一方のごく小さな人影が、狙撃音とともに倒れ込む。唐突な画面の変化に加え、何が起こったのかすぐには了解できない我々は一瞬虚を突かれ、事態を了解するまでにしばしのタイムラグが生じる。情婦のホテルを二人が訪ねたと知ったボスが、高所から二人をライフルで狙撃したわけだが、この唐突さは観客にショックを与えるだけでなく、事態の転換を生じさせている。ここで追う者と追われる者が逆転しているのである。追う側だった殺し屋二人が、狙われる側に置かれる。その転換がカメラの俯瞰を通じて生じているのであり、明確な説話的意味がある。

俯瞰という垂直性の視線が事態の新たな展開を生むのは、『殺人捜査線』でも同断である。何を言っても信じようとしない組織のボスを、ギャングが突き落として殺し、そこに垂直性が現れる。場所は子供たちが遊ぶゲームセンターで、麻薬の受け渡し場所として意表を突くが、ボスが車椅子姿なのも異様。その二階の回廊の手すりを突き破ってボスは車椅子のまま落下する【図57】。この落下が、追う立場だったギャングたちが追われる立場に逆転するきっかけとなるのだから、垂直性が逆転を導くという意味では『殺人者たち』に通じている。

　俯瞰について『殺人者たち』に戻れば、フラッシュバック内の現金輸送車強盗の練習の描写でも俯瞰が使用されるが、それにも叙述上の意味がある。彼らは何度か予行演習を繰り返すのだが、その一回目に空撮での俯瞰が使われる。しかし二度目になるとカメラは地上に降り、通り過ぎる車を路上から捉える。三度目、カメラは追われる側の車の中にあり、後ろから追ってくる元レーサーらの車を捉える。俯瞰では当然ながら動きは遅く見え、地上からでは速く、追われる側の車からはいっそう速く見える。こうしたカメラ位置の変化が、車の速度の変化として感得され、練習を重ねるうちに速度が上がっていったという描写になる。カメラ位置は、ここでもノワール的心理の表象から遠く、あくまで説話的な意味を持っている。

図57　『殺人捜査線』落下するボス

　とはいえ、『殺人者たち』にも、画面を傾けることで事態の異常性を表現するというショットがないではない。冒頭、盲学校に来た殺し屋らが受付の女性を脅迫してターゲットのいる教室を知ると、カメラは廊下に出て、受付から出てくる二人を捉える。と、廊下にあったカメラが斜めにかしぐのである。これは、シーゲルにはかなり例外的なショットというべきだろう。あるいは、同じ『殺人者たち』のラスト、屋上からの狙撃で重傷を負った殺し屋の一人がボスのアジトに現れる。息も絶え絶えの殺し屋は、床に倒れ伏しながらもボスに拳銃を向ける。そのとき望遠レンズで近射されたサイレンサーつきの銃口は、遠近を異様に強調された形で画面に映る。同様の銃口は『ダーティハリー』の冒頭で、サソリが屋上からプールの女性を狙うショットでも繰り返される。これらは殺し屋の限界状況、サソリの異常性の表現として納得されるものだが、こうした印象的なショットは確かにフィルム・ノワール的な画面＝世界の歪みの表現と言える。ただしこうした表現は、シーゲルには必ずしも多くない。少ないからこそ、強く印象に残るのかもしれないが。

ローヴェルは、シーゲルの画面では照明が均一で、外光によるとも述べている。焦点深度が深くなり、これにより出来事が起こる背景全体が捉えられる。ローヴェルはここでも、シーゲルがコンテクストごと出来事を捉えることを強調する。『殺人捜査線』の冒頭のタクシーの事故のあと、やじ馬、大破した車両、取り囲む警官、刑事らをロングで捉えた画面をその典型としている。事故が起こった場所とその周囲の人間、事故を事務的に処理する警官、事故を何らかの事件の一端とみなして捜査を開始する刑事。事故が事件に移り変わる過程が全体として描かれているわけだ。しかし当方としては、外光を用いた画面が、やはりシーゲルの反ノワール性を証明するものと述べておこう（そもそも『殺人捜査線』では任務のタイムリミットが午後五時、まだ日のあるうちだ。この映画には闇の入る余地が始めからないのだ）。『ボディ・スナッチャー／恐怖の街』の日曜の朝の駅前ロータリーの場面もそうだ。何の変哲もないスモール・タウンの朝の光景が、そのまま悪夢に変わる。シーゲルの画面は、夜の闇に頼ることなく悪夢を現出してみせる。シーゲルにあっては、フィルム・ノワール的な画面以上に、ごく普通の日中のショットこそが怖いのである。

追う者と追われる者の逆転

シーゲル作品においては、善と悪、白と黒はあくまで相容れない存在であり、その境界が混濁したり、自身のアイデンティティに不審を抱いたりすることはない。それはシーゲルの追跡劇における追う者と追われる者においても同断である。追う、追われる関係が曖昧になり、追跡劇がなし崩しに消滅することはなく、それは必ず最後まで完遂される。ただし、そのことは必ずしも追う者と追われる者の位置が固定されていることを意味しない。追うという直線的関係はあくまで保たれてはいるにしても、その位置関係が逆転することは、シーゲルにあってよくある事態である。『仮面の報酬』では、公金を横領したと見なされて追われる主人公が、その真犯人と思われる男を追う。これだけでも、追われる者が追う者に逆転することになるが、さらに、主人公を追っている上司こそ実は公金横領の首謀者であり、実は追われるべき者であったことが明らかになる。追う者が実は追われる者であったことになり、位置の逆転が生じる（前章で書く余地がなかったのでここで記しておくが、上司は、追跡の途上のところどころで自分がそこに立ち寄ったことを証する公的な文書を作ってもらっており、自分が公務で主人公を追跡しているという証拠を残す。後で自分の足跡を辿ったものが、自分の無実を証明してくれるという予防線であるが、ここにも「操作」の主題が現れている）。追う／追われるという対立の関係性は保たれたまま、登場人物たちの間でその位置だけが入れ替わっている。

追う者は追われる者に逆転する。それは最初期の作品である『ビッグ・ボウの殺人』や『贅沢は素敵だ』でも同様である。殺人事件の犯人を追う元警部がその実追われる者＝犯人であったり、上司が資本主義に侵食されているかどうか調査するヒロインこそが実は調査の対象であったりして、追う者と追われる者の逆転が生じており、その位置は固定されていない。それでもこの二作では疑心暗鬼の生じる余地はあって、ピーター・ローレが善か悪か分からない不気味な存在感を示したり、共産主義体制の下、誰を信じていいのか分からない混濁が生じたりしてはいる。しかし『仮面の報酬』ではそうした曖昧さ、混濁は生じない。ヒロインも巻き込んでの珍道中で、コメディ調だということもあるが、逃げているので悪かと思われた主人公が実は追う側、追っている上司こそ真の犯人と判明する形で、善悪の評価が百八十度反転するものの、主人公が本当は悪者ではないのかという疑心が生じる余地はこの映画にはなく、善悪の境界が混濁し、曖昧になる事態は生じない。

逆転は中期の傑作『殺人捜査線』や『殺人者たち』でも起こっている。前者では麻薬の行方を追っているギャングが、逆に警察によって追われる側になる。後者『殺人者たち』では、前節で述べたように、追う側だった殺し屋たちが、高所から狙われる側になる。さらに後期作品『ドラブル』でも、主人公は息子の身代金を払うため、政府の情報機関が購入したダイヤを窃取して追われることとなり、犯人グループを追う側から自分の組織に追われる側に逆転する。『ラフ・カット』でも、追うはずの者＝警部が追われる側の宝石泥棒と結託していたことが判明して、立ち位置の百八十度逆転が生まれる。シーゲル的作品世界にあっては、追う者と追われる者は逆転可能である。そしてどの場合でも、関係はあくまで逆転であって、曖昧化ではない。

追跡ならざる追跡

追跡は通常、追う者と追われる者の距離の伸縮にその関心がある。例えば犯人を追う刑事の物語があるとして、それは刑事が犯人の正体を追及する過程、まだ実体としては現れていなかった犯人を個人として同定する過程、実体としての犯人の居場所を突き止め、身柄を確保する過程と順に推移する。追う者と追われる者の距離は抽象的なものから具体的なものに変質し、物理的身体と化した追われる者は追う者の視野に入り、そしてついにその手のうちに入って距離はゼロとなる。その距離の収縮、とりわけその最終段階におけるカーチェイスや、走って逃げる犯人をこれも走って追う刑事の物理的な追跡劇こそアクション映画の興味の中心であることは言を俟たない。シーゲルにおいても、アパートから逃亡した犯人を走って追いかける『刑事マディガン』の冒頭、犯人をバイクで追う『マンハッタン無宿』のラスト、スタジアムや砕石工場に犯人を追い詰める『ダーティハリー』などは典型的な刑事による追跡劇である。建設中の高速道路に追い詰める『殺人捜査線』、指名手配のギャングを見つけて追跡する『殺し屋ネルソン』でも、カーチェイスがラストを飾る。しかしここでも疑問が生じる。これらは本当に追跡劇、カーチェイスなのか。

例えば『ダーティハリー』のスタジアムの場面、犯人をグラウンドに追い詰め、その怪我した足をサディスティックに踏みつける刑事を捉えたカメラがいきなり上昇していくショットを思い起こしてみるならば、それが追跡劇として過不足のないものに収まっているかどうかは疑問である。追跡劇としては、犯人に追いついた時点で終わればよい。せいぜい手錠をかける描写でも入れておけば、見る者の興奮を沈めるには十分である。しかしここではそれで終わらず、ことさらにカメラが上昇する。しかもカメラはクレーンで上昇する程度にとどまらず、空撮によってスタジアムをすら超えて飛び出していく。とはいえそれも、スタジアムを周囲の都会の中に紛らせ、この犯罪捜査の顚末を都会の一情景として、任意のエピソードであるかのごとくに位置づけるわけですらない。それどころか、スタジアムの周囲は濁ってむしろ視界を閉ざしてしまう【図58】（このカメラの上昇が展望を、即ちクリアな見通しを阻害して、「イメージ」の肥大化を招き寄せている事態については蓮實重彦が前掲のシーゲル／フライシャー論で指摘している。蓮實はこの場面をスタジオ・システムの崩壊と関連づけているが、本書はシーゲルの追跡劇が実は追跡劇の明確な輪郭に収まろうとはしないことの一例であり、映画史的な

図58　『ダーティハリー』追跡劇のうやむや化

事態というより、シーゲルという映画作家に固有の特徴であると考える）。このカメラの上昇は、逮捕による追跡の終わりとしてはやり過ぎであり、なおかつ何のために用いられたのか不可解さを残すという意味でも過剰である。

この視界の不透明化をその後の展開の予告であるとみなし、説話的意味はあるのだということもできるかもしれない。捜索令状を取得せずに行われた刑事の捜査は違法とされ、拷問によって聞き出された通り被害者の遺体が発見されたにもかかわらず、証拠不十分として犯人が釈放されてしまうからだ。スタジアムからカメラが上昇し、夜の闇の中に二人の姿を溶かした画面は、その直後に明け方の青い光の中、金門橋を見下ろす丘に立つ刑事の姿を逆光で映し出す。丘の下では、マンホールから少女の全裸の遺体が引き出される。同じ俯瞰であるが、しかし一方は犯人と刑事を夜の闇の中に紛らせ、一方は犠牲者と刑事を朝の仄明《ほのあ》かりの中に際立たせる。その対照のために、あの空撮での上昇はあったのかもしれない。しかしそれでも、こと追跡という観点からあのショットを見るならば、そこにやはり追跡劇の順当な終結を超えた過剰さが感じられることは変わらない。『殺人者たち』での俯瞰への転換には、追及の果てに追う側が狩られる側に変わる衝撃という明確な説話上の役割があったが、ここでは追跡劇が終結し、犯人が逮捕されてすら事態には何らの変化も生じることがないのだから、この上昇の仰々しさにはやはり居心地の悪さが残る。

犯人逮捕は事態の解決として明瞭な輪郭を持たない。『ダーティハリー』しかり、『暗黒の鉄格子』しかりである。これらの場合、逮捕でも決定的な証拠がない、あるいは捜査方法の不備によって決定的な証拠にならない。それでもやむを得ず映画は続いてゆくしかないので、その居心地悪さが追跡劇のおさまり悪さの原因になっているとしても、ことは追跡の終わりによって映画が終結する映画でも同様だ。追跡の終わりが映画を無事大団円に導くようには見えないのだ。『刑事マディガン』で、逃亡犯をようやく追い詰めた刑事が相撃ちになって死ぬことはすでに記した通りだが、そこでも追跡の終わりはどこか唐突さを免れない。犯人が、事件には無関係の女性二人と潜伏するホテルの一室に、主人公らは突入する。女性たちの安全を最優先するという配慮もさほど感じられないその突入は、正面からの撃ち合いであっけなく幕を下ろす。ここでは、病院に駆けつけた主人公の妻と、主人公と折り合いが悪かった本部長との険悪な対面という場面によってそれらしい落としどころが設けられているのが、シーゲルとしてはむしろ余計にすら見える。

あるいは『殺人捜査線』のラストのカーチェイス。そこでもギャングたちと人質の乗った車を警察が追いかけるカーチェイスはさほど長くは続かず、ギャングらは早々に建設中の高架線に入り込む。高架線は中空で切れており、高速で走ってきた車がその間際で停車するカー・アクションが作品最大の見せ場になっている。たまたま建設中の高速道路があったからこそ撮れた場面だろうが、シーゲルにおける追跡の唐突な終わりという視点で見ると、この偶然は必然であったというべきだろう。本来追跡劇の眼目であるところの、追いつくのか逃すのかというサスペンス以上に、追跡の唐突な終わりこそが際立っている。

再び開始された逃走は、またしてもいきなり終わることを余儀なくされる。中空で途切れた道路からUターンして、二手に別れた車線の一方に入り込んだ車は、次第に狭まるガードレールによって行く手を阻《はば》まれるのである。警察の車が追いついてきて、車の外に逃れ出た二人組ギャングの一人ウォラックは、隣の車線に飛び移ろうとした瞬間に撃たれ、落下して死ぬ。追う側と追われる側があり、後者が前者に追いついて決着を見るため、追跡劇としての結構は確かに整っているものの、その実二者のカーチェイスがあるわけでもないし、彼らの走行を阻むのは追う警察ではなく、高架高速道路が工事中であったという偶発的な支障に過ぎない。中断された道から落ちそうになる危険に目を奪われるが、行く先々で障害に出くわす展開は見ようによっては間抜けであって、手に汗握るカーチェイスとは実のところほど遠い。ともあれ、ついに追いつかれたウォラック自身は、女の子の人質まで取ってその後も逃げ延びようとする。悪あがきといえば悪あがきだが、行く手を阻まれても閉ざされてもその先へと向かおうとするウォラックの姿、この執着は、先ほど述べた『殺人者たち』のリー・マーヴィンの前のめりの死に際にも通じる。敗北を拒み、どこまでも、死んだ後すらも生き延びようとするかのようなウォラックの姿勢は、これもまたフィルム・ノワールの宿命論からは遠い。

カーチェイスののち、主人公が死ぬことで劇が終結するのは『殺し屋ネルソン』でも同様である。しかしここでも、追跡は追跡として完全な輪郭に収まっているとはいえない。ガソリンスタンドで給油しているところでたまたまそこにいたＦＢＩに不審を抱かれ、取って返して隠れ家を退去する。しかし彼らの車は発見され、追尾される。とはいえ逃げる車と追う車を律儀なカットバックで描く二者の追跡劇は、手に汗握るチェイスというほどでもない。そしてここでも追跡劇は唐突に終わりを迎える。道路封鎖を突っ切った際に、車体を損傷してついに走行不能に陥ってしまうのだ。やむなくネルソンと情婦は車両を捨て、墓地に逃げ込む。もはや捕まるしかない事態にネルソンは、自分を撃てと情婦に命じるのである。この一連のシークエンスが、すばやい横移動ショットの効果も含めて、息せき切ったような素速さで強烈な印象を与えることは既述した通りだが、ともあれここでも追跡劇はあっけなく終わる。というより、ネルソンは自ら、死によってそれを終わらせるのだ。ここでネルソンを支配しているのは、『殺人捜査線』のギャングのような生への執着であるよりは、死への傾き、タナトスそのものであるかに見える。しかしこの二者のありようは違うものなのだろうか。彼らの向かう先は、かたや生、かたや死と、方向性は正反対ではあるのだが、この二者の終わりようには、どこか共通したものが感じられる。追跡劇があり、その果てに追われた者が命を落とすことによって一応の結末を迎えるにしても、『殺人捜査線』と『犯罪者たち』のギャングは逃走の終わりが決定的な状況にあってなお前進する姿勢において、『殺し屋ネルソン』のネルソンは相手が追いつく前に追われる者としての自身の存在を消去する姿勢において、追跡劇そのものを断ち切ってしまう。我々見る者は、追跡劇が「終わり」にしっかり着地しないままにとり残される。彼らは見ている我々の意識よりも速く映画を駆け抜けてしまうようなのだ。『殺人者たち』のマーヴィンについて、切られたトカゲの尾がまだ動いているような、という比喩で語ったが、それはこれら追跡劇の中断、唐突な劇の終わり全般に観客が感じることである。追う、追われるという劇が、さまざまな邪魔が入るという分岐、それによっての路線変更などの紆余曲折を経て、ついに追う者が追われる者に追いつき、手錠をかけるなどといった終わりを告げる所作があり、追われる者が観念することでアクションが停止する。追跡劇のこうした常道を、シーゲル作品は採らない。追う者と追われる者のカットバックによる距離の伸縮の過程は飛ばされ（『殺し屋ネルソン』、『殺人捜査線』）、追いついたにしてもカメラが唐突に上昇して画面が動きを止めることはなく（『ダーティハリー』）、死の間際にあってなお攻撃的であることをやめない（『殺し屋ネルソン』、『殺人捜査線』、『殺人者たち』）。追跡は、その終わりにおいてすら終わっていない。終わりらしくない終わりの居心地悪さにおいて、死においてすら維持される前傾姿勢において、終わりは終わりであることを拒否している。シーゲル作品における追跡は、むしろ追跡の無化のためにあるかのようだ。

「外」

では、この残留した思念はどこへ向かうのか。「外」である。山田宏一はシーゲル論「暴力には暴力だ！」（『新版　映画この心のときめき』、早川書房、一九八九年、所収）で、自身なりの目的を遂行するなかで、組織との軋轢が生じ、目的完遂のために組織を離れざるをえなくなるシーゲル的主人公について、「彼らは、各自、みずからの『真実』と『正義』をつらぬくために、犯罪組織の、あるいは法の組織の『掟』にさえそむいて、アナーキーな一匹狼もしくはアウトサイダーになり、暴力のプロフェッショナルとなるのである」（七〇頁）と述べる。山田が直接的に言及しているのは『ダーティハリー』のイーストウッド、そして『殺人者たち』のマーヴィン、『犯罪組織』のロバート・カルプについてであるが、例えば『ダーティハリー』のイーストウッドは、映画の末尾で犯人を射殺した後、バッジを投げ捨ててその場を去る。彼は自身の正義を貫くため、警察という法組織の外へ出る。思えばあのスタジアムの場面でも、彼は違法捜査をしており、すでに法の外にはみ出してはいたわけである。しかしこの終結場面において彼は自らの意志で、法の外へ出る。シーゲル的主人公は、初めこそ受動的な行動を強いられるかもしれないが、いずれ自身の意志で役割を踏み外す。『殺人者たち』でも、『犯罪組織』でも、主人公は犯罪組織の人間だが、自分が殺した相手、あるいは殺された友人の、その殺害理由を探るため、探偵役となる。殺し屋という自らの領分を超え出る。シーゲル的主人公は、何らかの目的のため組織を離れ、孤立し、そして多くはその果てに自分自身をも失う。そこではもはや追う者、追われる者という区別すら存在しない、その外には自分以外の誰もいない「アウトサイド」。

犯罪映画で言えば、長編第一作『ビッグ・ボウの殺人』の警部もそうした人物の一人だ。彼はある殺人事件の誤認逮捕で辞職を強いられる。組織を離脱するわけだが、さらに彼は辞職の原因となった殺人事件の真犯人を殺害することで自身の罪を償う。彼の行為は一方では正義と言えるにしても、その方法は犯罪であり、法の範囲を超えている。警察組織から排除されること自体は受動的な事態だが、彼は、今度は自らの意志で法から離脱するのだ。『殺人捜査線』においても、組織の仕事をしていたギャングは、思わぬ事態によって組織からの信頼を失い、それがついに取り戻せないと知るや、ボスを殺害することで自ら組織の外にはじき出される。『突破口！』の主人公もまた、銀行強盗の過程で妻を失い、思わぬ事態によって組織に追われる身になると仲間を切り捨て、さらには敵側の銀行の黒幕、追っ手までも殺して、自身の犯行を知るすべての者を消去する。妻を、味方を、敵を殺して、追い追われる関係の外へ出るまで彼はひたすら進み続ける。映画の最後のショットで燃える彼の名は、その存在の消去を表象する。「チャーリー・ヴァリック」は、追跡を逃れる運動の中で、ついにその存在まで消し去るのだ。彼はこの世の外に至ったのであり、彼もまたシーゲル的アウトサイダーの一人である。

我々はシーゲルにおいて追う者と追われる者、敵味方は、初期中期後期を通じて、混濁したり曖昧化したりするというよりは、逆転するものと考えた。シーゲル的存在は、白か黒かに二分され、その位置は容易に逆転するのだが、白か黒かという二項対立はあくまで維持されたままなのだ。ただし、シーゲル的存在はそのどちらからも抜け出してゆく。例えば『ドラブル』の主人公は、誘拐犯を追う側でありながら、宝石を盗んだ者として追われる側でもある。犯罪者を追う一方で、自らも犯罪者になる。しかしこれは追う／追われる関係の曖昧化なのかと言えばそうではない。ケインは当初情報局員であり被害者、その後犯人の一味であり裏切者と定義される。その定義はあくまで犯罪（誘拐および窃盗）を根拠にしたものだが、ケインはそんな対社会的な位置取りを振り捨てて、ただ子供を救う父親としての存在に自らを還元してゆく。このときケインは、追う／追われるの二項対立関係を超え出てゆくといったほうが正しいだろう。敵、味方が曖昧になるのではなく、自分を何者であるか規定しようとしてくる相手に対し、全速力で逃走し、その白熱の先に待つ無へと自らを融解しようとすること。その速度、過激さこそがシーゲル的存在の真骨頂である。

その存在が燃え尽きる速度において最も強烈な印象を残すシーゲル的な人物が、『殺し屋ネルソン』のネルソンということになるだろう。彼は、出獄した後に所属した組織のボスを殺し、デリンジャーの組織に所属してそれを裏切り、自身が組織した仲間との郵便局襲撃でその仲間を裏切り、手配師ファッツォの寝首を掻き、協力者である好色な医者を殺害しと、次々に自身の仲間を殺していく。それはギャングとしての非情さ、そして彼の狂気の発露でもあるだろうが、それ以上に、彼が自らの所属する先を潰して、自身を孤立に追い込む運動そのものである。その営為の最終形が、あの墓場での死であったわけだ。ギャングである彼が警察組織から逃亡するのは自然だが、しかしその追跡劇の中で、彼はその前提をすら逃れようとする。自分で自らの場所を奪い、ついにわずかに残された自身の身体をも離脱する。追跡劇は追跡という構えすら超越して、ただこの世の外へという純粋な運動そのものと化す。追い込まれての死ではあるが、殺されたわけではなく、自死に近い死である。これまで他者に向けられてきた暴力的な衝動が、行き場を失って最終的に自身に向けられたかのような死。白熱した暴力が燃え尽きたといった様相である（追い詰められたギャングがガスタンクのてっぺんで爆死するウォルシュ『白熱』〔49〕を連想するのは間違っていないだろう）。

ことは犯罪映画に限らない。戦争映画『突撃隊』で主人公は、上官の命を待たずに敵陣を攻撃して軍という組織の法を逸脱するのだが、さらに彼はそのラストで敵のトーチカめがけて突撃する。地雷原を匍匐前進し、その中で仲間を一人、二人と失い、彼は孤立していく。それでも前に進むとき、このアクションはもはや、命令を成就するという目的を超えている。それはただ敵の殲滅《せんめつ》にのみ懸けられた前進、というよりもはやそうした敵味方といった区別すら失われて、ただひたすら前へ向かう運動そのものとなっている。一度放り投げた爆薬をはじき出された主人公は、地雷で死んだ仲間のところまで取って返し、彼の爆薬を取って、今度は自らの体ごとトーチカの中に投げ入れる。前へという動きの果てに、主人公は自身の存在をも焼尽させるのである。このときの主人公は、兵士という社会的規定を超え、さらに敵の殲滅という目的すら超越して、もはやどこでもない「外」へと前のめりに超え出てゆく。

西部劇『燃える平原児』でも混血児の主人公は、その血のゆえに白人社会から、和平を願う姿勢ゆえに先住民社会から、共に疎外されて孤立する。この映画では先住民の母の役割も主人公同様に重要である。酋長である自分の兄を説得しに行った彼女は、結局相手にされず無視され、失望して帰ってくる。その帰り道、彼女は白人の隣人に銃撃されて瀕死の重傷を負うのだが、仲間から見捨てられた時点で、彼女はもはや死んだも同然である。町の医者は主人公の懇願にもかかわらず彼女を看《み》ることを拒み、彼を完全に白人社会から離反させるきっかけとなるが、ともあれ死を覚悟した母は「燃える星」＝死の星を追って外へ出て、命を落とす。その後父も死に、もはや敵となった先住民との戦いで自分と同様重傷を負った兄を馬に縛りつけて白人社会へと送り出した主人公は、翌日兄の様子を見定めた後、自分はもう長くない、追うなと告げて去る。彼の向かう先が、母と同じ死の星の領する「外」、先住民のものでも白人のものでもない「外」であることは明らかだ。

シーゲル作品は、自身が所属する場所から自らの意志で離脱し、孤立する者を描く。そのとき彼らにとって自身の命を守ることはもはや最重要ではない。といって、死ぬことが目的なのでもない。シーゲル的主人公は自ら死地に赴くが、彼らは死によって（肉体的な死でもあるが、『ダーティハリー』のように社会的な死でもありうる）どこでもない場所へと跳躍するのである。シーゲルの作品の多くが犯罪映画であることから、彼らの多くは社会や、あるいは社会を律する法から逃れていく。その意味でシーゲル的存在は「反」社会的であるかに見える。しかし「外」へと逃れていくシーゲル的存在は、共同体から離脱することで、自分自身のみを拠りどころとするのであり、その際必ずしも共同体を滅ぼそうという意志を持つわけではない。彼らは「反」社会的というより、「脱」社会的なのである。

姿勢としての「外」

第五章では、シーゲル的主人公は「敵地」にあると述べた。そしてその敵地という主題が表象するのは、そこには外がないということであった。「今」「ここ」しか、シーゲル世界には存在しない。それは映画という時空間に外がないことと同じであり、その意味でシーゲル映画はメタ映画でもあるとも述べた。一方で本章の主張、すなわち、シーゲル的主人公は「外」へと離脱するという事態は、第五章で述べたことと矛盾しているかに見える。「外」などないのではなかったか。

しかし本当にこれは矛盾しているのだろうか。確かにシーゲル的主人公は「外」へと離脱する。だが、彼らがついに「外」へ到達するのはもっぱらその死によって、つまり彼らを主人公とする映画の終わりで、である。彼らもまた映画内の存在であり、映画という時空間からは、死をもってしか出られない。その意味では彼らの存在もまた、シーゲル作品がメタ映画であることの証明となるだろう。主人公の死が、そのまま映画の終わりであるというのはきわめて当たり前の事態なのだが、シーゲルはそこに映画という表現の物理的条件を見、また主人公の「外」への希求という説話を重ねることによって、その物理的条件の超越を試みる。ここでもシーゲルはある意味愚直であり、だからこそラディカル（根底的という意味でも、過激であるという意味でも）である。

ただ、こうした見方はいささか理に落ちたものという気もしないではない。シーゲルが自身の置かれた「映画」という条件にきわめて意識的であったことは間違いない。しかしシーゲル的存在の「外」は、映画という表現媒体の物理的条件からのみ生み出されたわけではない。シーゲル的存在は、役割上、追う／追われるという立場に立つが、自身の目的（それが正義とは限らない）のためにいずれその枠組みを離脱する。その何らかの役割に閉じ込めようとする力（「らしさ」）を押しつけてくるそうした力を、シーゲルは「ポッド」と呼び、我々は「イメージの官僚制」と呼んだ）への反抗が、シーゲル的主題であることは自明である。シーゲル的人物は、与えられた役割を自ら離脱する。そのとき彼の周囲は敵地となるだろう。敵地はいわば彼自身が招き寄せたものだとすら言える。つまりシーゲル的主人公は、「敵地」があるからその「外」を目指すと同時に、「外」を希求するからこそ、自身の周囲を「敵地」にしてしまう。ただしこのとき彼は、自身と敵の二項対立にまだ囚われている。彼はそれからも逃亡しようとするだろう。自分がもはや何ものでもなくなる領域へ、彼をいかなる形でも規定してくる力の外へ。こうした希求の姿勢そのものが、シーゲル的人物の究極のありかたである。それはついに、映画という時空間の外でしか達成できない事態なのかもしれないが、しかしシーゲル的人物は前のめりに、それを追い求め続けるのである。そこには死の宿命論などはかけらもない。ただ死に至るまでの生の焼尽があるばかりだ。

ドン・シーゲル　フィルモグラフィ

◆監督作品

（全作品、公開未公開の別なく原題を併記する。日本公開作は公開題を記す。1、2、6は日本未公開で特集上映題。3、4、5は日本未公開でDVD題、10、15、17、18、20、25、38は日本未公開でTV放映題、13は未公開でヴィデオ題）

1『ベツレヘムの星』*Star in the night*（1945）
製作：ワーナー・ブラザーズ　製作者：ゴードン・ホリングスヘッド　脚本：ソール・エルキンズ（原案ロバート・フィンチ、クレジットなしでドン・シーゲル）　撮影：ロバート・バークス　編集：レックス・スティール　美術：ローランド・ヒル　キャスト：J・キャロル・ナイシュ（ニック・カタポリ）、ロジーナ・ガリ（ローザ・カタポリ）、ドナルド・ウッズ（ヒッチハイカー）、アンソニー・カルーソ（ホセ・サントス）

2『ヒトラーは死なない』*Hitler lives*（1945）
製作：ワーナー・ブラザーズ　製作者：ゴードン・ホリングスヘッド　脚本：ソール・エルキンズ　編集：デレオン・アンソニー（監督のクレジットなし）

3『ビッグ・ボウの殺人』*The Verdict*（1946）
製作：ワーナー・ブラザーズ　製作者：ウィリアム・ジェイコブズ　脚本：ピーター・ミルン（原作イズレイル・ザングウィル）　撮影：アーネスト・ハラー（特殊撮影ロバート・バークス）　編

集：トーマス・ライリー　美術：テッド・スミス　音楽：フレデリック・ホランダー　キャスト：シドニー・グリーンストリート（ジョージ・E・グロッドマン）、ピーター・ローレ（ヴィクター・エムリック）、ジョージ・カラリス（バックリー警視）、ジョーン・ローリング（ロティ）、ロザリンド・イヴァン（ベンソン夫人）、ポール・カヴァナー（クライヴ・ラッセル）

4『暗闇の秘密』*Night unto night*（1949）

製作：ワーナー・ブラザーズ　製作者：オーエン・クランプ　脚本：キャサリーン・スコラ（原作フィリップ・ワイリー）　撮影：ペヴァレル・マーレイ　編集：トーマス・ライリー　美術：ヒュー・レティカー　音楽：フランツ・ワックスマン　キャスト：ロナルド・レーガン（ジョン・ゲイラン）、ヴィヴェカ・リンドフォース（アン・グレイシー）、ブロデリック・クロフォード（C・L・ショーン）、ローズマリー・デキャンプ（タリア・ショーン）

5『仮面の報酬』*The Big steal*（1949）

製作：RKOラジオ　製作：ジャック・J・グロス　脚本：ダニエル・マンワリング（ジェフリー・ホームズ名義）、ジェラルド・ドレイソン・アダムズ（原案リチャード・ワームザー）　撮影：ハリー・J・ワイルド　編集：サミュエル・E・ビートリー　美術：アルバート・S・ダゴスティーノ、ラルフ・バージャー　音楽：リー・ハーライン　キャスト：ロバート・ミッチャム（デューク・ハリデイ）、ジェーン・グリア（ジョーン・グラハム）、ウィリアム・ベンディックス（ヴィンセント・ブレイク刑事）、パトリック・ノウルズ（ジム・フィスク）、レイモン・ナヴァロ（オルテガ警部）

6『贅沢は素敵だ』*No time for flowers*（1952）

製作：モージェイ・プロダクションズ　製作者：モート・ブリスキン　脚本：ラズロ・ヴァドネー、ハンス・ウィルヘルム　撮影：トニ・

ブラウン　編集：アルチュール・ナデル、ヘンリエッテ・ブリュンシュ　美術：エドゥアルド・ストルバ　音楽：ハーシェル・バーク・ギルバート　キャスト：ヴィヴェカ・リンドフォース（アンナ・スヴォボダ）、ポール・クリスチャン（カール・マレク）、ルトウィッグ・ストッセル（パパ・スヴォボダ）、アドリーネ・ゲスナー（ママ・スヴォボダ）

7『抜き射ち二挺拳銃』*The Duel at Silver creek*（1952）

製作：ユニヴァーサル　製作者：レナード・ゴールドスタイン　脚本：ジェラルド・ドレイソン・アダムズ（原案も）、ジョゼフ・ホフマン　撮影：アーヴィング・グラスバーグ　編集：ラッセル・F・シェーンガース　美術：バーナード・ハーズブラン、アレクサンダー・ゴリツェン　キャスト：オーディ・マーフィー（シルバー・キッド）、スティーヴン・マクナリー（稲妻タイロン）、フェイス・ドマルグ（オパール・ルーシー）、スーザン・キャボット（ダスティ）、ジェラルド・モーア（ロッド）、リー・マーヴィン（ティンホーン・バージェス）

8『暗黒の鉄格子』*Count the hours!*（1953）

製作：ベネディクト・ボジャース・プロダクション　製作者：ベネディクト・ボジャース　脚本：ドーン・R・ホーグ（原案も）、カレン・デウルフ　撮影：ジョン・オルトン　編集：ジェームズ・ライセスター　美術：クレジットなし　音楽：ルイス・フォーブス　キャスト：テレサ・ライト（エレン・ブレイデン）、マクドナルド・ケリー（ダグ・マディソン）、ドロレス・モーラン（ポーラ・ミッチナー）、アデル・マーラ（グレイシー・セイガー）、ジャック・イーラム（マックス・ヴァーン）

9『中国決死行』*China venture*（1953）

製作：コロンビア　製作者：アンソン・ボンド（原案も）　脚本：ジョージ・ワーシング・イェ

ーツ、リチャード・コリンズ　撮影：サム・リーヴィット　編集：ジェローム・トムズ　美術：エドワード・イロウ　音楽：ロス・ディマジオ　キャスト：エドモンド・オブライエン（マット・リアドン海兵隊大尉）、バリー・サリヴアン（バート・トンプソン海軍中佐）、ジョスリン・ブランド（エレン・ウィルキンス海軍中尉）、レオ・ゴードン（ハンク・ジャノウィッツ軍曹）、レオン・アスキン（ウー・キン）

10『第十一号監房の暴動』 *Riot in cell block 11*（1954）

製作：アライド・アーティスツ　製作者：ウォルター・ウェンジャー　脚本：リチャード・コリンズ　撮影：ラッセル・ハーラン　編集：ブルース・B・ピアース　美術：デヴィッド・ミルトン　音楽：ハーシェル・バーク・ギルバート　キャスト：ネヴィル・ブランド（ダン）、レオ・ゴードン（カーニー）、ロバート・オスターロー（大佐）、エミール・メイヤー（所長）、フランク・フェイレン（ハスケル）

11『地獄の掟』 *Private hell 36*（1954）

製作：ザ・フィルメイカーズ　製作者：コリアー・ヤング　脚本：コリアー・ヤング、アイダ・ルピノ　撮影：バーネット・ガフィ　編集：スタンフォード・ティシュラー　美術：ウォルター・ケラー　音楽：リース・スティーヴンス　キャスト：アイダ・ルピノ（リリ・マーロウ）、スティーヴ・コクラン（カル・ブルーナー）、ハワード・ダフ（ジャック・ファーナム）、ディーン・ジャガー（マイケルズ警部）、ドロシー・マローン（フランシー・ファーナム）

12『USタイガー攻撃隊』 *An Annapolis story*（1955）

製作：アライド・アーティスツ　製作者：ウォルター・ミリシュ　脚本：ダン・ウルマン（原案も）、ジェフリー・ホームズ　撮影：サム・リーヴィット　編集：ウィリアム・オースティ

ン　美術：デイヴ・ミルトン　音楽：マーリン・スカイルズ　キャスト：ジョン・デレク（トニー・スコット）、ケヴィン・マッカーシー（ジム・スコット）、ダイアナ・リン（ペギー・ロード）

13『ボディ・スナッチャー／恐怖の街』*Invasion of the body snatchers*（1956）
製作：アライド・アーティスツ　製作者：ウォルター・ウェンジャー　脚本：ダニエル・マンワリング（原作ジャック・フィニー）　撮影：エルスワース・フレデリックス　編集：ロバート・S・アイゼン　美術：テッド・ハワース　音楽：カーメン・ドラゴン　キャスト：ケヴィン・マッカーシー（マイルズ・ベネル）、ダナ・ウィンター（ベッキー・ドリスコル）、キング・ドノヴァン（ジャック・ベリチェク）、キャロリン・ジョーンズ（テオドラ・ベリチェク）、ラリー・ゲイツ（ダニー・カウフマン）

14『暴力の季節』*Crime in the streets*（1956）
製作：リンドブルック・プロダクションズ　製作者：ヴィンセント・M・フェネリー　脚本：レジナルド・ローズ（ローズ原案によるTVドラマの翻案）　撮影：サム・リーヴィット　編集：リチャード・C・メイヤー　美術：セルジュ・クリツマン　音楽：フランツ・ワックスマン　キャスト：ジェームズ・ホイットモア（ベン・ワグナー）、ジョン・カサヴェテス（フランキー・ディーン）、サル・ミネオ（ベイビー・ジョイア）、マーク・ライデル（ルー・マクリン）

15『スパニッシュ・アフェア』*Spanish affair*（1957）
製作：C. E. A.／ノマド／ベニート・ペロホ・プロダクション　製作者：ブルース・オドラム　脚本：リチャード・コリンズ　撮影：サム・リーヴィット　編集：トム・マカドゥー　美術：ハル・ペレイラ、タンビ・ラーセン　音楽：ダニエル・アンフィシアトロフ　キャスト：リチ

ヤード・カイリー（メリット・ブレイク）、カルメン・セヴィラ（マリ・ザルビア）、ホセ・グアルディオラ（アントニオ）

16『殺し屋ネルソン』*Baby face Nelson*（1957）

製作：フライマン・エンタープライズ　製作者：アル・ジンバリスト　脚本：ダニエル・マンワリング、アーヴィング・シュルマン（ロバート・アドラーとともに原案も）　撮影：ハル・モーア　編集：レオン・バーシャ　美術：デイヴ・ミルトン　音楽：ヴァン・アレキサンダー　キャスト：ミッキー・ルーニー（ベイビー・フェイス・ネルソン）、キャロリン・ジョーンズ（スー）、セドリック・ハードウィック（サウンダース医師）、テッド・デ・コルシア（ロッカ）、レオ・ゴードン（ジョン・デリンジャー）、ジャック・イーラム（ファッツォ）、ロバート・オスターロー（FBI捜査官ジョンソン）

17『殺人捜査線』*The Lineup*（1958）

製作：コロンビア　製作者：ハイメ・デル・ヴアル　脚本：スターリング・シリファント　撮影：ハル・モーア　編集：アル・クラーク　美術：ロス・ベラー　音楽：ミッシャ・バカライニコフ　キャスト：イーライ・ウォラック（ダンサー）、ロバート・キース（ジュリアン）、リチャード・ジャッケル（サンディ・マクレイン）、エミール・メイヤー（アル・クイン刑事）、マーシャル・リード（フレッド・アッシャー刑事）、ヴォーン・テイラー（ザ・マン）

18『裏切りの密輸船』*The Gun runners*（1958）

製作：ユナイテッド・アーティスツ　製作者：クラレンス・グリーン　脚本：ダニエル・マンワリング、ポール・モナシュ（原作アーネスト・ヘミングウェイ）　撮影：ハル・モーア　編集：チェスター・W・シェーファー　美術：ハワード・リッチモンド　音楽：リース・スティーヴンス　キャスト：オーディ・マーフィー（サム・マーティン）、エディ・アルバート（ハナガ

ン）、パトリシア・オーウェンス（ルーシー・マーティン）、エヴァレット・スローン（ハーヴェイ）

19『グランド・キャニオンの対決』 *Edge of eternity*（1959）

製作：コロンビア　製作者：ケンドリック・スウィート　脚本：ナット・スウェンソン（原案も）、リチャード・コリンズ（原案他にベン・マークソン）　撮影：バーネット・ガフィ　編集：ジェローム・トムズ　美術：ロバート・ピーターソン　音楽：ダニエル・アンフィシアトロフ

キャスト：コーネル・ワイルド（レス・マーティン）、ヴィクトリア・ショー（ジャニス・ケンドン）、ミッキー・ショーネシー（スコティ・オブライエン）、エドガー・ブキャナン（エドワーズ保安官）、ジャック・イーラム（ビル・ウォード）

20『疑惑の愛情』 *Hound-dog man*（1959）

製作：20世紀フォックス　製作者：ジェリー・ウォルド　脚本：フレッド・ギプソン（原作も）、ウィンストン・ミラー　撮影：チャールズ・G・クラーク　編集：ルイス・R・ロフラー　美術：ライル・R・ホウィーラー、ウォルター・M・シモンズ　音楽：シリル・J・モックリッジ　キャスト：ファビアン（クリント）、スチュアート・ホイットマン（ブラッキー）、キャロル・リンレー（ドニー）、アーサー・オコンネル（アーロン・マッキニー）クロード・エイキンズ（ホグ・ペイソン）、ジェーン・ダーウェル（グランマ・ウィルソン）

21『燃える平原児』 *Flaming star*（1960）

製作：20世紀フォックス　製作者：デヴィッド・ワイスバート　脚本：クレア・ハフェイカー（原作も）、ナナリー・ジョンソン　撮影：チャールズ・G・クラーク　編集：ヒュー・S・ファウラー　美術：ダンカン・クレイマー、ウォルター・M・シモンズ　音楽：シリル・モッ

クリッジ　キャスト：エルヴィス・プレスリー（ペイサー・バートン）、スティーヴ・フォレスト（クリント・バートン）、ドロレス・デル・リオ（ネディ・バートン）、ジョン・マッキンタイア（サム・バートン）、バーバラ・イーデン（ロズリン・ピアース）、リチャード・ジャッケル（アンガス・ピアース）、L・Q・ジョーンズ（トム・ハワード）

22『**突撃隊**』*Hell is for heroes*（1962）
製作：パラマウント　製作者：ヘンリー・ブランク　脚本：ロバート・ピロシュ（原案も）、リチャード・カー　撮影：ハロルド・リプスタイン　編集：ハワード・スミス　美術：ハワード・リッチモンド　音楽：レナード・ローゼンマン　キャスト：スティーヴ・マックイーン（リース）、ボビー・ダーリン（コービー）、ジェームズ・コバーン（ヘンショー）、ニック・アダムズ（ホーマー）、フェス・パーカー（パイク軍曹）、ハリー・ガーディノ（ラーキン軍曹）

23『**殺人者たち**』*The killers*（1964）
製作：レヴュー・スタジオズ　製作者：ドン・シーゲル　脚本：ジーン・L・クーン（原作アーネスト・ヘミングウェイ）　撮影：リチャード・L・ローリングス　編集：リチャード・ベルディング　美術：フランク・アリゴ、ジョージ・チャン　音楽：ジョニー・ウィリアムズ　キャスト：リー・マーヴィン（チャーリー・ストロム）、クルー・ギャラガー（リー）、ジョン・カサヴェテス（ジョニー・ノース）、アンジー・ディキンソン（シーラ・ファー）、ロナルド・レーガン（ブラウニング）、クロード・エイキンズ（アール・シルヴェスター）、ノーマン・フェル（ミッキー）

24『**犯罪組織**』*The Hanged man*（1964）
製作：レヴュー・スタジオズ　製作者：レイ・ワグナー　脚本：ジャック・レアード、スタンフォード・ホイットモア（原作ドロシー・B・ヒューズ） 撮影：バド・サッカリー 編集：リチャード・ベルディング 美術：ジョン・L・ロイド 音楽：ベニー・カーター キャスト：ロバート・カルプ（ハリー・ペイス）、エドモンド・オブライエン（アーニー・シーガー）、ヴェラ・マイルズ（ロイス・シーガー）、ノーマン・フェル（ゲイロード・グレブ）、ジーン・レイモンド（ホワイティ・デヴリン）、ブレンダ・スコット（セリーヌ）、J・キャロル・ナイシュ（ピコーおじさん）

25『太陽の流れ者』*Stranger on the run*（1967）

製作：ユニヴァーサル 製作者：リチャード・E・ライオンズ 脚本：ディーン・リーズナー（原案レジナルド・ローズ） 撮影：バド・サッカリー 編集：リチャード・G・レイ 美術：ウイリアム・D・デシンセス 音楽：レナード・ローゼンマン キャスト：ヘンリー・フォンダ（ベン・チェンバーレイン）、アン・バクスター（ヴァルヴェーダ・ジョンソン）、マイケル・パークス（ヴィンス・マッケイ）、ダン・デュリア（O・E・ホッチキス）、サル・ミネオ（ブレイロック）

26『刑事マディガン』*Madigan*（1968）

製作：ユニヴァーサル 製作者：フランク・P・ローゼンバーグ 脚本：ハワード・ロッドマン（ヘンリ・シムーン名義）、エイブラハム・ポロンスキー（原作リチャード・ドハティ） 撮影：ラッセル・メティ 編集：ミルトン・シフマン 美術：アレクサンダー・ゴリツェン、ジョージ・C・ウェッブ 音楽：ドン・コスタ キャスト：リチャード・ウィドマーク（ダン・マディガン）、ヘンリー・フォンダ（アンソニー・X・ラッセル本部長）、ハリー・ガーディノ（ロッコ・ボナロ）、ジェームズ・ホイットモア（チャールズ・ケイン主任警部）、スーザン・クラーク（トリシア・ベントレー）

27『マンハッタン無宿』*Coogan's bluff*（1968）

製作：ユニヴァーサル　製作者：ドン・シーゲル　製作総指揮：リチャード・E・ライオンズ　脚本：ハーマン・ミラー（原案も）、ディーン・リーズナー、ハワード・ロッドマン　撮影：バド・サッカリー　編集：サム・E・ワックスマン　音楽：ラロ・シフリン　キャスト：クリント・イーストウッド（クーガン）、リー・J・コッブ（マッケルロイ）、スーザン・クラーク（ジュリー）、ティシャ・スターリング（リニー・レイヴン）、ドン・ストラウド（リンガーマン）、ベティ・フィールド（リンガーマン夫人）

28『ガンファイターの最後』*Death of a gunfighter*（1969）

製作：ユニヴァーサル　製作者：リチャード・E・ライオンズ　監督：アレン・スミシー（ドン・シーゲル、ロバート・トッテン）　脚本：ジョゼフ・カルヴェリ（原作ルイス・B・パッテン）　撮影：アンドリュー・ジャクソン　編集：ロバート・F・シュグルー　美術：アレクサンダー・ゴリツェン、ハワード・E・ジョンソン　音楽：オリヴァー・ネルソン　キャスト：リチャード・ウィドマーク（フランク・パッチ）、レナ・ホーン（クレア・クィンタナ）、キャロル・オコナー（レスター・ロック）、ケント・スミス（アンドリュー・オクスレー）

29『真昼の死闘』*Two mules for Sister Sara*（1970）

製作：ユニヴァーサル／マルパソ　製作者：キャロル・ケース、マーティン・ラッキン　脚本：アルバート・マルツ（原案バッド・ベティカー）　撮影：ガブリエル・フィゲロア　編集：ロバート・F・シュグルー　美術：ホセ・ロドリゲス・グラナダ　音楽：エンニオ・モリコーネ　キャスト：シャーリー・マクレーン（サラ）、クリント・イーストウッド（ホーガン）、マノロ・ファブレガス（ベルトラン大佐）、アルベルト・モリン（ルクレール将軍）

30『白い肌の異常な夜』*The Beguiled*（1971）
製作：ユニヴァーサル　製作者：ドン・シーゲル　製作総指揮：ジェニングス・ラング　脚本：アルバート・マルツ（ジョン・B・シェリー名義）、アイリーン・キャンプ（グライムズ・グライス名義）（原作トーマス・カリナン）　撮影：ブルース・サーティース　編集：カール・ピンギトーレ　プロダクション・デザイン：テッド・ハワース　美術：アレクサンダー・ゴリツェン　音楽：ラロ・シフリン　キャスト：クリント・イーストウッド（ジョン・マクバーニー）、ジェラルディン・ペイジ（マーサ・ファーンズワース）、エリザベス・ハートマン（エドウィナ）、ジョー・アン・ハリス（キャロル）、パメリン・ファーディン（エイミー）

31『ダーティハリー』*Dirty Harry*（1971）
製作：マルパソ　製作者：ドン・シーゲル　製作総指揮：ロバート・デイリー　脚本：ハリー・ジュリアン・フィンク（原案も）、リタ・M・フィンク、ディーン・リーズナー　撮影：ブルース・サーティース　編集：カール・ピンギトーレ　美術：デイル・ヘネシー　音楽：ラロ・シフリン　キャスト：クリント・イーストウッド（ハリー・キャラハン）、ハリー・ガーディノ（ブレスラー）、アンディ・ロビンソン（サソリ）、レニ・サントーニ（チコ・ゴンザレス）、ジョン・ヴァーノン（市長）、ジョン・ラーチ（警察署長）

32『突破口!』*Charley Varrick*（1973）
製作：ユニヴァーサル　製作者：ドン・シーゲル　製作総指揮：ジェニングス・ラング　脚本：ハワード・ロッドマン、ディーン・リーズナー（原作ジョン・リーズ）　撮影：マイケル・C・バトラー　編集：フランク・モリス　美術：フェルナンド・カレール　音楽：ラロ・シフリン　キャスト：ウォルター・マッソー（チャーリー・ヴァリック）、ジョー・ドン・ベイカー（モリー）、アンディ・ロビンソン（ハーマン・サリヴァン）、ジョン・ヴァーノン（メイナード・ボイル）、ノーマン・フェル（ガーフィンクル）、フェリシア・ファー（シビル・フォート）

33『**ドラブル**』*The Black windmill*（1974）
製作：ユニヴァーサル　製作者：ドン・シーゲル　製作総指揮：リチャード・D・ザナック、デヴィッド・ブラウン　脚本：リー・ヴァンス（原作クライヴ・イーグルトン）　撮影：オウサマ・ラーウィ　編集：アントニー・ギブス　美術：ピーター・マートン　音楽：ロイ・バッドキャスト：マイケル・ケイン（ジョン・タラント）、ドナルド・プレザンス（セドリック・ハーパー）、ジョン・ヴァーノン（マッキー）、デルフィーヌ・セイリグ（シール・バロウズ）ジャネット・サズマン（アレックス・タラント）

34『**ラスト・シューティスト**』*The Shootist*（1976）
製作：ディノ・デ・ラウレンティス・カンパニー　製作者：M・J・フランコビッチ、ウィリアム・セルフ　製作総指揮：ラッセル・サウンダース　脚本：マイルス・フッド・スウォーサウト、スコット・ヘイル（原作グレンドン・スウォーサウト）　撮影：ブルース・サーティース　編集：ダグラス・スチュアート　プロダクション・デザイン：ロバート・F・ボイル　音楽：エルマー・バーンスタイン　キャスト：ジョン・ウェイン（J・B・ブックス）、ローレン・バコール（ボンド・ロジャース）、ロン・ハワード（ギロム・ロジャース）、ジェームズ・スチュアート（ホステトラー医師）、リチャード・ブーン（スウィーニー）、ハリー・モーガン（ティビドー保安官）、スキャットマン・クロザース（モーゼズ）、ジョン・キャラダイン（ベッカム）

35『**テレフォン**』*Telefon*（1977）
製作：MGM　製作者：ジェームズ・B・ハリス　脚本：ピーター・ハイアムズ、スターリング・シリファント（原作ウォルター・ウェイジャー）　撮影：マイケル・バトラー　編集：ダグラス・スチュアート　プロダクション・デザイン：テッド・ハワース　音楽：ラロ・シフリン　キャスト：チャールズ・ブロンソン（グレゴリー・ボルゾフ少佐）、リー・レミック（バーバラ）、ドナルド・プレザンス（ニコライ・ダルチムスキー）、タイン・デイリー（ドロシー・プッターマン）、パトリック・マギー（ストレルスキー将軍）

36『アルカトラズからの脱出』*Escape from Alcatraz*（1979）

製作：パラマウント／マルパソ　製作者：ドン・シーゲル　製作総指揮：ロバート・デイリー　脚本：リチャード・タッグル（原作J・キャンベル・ブルース）　撮影：ブルース・サーティース　編集：フェリス・ウェブスター　プロダクション・デザイン：アレン・スミス　音楽：ジェリー・フィールディング　キャスト：クリント・イーストウッド（フランク・モリス）、パトリック・マクグーハン（所長）、ロバーツ・ブロッサム（ドク）、ポール・ベンジャミン（イングリッシュ）、ブルース・M・フィッシャー（ウルフ）

37『ラフ・カット』*Rough cut*（1980）

製作：パラマウント／デヴィッド・メリック・プロダクションズ　製作者：デヴィッド・メリック　監督：ドン・シーゲル（シーゲル解雇の後、ピーター・R・ハントが雇用されるが、ハントも一週間後に解雇され、再びシーゲルが監督に。すべての撮影が終了した後、ロバート・エリス・ミラーがラストを再撮影）　脚本：ラリー・ゲルバート（フランシス・バーンズ名義、原作デレク・ランバート）　撮影：フレディ・ヤング　編集：マイケル・J・ダシー、ダグラス・スチュワート　プロダクション・デザイン：テッド・ハワース　音楽：ネルソン・リドル　キャスト：バート・レイノルズ（ジャック・ローズ）、レスリー＝アン・ダウン（ジリアン・ブロムリー）、デヴィッド・ニーヴン（シリル・ウィリス警部）、ティモ

シー・ウェスト（ナイジェル・ロートン）、パトリック・マギー（エルンスト・ミュラー）、アル・マシューズ（ファーガソン）

38『ジンクス！あいつのツキをぶっとばせ！』 *Jinxed!*（1982）
製作：ハーブ・ジャッフェ　製作者：ハーブ・ジャッフェ　製作総指揮：ハワード・ジェフリー　脚本：フランク・D・ギルロイ（バート・ブレッシング名義、原案も）、デヴィッド・ニューマン　撮影：ヴィルモス・ジグモンド　編集：ダグラス・スチュワート　プロダクション・デザイン：テッド・ハワース　音楽：マイルス・グッドマン、ブルース・ロバーツ　キャスト：ベット・ミドラー（ボニータ・フリムル）、ケン・ウォール（ウィリー・ブロダックス）、リップ・トーン（ハロルド・ベンソン）、ヴァル・アヴェリー（ミルト・ホーキンス）、ジャック・イーラム（オットー）

◆TV演出・脚本作品
（13をのぞき日本未公開）

1『ザ・ドクター』 *The Doctor*（1952〜1953）
NBC製作の三十分医療ドラマ。最多演出家はロバート・アルドリッチ（十七エピソード）。シーゲル演出作は“No Gods to serve”（一九五二年十月五日放映、脚本ロッド・サーリング）、“Those who wait”（一九五二年十月十九日放映、脚本ロッド・サーリング）、“The Runaways”（一九五三年六月二十一日放映、最終エピソード、脚本不詳）

2『ザ・ラインナップ』 *The Lineup*（1954）
CBS製作放映の三十分刑事ドラマ。シーゲルはパイロット版を演出

3『USスチール・アワー』 *United States steel hour*（1953〜1963）

シアター・ギルド製作の六十分アンソロジー・シリーズ。シーゲルは“The Bogey man”（一九五五年一月十八日放映）をフランシス・ローゼンウォルドと共同脚本、監督はアレックス・シーガル

4『フロンティア』*Frontier*（1955～1956）

NBC製作放映の三十分開拓ものドラマ。シーゲルは初回エピソード“Paper gunman”（一九五五年九月二十五日放映、脚本モートン・S・ファイン、デヴィッド・フリードキン）を演出

5『ザ・クリストファーズ』*The Christophers*（1953～1970）

ABC放映、宗教団体クリストファーズが製作した不定期ドラマ・シリーズ。シーゲルは“Sentence deferred”（一九五七年四月七日放映、ホスト役にバーバラ・スタンウィック、監督はロバート・スティーヴンソン）をテッド・ペズマン、トム・タリーと共同脚本

6『コード3』*Code3*（1957）

ハル・ローチ・Jr.製作の三十分犯罪ドラマ。シーゲルは“The Hired man”（一九五七年九月十放映、脚本ウィリアム・P・ルソー）を演出（アラン・ローヴェル『ドン・シーゲル　アメリカン・シネマ』によるとパイロット版を共同脚本、演出したとも）

7『アドヴェンチャー・ショーケース』
Adventure showcase（1959）

CBS製作放映の三十分ドラマ四本のシリーズ。放映枠穴埋めのため他企画のパイロット版を集めたもの。シーゲルは“Brock Callahan”（一九五九年八月十一日放映、脚本ウィリアム・キャンベル・ゴールト、スターリング・シリファント）を演出

8『ブラックホークから来た男』*The Man from Blackhawk*（1959～1960）

スクリーン・ジェム製作、ＡＢＣ放映の三十分西部劇ドラマ。シーゲルはパイロット版をハーブ・メドウズと共同脚本（『ドン・シーゲル　アメリカン・シネマ』による）

9『アルコア・シアター』 *Alcoa theatre*（1957～1960）

ＮＢＣ放映の三十分アンソロジー・シリーズ。シーゲルは“The Silent kill”（一九六〇年二月二十二日放映、脚本スターリング・シリファント）を演出

10『バス・ストップ』 *Bus stop*（1961～1962）

20世紀フォックス製作、ＡＢＣ放映の六十分スモール・タウンもの。最多演出家ロバート・アルトマン（八エピソード）。シーゲルはパイロット版を演出（『ドン・シーゲル　アメリカン・シネマ』による）

11『ロイド・ブリッジズ・ショー』 *The Lloyd Bridges show*（1962～1963）

フォー・スター製作、ＣＢＳ放映の三十分アンソロジー・シリーズ。シーゲルは“A game for alternate Mondays”（一九六三年一月二十九日放映、脚本ジョゼフ・ステファノ、アーロン・スペリング）を演出。ジョン・カサヴェテスも二本演出

12『ブレーキング・ポイント』 *Breaking point*（1963～1964）

ビング・クロスビー・プロダクションズ製作、ＡＢＣ放映の五十分医療ドラマ。シーゲルは“There are the hip, and there are the square”（一九六三年十月十四日放映、脚本マーク・ロジャース、ゲスト出演ジョン・カサヴェテス）演出

13『ミステリー・ゾーン』 *Twilight zone*（1959～1964）

ロッド・サーリングのカユガ・プロ製作、ＣＢＳ放映の三十分ＳＦホラー。シーゲルは“Uncle Simon”（邦題「憎悪の家」、一九六三年十一

月十五日放映、脚本ロッド・サーリング、主演セドリック・ハードウィック）、“The Self improvement of Salvadore Ross”（邦題「百万ドルの変身」、一九六四年一月十七日放映、脚本ジェリー・マクニーリー、ヘンリー・スレッサー、ロッド・サーリング）を演出

14『デストリー』*Destry*（1964）

レヴュー・スタジオズ製作、ＡＢＣ放映の六十分西部劇ドラマ（マレーネ・ディートリッヒ、ジェームズ・スチュアート主演のコメディ西部劇『砂塵』Destry rides again〔39〕の世界観に基づく）。シーゲルはパイロット版“Johnny I hardly knew you”を演出（『ドン・シーゲル　アメリカン・シネマ』によればパイロット版はユニヴァーサル製作、ＴＶ本編はモノクロだが、こちらはカラー、本編の主演となるジョン・ギャビン以外の出演者にブロデリック・クロフォード、ネヴィル・ブランド）

15『コンボイ』*Convoy*（1965）

ユニヴァーサル製作、ＮＢＣ放映の六十分戦争ドラマ。シーゲルは初回エピソード“Passage to Liverpool”（一九六五年九月十七日放映、脚本カルヴィン・クレメンツ・シニア、アルフレッド・ヘイズ）を演出（『ドン・シーゲル　アメリカン・シネマ』によれば五十分のパイロット版を製作、演出）

16『ジェシー・ジェームズの伝説』*The Legend of Jesse James*（1965〜1966）

20世紀フォックス製作、ＡＢＣ放映の三十分西部劇ドラマ。シーゲルは十一話“Manhunt”（一九六五年十一月二十九日放映、ナナリー・ジョンソンのオリジナル脚本でヘンリー・キング監督の一九三九年の西部劇『地獄への道』をＷ・Ｒ・バーネットが脚色、サミュエル・Ａ・ピープルズ脚本でリメイクしたものか）を演出。他、シーゲルはシリーズ全編を製作している。アレン・スミシーの片割れロバート・トッテンが二本演出。

◆**モンタージュ**

（すべて製作はワーナー・ブラザーズ、1〜8、および10はシーゲルのクレジットなし）

1『**戦慄のスパイ網**』*Confession of a Nazi spy*（1939）監督：アナトール・リトヴァク

2『**彼奴は顔役だ！**』*The Roaring twenties*（1939）監督：ラオール・ウォルシュ

3『**顔役**』*Brother Orchid*（1940）監督：ロイド・ベーコン

4『**凡てこの世も天国も**』*All this, and heaven too*（1940）監督：アナトール・リトヴァク

5『**夜までドライブ**』*They drive by night*（1940）監督：ラオール・ウォルシュ

6『**クヌート・ロック、全米選抜**』*Knute Rockne, all American*（1940、未）監督：ロイド・ベーコン、ウィリアム・K・ハワード

7『**群衆**』*Meet John Doe*（1941）監督：フランク・キャプラ

8『**我が道は遠けれど**』*One foot in heaven*（1941）監督：アーヴィング・ラパー

9『**夜のブルース**』*Blues in the night*（1941、未）監督：アナトール・リトヴァク

10『**壮烈第七騎兵隊**』*They died with their boots on*（1941）監督：ラオール・ウォルシュ

11『**情熱の航路**』*Now, voyager*（1942）監督：アーヴィング・ラパー

12『**ジョージ・ワシントンここに泊まれり**』*George Washington slept here*（1942、未）監督：ウィリアム・キーリー

13『**鉄腕ジム**』*Gentleman Jim*（1942）監督：ラオール・ウォルシュ

14『**ヤンキー・ドゥードゥル・ダンディ**』*Yankee Doodle Dandy*（1942）監督：マイケル・カーティス

15『**カサブランカ**』*Casablanca*（1942）監督：マイケル・カーティス

16『**パナマの死角**』*Across the Pacific*（1942）

監督：ジョン・ヒューストン

17『**虚栄の花**』*The Hard way*（1943）監督：ヴィンセント・シャーマン

18『**暴力に挑む男**』*Edge of darkness*（1943）監督：ルイス・マイルストン

19『**モスクワへの密使**』*Mission to Moscow*（1943）監督：マイケル・カーティス

20『**ロナルド・レーガンの陸軍中尉**』*This is the Army*（1943）監督：マイケル・カーティス

21『**北部への追撃**』*Northern pursuit*（1943）監督：ラオール・ウォルシュ

22『**恐怖の背景**』*Background to danger*（1943、未）監督：ラオール・ウォルシュ

23『**北大西洋**』*Action in the North Atlantic*（1943）監督：ロイド・ベーコン

24『**マーク・トウェインの冒険**』*The Adventures of Mark Twain*（1944、未）監督：アーヴィング・ラパー

25『**サラトガ本線**』*Saratoga trunk*（1945）監督：サム・ウッド

26『**まごころ**』*Devotion*（1946）監督：カーティス・バーンハート

◆特殊効果

（製作はワーナー・ブラザーズ、シーゲルはクレジットなし）

『**渡洋爆撃隊**』*Passage to Marseille*（1944）監督：マイケル・カーティス

◆第二班監督

（製作は7を除いてすべてワーナー・ブラザーズ、7はコロンビア製作、シーゲルはすべてクレジットなし）

1『**ヨーク軍曹**』*Sergeant York*（1941）監督：ハワード・ホークス

2『**モスクワへの密使**』*Mission to Moscow*（1943）監督：マイケル・カーティス

3『**北部への追撃**』*Northern pursuit*（1943）監督：ラオール・ウォルシュ

4『**脱出**』*To have and have not*（1944）監督：ハワード・ホークス

5『**復讐！反ナチ地下組織／裏切り者を消せ**』*The Conspirators*（1944）監督：ジーン・ネグレスコ

6『**サラトガ本線**』*Saratoga trunk*（1945）監督：サム・ウッド

7『**オール・ザ・キングスメン**』*All the king's men*（1949）監督：ロバート・ロッセン

あとがき

シーゲルは、そのキャリアの過程で、さまざまなものを切り捨てていった。修業時代に学んだモンタージュ技法（この場合は、映像と映像を重ねる二重写し＝オーヴァーラップのことだが）をその後ほとんど用いなかった。初期にはさまざまなジャンルを撮ったが、その後もっぱらアクション映画に主戦場を定めていった。時制を現在形に定位させ、映画で描かれる出来事の前日譚、後日譚を描くことはない。その映像においても特異な技法を用いることなく、ニュートラルな照明、画角をもっぱらとした。シーゲルは自身の作品をごく簡素なものにしていったのだが、その行程は、彼の映画の登場人物の、自身を規定するものをすべてかなぐり捨てて、存在そのものを焼尽させてゆく姿によく似ている。彼は、自身の世界を多様に、複雑にしていくことよりも、むしろ削り取っていくことで、映画を何かの表象であるよりは、運動そのものという根源的な姿に変えていった。先にシーゲルは愚直であるからこそ過激たりえたと述べたが、そのことはここまでの全編を通してよく見えるものとなったのではないかと思う。

それにしても、こうして本書を書き終えてみてつくづく思うのは、見ることには終わりがないということだ。本書を書き始める前に筆者自身がドン・シーゲルに対して抱いていた先入見は、書く過程で多くを覆された。まずシーゲルは五〇年代作家であるという前提からして違っている。確かに彼が活躍した時代はもっぱら五〇年代ではあるのだが、しかし同時代作家とされる映画監督たちよりも十年は早く映画界入りしており、修業時代を経て映画監督になっているという意味では彼らより一世代前の映画監督たちにむしろ近い。また彼の作品はもっぱらアクション映画であり、目的のために邁進《まいしん》する男性を主人公とすることが多く、そこから彼を男気や心意気の人とする見方も通例だろうと思われる。しかし第六章で見たように、シーゲル的主人公は策略の人であり、またシーゲルの作品自体、観客を操るべく周到に構成されている。そもそものアクションにしたところで、我々が普通アクション映画とみなすものの輪郭におとなしく収まるようなものではない。第七章に見たとおり、シーゲルにおけるアクションは、そのアクションの主体そのものをも超え出てゆくほどに過激である。シーゲルがアクション映画作家であるということそのものは正しいにしても、そのアクションの性質を鑑みれば、アクション映画監督という定義も若干の留保が必要にさえ思える。

シーゲルとヒッチコックの関係という視点は、おぼろげに筆者の中にないではなかったものの、今回書いてみて初めて二人の作家の類似性と違いを見極めることができた。その中でシーゲル作品にメタ映画的な側面があることも確認できた。優れた映画は、必ず映画の条件自体に触れるところがあるが、それはシーゲルにおいても同様であった。恐らく「映画」というものの根拠に関わるそうした部分が、作品が時代の拘束を逃れて普遍性に至る一つの契機なのではないかという気がする。またシーゲルを介して、ヒッチコックの凄みを改めて思い知らされた。ヒッチコックという巨人に自分が敵うはずもないが、いつかヒッチコックに対峙しなければという、映画を見始めたころからの課題が改めて浮上したように思われた。

それにしても一体自分はシーゲルの映画を見ていたのだろうかと思わずにいられない。すでに何度も見ている作品にしても、視点次第で初めて見えてくる細部、それらを組み合わせることで初めて浮かび上がる全体像がある。見ることに終わりはない。既知の作品であれ、どこまで行けば本当にそれを見ていることになるのか。とうに既知の範疇に収まっているかに見える古い映画にしても、そうして新しい相貌をもって浮かび上がってくるからには、安心してはいられないのである。シーゲル映画はつねに現在形であった。それに倣《なら》って、見ることはどこまでも現在形の体験なのだと言ってもいいだろう。作品は、それが古かろうが新しかろうが、見る視線の現在のもとで新しく生まれ出る。本書はその再生のありようのほんの一現象に過ぎず、シーゲル作品はこれからも新たに見返され、新たに生まれ直すことになるはずである。シーゲル作品を見ることは、まだ終わりはしない。終わりを超えて生き続けること、これほどシーゲルにふさわしいありようもない。

現在の目で見るとき、作品が新たな形で見えてくるというだけではない。シーゲルの作品は、それ自体で絶対的に新しい。シーゲル的人物は偽装する。偽装とはとりあえず「偽」なるものが「真」を装うことだが、シーゲル作品にあっていずれ真と偽の区別は入れ替え可能になり、その見分けはつかなくなる。見た目において真と偽が区別不能になった「イメージ」。この不実な「イメージ」を舞台に、生と死が懸けられたこの上なく真剣な遊戯が展開される。それこそ映画というものではないか。あるいは、追跡なる物語類型があるとして、シーゲル映画にあっては、追う者／追われる者が、アクションの果てに各自の立場を無化し、自己規定の彼方に離脱する。追跡というとりあえずの前提から映画は開始されるが、その前提を超えて、純粋な運動そのものだけが残る。すべての記号は、何らかの表象であることから出発するしかないが、その記号が夢見るところは、自身の連鎖、アレンジメントの運動により、記号が表象であることを離脱することであろう。そのユートピア的にして過激な事態が、シーゲルの最良の部分においてまぎれもなく現出している。これこそ絶対的に新しい事態ではないか。

本書で述べたとおり、シーゲルは主題として何か新しい問題を取り上げたわけではない。新しい技術、技法、機材を用いたわけでも、それによって新しい表現の地平を切り開いたわけでもない。ただ既存の技術を使い、よくある類型的物語を語っただけだ。しかしそれでもシーゲルは絶対的に新しい。新しさは、新しい何かを扱ったから、あるいは新しい技術を使ったから生まれるとは限らない。素材自体は古かろうが、それを扱うに当たっての視点、組み合わせの新しさによってこそ生まれるのである。それこそがシーゲルが生涯を通じて行なってきたことだ。古いものを蔑視し、新しがっているもののほうがよほど古臭い（あるいはすぐに古びる）というのは誰もが経験上知っていることだ。実際、現在撮られている映画の中に、シーゲル以上に絶対的な新しさで輝いている作品がどれだけあるのか。今作られていることが、新しさの根拠になることはほとんどない。

最後に筆者がシーゲルを取り上げた経緯について述べておく。筆者にとってシーゲルは、いわばやり残した宿題の一つのようなものだった。アメリカの同時代作家のほとんどについて筆者は何らかの形で言及し、論じてもきたが、シーゲルについては真正面から触れてこなかった。それは単なる機会の問題に過ぎないと思っていたのだが、今回改めてシーゲルについての作業を進めているうちに、必然であったことに思い当たった。筆者はこれまで、アメリカ映画におけるフィルム・ノワールの位置、それが西部劇に与えた深刻な打撃といった主題をこれまで取り上げて論じてきた。フィルム・ノワールの系列に作家を位置づけることによって、その作家の特性を改めて明らかにし、評価する。要するに「フィルム・ノワール」を、アメリカ映画の試金石としてきたわけである。しかし見られる通り、シーゲルという存在は同時代作家と異なり、フィルム・ノワールとは相いれない、というかむしろノワール的な美学や世界観から遠ざかることで自己の世界を作り上げている。筆者がシーゲルについて書いてこなかったのは、触れなかったのではなく、触れえなかったのである。ただ、シーゲルが反ノワール作家であるというのも、筆者がフィルム・ノワールを拠点としていたから見えたことでもあった。フィルム・ノワール的な画面、技法、世界観を嗜好する性向自体はこれからも変わるまいが、本書によって、それを判断基準にするという姿勢からは一歩新たに踏み出せたような気はしている。

本書の原稿は、これまでと変わらず上島春彦、山本均の両氏に読んでいただき、意見、示唆をいただいた。決定稿にはそれが生かされている。また編集の青木誠也氏にも原稿を読んでさまざまな具体的修正点を指摘いただいたし、企画の段階で、シーゲルを同時代作家の中において考えるよう示唆をいただいた。本書が現にある形になっているのは、このお三方のお陰である。加えて、本書の進捗状況を気にかけ、完成を心待ちにしてくれた方々の存在にも励まされた。以上の方々に感謝する。

二〇二四年十二月

吉田広明

吉田広明（よしだ・ひろあき）

1964年生まれ。映画評論家。著書に、『西部劇論――その誕生から終焉まで』、『亡命者たちのハリウッド――歴史と映画史の結節点』、『B級ノワール論――ハリウッド転換期の巨匠たち』、『映画監督　三隅研次――密やかな革新』（以上作品社）、『ジム・ジャームッシュ』、『ヴィム・ヴェンダース』、『サム・ペキンパー』、『ジャン・ユスターシュ』、『映画監督の未映像化プロジェクト』（以上共著、エスクァイア マガジン ジャパン）、ジム・トンプスン、黒原敏行訳『犯罪者』（解説、文遊社）など。

映画監督　ドン・シーゲル
ノワールを遠く離れて

2025年1月25日初版第1刷印刷
2025年1月30日初版第1刷発行

著　者　**吉田広明**

発行者　**青木誠也**
発行所　**株式会社作品社**
〒102-0072　東京都千代田区飯田橋2-7-4
TEL.03-3262-9753　FAX.03-3262-9757
https://www.sakuhinsha.com
振替口座00160-3-27183

装幀・本文組版　**前田奈々**
編集担当　**青木誠也**
印刷・製本　**シナノ印刷株式会社**

ISBN978-4-86793-071-7 C0074

【作品社の本】

スター女優の文化社会学

戦後日本が欲望した聖女と魔女

北村匡平著

彼女たちはいかにして「スター」となったのか。なぜ彼女たちでなければならなかったのか。原節子と京マチ子を中心に、スクリーン内で構築されたイメージ、ファン雑誌などの媒体によって作られたイメージの両面から、占領期／ポスト占領期のスター女優像の変遷をつぶさに検証し、同時代日本社会の無意識の欲望を見はるかす、新鋭のデビュー作！

ISBN978-4-86182-651-1

〈喜劇映画〉を発明した男

帝王マック・セネット、自らを語る

マック・セネット著、石野たき子訳、新野敏也監訳

D・W・グリフィスに映画作法を学び、チャーリー・チャップリン、ビング・クロズビーを見出して、フランク・キャプラらをそのスタジオから輩出した男。コメディ映画にカスタードパイ投げ、水着アイドル、道化役としての警官隊を初めて登場させたアイディアマン。初期ハリウッドを代表する超大物プロデューサーが、自らの映画人としての足跡、波乱に満ちた生涯、たった一度の人生を賭した名女優との悲恋を余さず語り尽くす、アメリカ映画史の名著！「銀幕喜劇人小辞典」付

ISBN978-4-86182-472-2

ゴジラの音楽

伊福部昭、佐藤勝、宮内國郎、眞鍋理一郎の響きとその時代

小林淳著

1954－75。『ゴジラ』から『メカゴジラの逆襲』にいたる昭和期ゴジラ・シリーズ15作は、いかなる音楽に彩られていたのか。作曲家たちへの懇切な取材と徹底的な作品の読解をもとにその全貌を解析し、それらが生み出された同時代日本の諸相をも見はるかす、渾身の長篇評論！

ISBN978-4-86182-299-5

【作品社の本】

〈アメリカ映画史〉再構築

社会派ドキュメンタリーからブロックバスターまで

遠山純生著

写真やテレビなどの隣接する表象芸術に目を配り、カメラやフィルムなどの撮影機材、照明や編集などの技術的側面の変化を踏まえ、記録映画・実験映画・劇映画を同列に置いてその人的交流や表現の境界線を論じ、数多著されてきたハリウッド中心主義の歴史とはまったく違う、新たなパースペクティブを創出する。
かつて誰も語り得なかった、〈アメリカ映画〉の真の姿！
第72回芸術選奨文部科学大臣新人賞受賞作！

ISBN978-4-86182-850-8

まだ見ぬ映画言語に向けて

吉田喜重・舩橋淳著

映画とは何か。映像とは何か。
我々はその問いに、答えを出しうるのか。
年齢差41歳の二人が、みずからの監督作と日本／世界の映画を語り、
映画／映像なるものの本質について、その深淵を徹底的に考察する。
時代を超えた映画のエティカ！

ISBN978-4-86182-832-4

スクリーンの裾をめくってみれば

誰も知らない日本映画の裏面史

木全公彦著

黒澤明監督によるポルノ映画のポスターとは!?　お蔵入りのはずが流出した三國連太郎の監督作品とは!?　長谷川和彦のデビュー作となるはずだった“和製洋ピン”とは!?
読んでびっくり、日本映画のちょっとセクシーなこぼれ話。

ISBN978-4-86182-716-7

【作品社の本】

鈴木清順論

影なき声、声なき影

上島春彦著

未映画化脚本『夢殿』を中心に据えた三本の論考から、重要キーワードを鏤めて諸作品の横断的な読み解きを試みた「事典」、清順も参加した脚本ユニット「具流八郎」をめぐる初めての批評、そして全監督作品の精緻な解説まで。多角的な視点で、日本映画の異形の巨人の全体像を解き明かす！
圧倒的スケールで打ち建てる、映画評論の金字塔！
第71回芸術選奨文部科学大臣賞受賞作！

ISBN978-4-86182-824-9

血の玉座

黒澤明と三船敏郎の映画世界

上島春彦著

黒澤映画における、三船敏郎の存在理由とはいかなるものか。その映像の中で、分身／門／拠り代とは何を意味しているのか。画面の精緻な読解から、作品の新たな読みを提示する本格評論。黒澤明生誕100年、三船敏郎生誕90年記念出版！

ISBN978-4-86182-255-1

レッドパージ・ハリウッド

赤狩り体制に挑んだブラックリスト映画人列伝

上島春彦著

「映画ファン必読の労作」――蓮實重彥氏、絶賛！
1950年代、赤狩りの嵐吹き荒れるアメリカで、左翼脚本家・監督・俳優たちは、いかに戦い、どのような作品を残したのか。隠された歴史を丹念に洗い出し、克明に記録する、レッドパージ研究の完全決定版。

ISBN978-4-86182-071-7